田中茂範先生の
なるほど⑤
講義録

トピック別 語彙を増やす★
英単語ネットワーク

田中茂範 著

コスモピア

はじめに

　本書では、語彙を増やすために、体系的で有意味な学習法として話題別の「英単語ネットワーク」の作成を提案します。

　単語力がなかなか身につかないという人が多くいます。しかし、単語力ってそもそも何でしょうか。一般的には、単語の数を問題にして、3,000語だとか10,000語だとか語彙の多寡で単語力があるかどうかを考えがちです。でも、漠然と1万語といっても、それがどういう単語力かがわかりませんね。

　単語力とは、単語を使い分けて、使い切る力のことです。状況に合った適切な表現を使うことができれば、それは単語力があるということです。単語力をつけるには、単語力がどういうものかイメージ化できるほうがいいですね。では、どういうイメージでとらえればいいのでしょうか。

　ぼくは次のように考えています。単語力には「基本語力」と「拡張語力」があり、「基本語力」が単語力の基盤である、そして、基本語力を基盤にして語彙を拡張していくのが「拡張語力」です。基本語力については前著『英語のパワー基本語』[基本動詞編]とおなじく[前置詞・句動詞編]で体系的に扱いました。

　拡張語力は、必要に応じて拡張していく必要のあるものですが、「話題の幅＋語彙サイズ」と定義することができます。ある特定の分野だけでもすぐに何千という数になるでしょう。しかし、拡張語力では、「話題の幅」(thematic range) が大切です。話題の幅とは、政治、経済、教育などいろいろな分野のバリエーションのことです。そして、いろいろな分野について、ある程度

の「語彙サイズ」(vocabulary size)をもつことが必要です。「語彙サイズ」は話題に関する語句の数です。新聞や雑誌を読むのに必要な程度の語彙サイズは身につけたいものです。

　拡張語力を身につけるにはどうしたらよいか。この問題を問うたのが本書です。上記のとおり、拡張語力とは「話題の幅＋語彙サイズ」と定義することができます。つまり、いろいろな話題について豊富な語彙の使い方を理解し、自分でも使えるというものです。よく語彙サイズの研究で「産出語彙」と「認識語彙」という分け方をします。理解可能な語彙を「認識語彙」、自分でも使うことができる語彙を「産出語彙」といいます。ほとんどの人の場合、認識語彙のほうが産出語彙よりも何倍も大きい、という傾向があります。

　本書では、まず認識語彙力を拡張していくことを目標とします。話題としては紙幅の関係で、10の領域にしました。拡張語力のつけ方、語彙の学び方を本書から学んでいただければ幸いです。

　英語力とは、どういうタスクをどういう言語リソーシーズ（resources）を使って、どれだけ機能的にハンドリングできるか、ということです。言語リソーシーズには「語彙力」、「文法力」、「慣用表現力」の3つが含まれます。本書は講義シリーズの第5弾ですが、本書を含む5冊で語彙力と文法力を扱うことになります。なお、慣用表現力は、本シリーズの第6冊目で取り上げる予定です。

　本書の内容構成については、これまでの4冊と同様に、コスモピアの坂本由子さんと王身代晴樹さんに有意義な提案を受けました。ここに感謝の意を表したいと思います。

2012年1月吉日　田中茂範

Contents

はじめに ……………………………………………………………………… 2
音声ダウンロードについて ………………………………………………… 8

序章
語彙を増やす単語ネットワークをつくる …… 9

Topic 1　環境問題と原発事故 ……………… 33
環境問題と原発事故関連単語ネットワーク …………………… 34
Ⅰ　環境問題…36

大気汚染と気候変動…36　エネルギー…37　酸性雨・森林伐採・砂漠化…38　汚染物質…39
ゴミ廃棄物…40　エコと環境政策…42　生物多様性と絶滅危惧種…42

Ⅱ　原発事故…44

放射線…44　放射能被害…46　原子炉と事故処理…47

Ⅲ　環境問題について語る…50

「動詞＋名詞」の表現…50　自分で原稿を書く…50

環境問題と原発事故関連語彙リスト ………………………………… 53

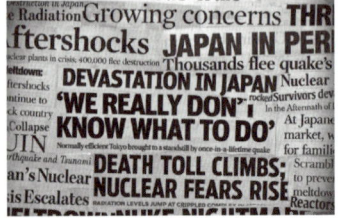

Topic 2　気候・気象・天気 ・・・・・・・・・・・・・・・・・・・・ 57
気候・気象・天気関連単語ネットワーク ・・・・・・・・・・・・・・・・・・・・ 58
天気…60　気候…61　天気の基本用語…62　天気情報を得るための機器…65　方位…65
天気予報…66　前線は front…69　異常気象…70　いろいろな雲…74

気候・気象・天気関連語彙リスト ・・・・・・・・・・・・・・・・・・・・・・・・・・・・・・ 77

Topic 3　インターネット ・・・・・・・・・・・・・・・・・・・・・・・・・・・・ 81
インターネット関連単語ネットワーク ・・・・・・・・・・・・・・・・・・・・・・・・ 82
メディア…84　インターネット…85　日常的に浸透したインターネット用語…88
日本語からはわからない意外な表現…89　インターネットの負の側面…91
SPAM の由来…93　プラスの側面：検索と連結…95

インターネット関連語彙リスト ・・・・・・・・・・・・・・・・・・・・・・・・・・・・・・・・ 100

Topic 4　人物 ・・ 103
人物関連単語ネットワーク ・・・・・・・・・・・・・・・・・・・・・・・・・・・・・・・・・・・ 104
unsung hero って何？…106
Ⅰ　人物を表す名詞的な表現…107
プラスのイメージの表現…107　マイナスのイメージの表現…111
ニュートラルな表現…117　おもしろい表現…119

Ⅱ　人物を描写する形容詞…120
ネットワークする…122

Ⅲ　番外編　形容詞の意外な使い方…124

人物関連語彙リスト ・・ 130

Topic 5　政治 ……………………………………………………… 133
政治関連単語ネットワーク ……………………………………………… 134
三権分立…136　国会審議…137　日・米・英の比較…139　選挙…141
財務省と官僚政治…144　国際政治…145　大使館…147　政治的立場…148

政治関連語彙リスト …………………………………………………… 151

Topic 6　経済・金融 ………………………………………………… 155
経済・金融関連単語ネットワーク①景気と株 ……………… 156
経済・金融関連単語ネットワーク②企業 …………………… 158
組織名…160　景気と株…162　投資…164　インフレとデフレ…166　企業の種類…167
corporateをめぐって…169　企業の業績…170　労働条件…171　課税…173　貨幣…174
国と国の関係…175

経済・金融関連語彙リスト ……………………………………………… 176

Topic 7　大学教育 …………………………………………………… 181
大学教育関連単語ネットワーク ……………………………………… 182
大学の選択…184　大学のランキング…186　[Ivy Leagueの実力]…187
Liberal Arts Collegeは別評価…188]　学部と研究分野…189　事務手続き…195　科目履修
…196　コース概要…197　成績…200　教授陣…202　不正行為…203　卒業論文…204
コラム：小中高では…205

大学教育関連語彙リスト ………………………………………………… 206

Topic 8　料理 209
料理関連単語ネットワーク 210
料理名…212　ダイニングルーム…216　料理作りの道具…217　料理の評価…219
食材…222 [肉類…222　惣菜…222　魚介類…223　野菜類…224]　料理関連の動詞…226
食べることを表す動詞…231　コラム：くだもの…233

料理関連語彙リスト 234

Topic 9　医療 237
医療関連単語ネットワーク 238
病院にかかる…240　病院の科…242　病気の症状…243　診療例：医者と患者の会話から…
246　病名…248　医療処置…252　医療器具など…254　生と死…256

医療関連語彙リスト 257

Topic 10　英語学習 261
英語学習関連単語ネットワーク 262
言語…264　国際語としての英語…266　英語力の評価…267
コミュニケーション能力…268　英語力を左右する4つの要因…270
[①プロセス要因…270　②年齢的要因…272　③不安要因…274　④動機づけ要因…276]
英語教育の方法と原理…276 [方法…276　教授法の原理…278]　言語と文化…279

英語学習関連語彙リスト 257

終章　語彙的な創造 285
おわりに 296

音声ダウンロードについて

　本書では、各トピックの章末にある「関連語彙リスト」のすべてと一部本文でリストとして示されているあわせて 2400 を超す語句を音声収録しています。

　音声は、「日本語＋英語」と「英語のみ」の2種類を収録しています。「日本語＋英語」は Track 02-Track100 まで、「英語のみ」は Track 102-200 に収録されています。

　特に、Topic 8「医療」の「症状名」「病気名」は発音が難しい語句が多いので、ぜひ音声で発音をご確認ください。

収録音声は下記サイトから無料でダウンロードできます！

http://www.cosmopier.com/shoseki/other_10.html

　音声ファイルは、ZIP 形式で圧縮されていますので、解凍ソフトで解凍してください。ファイルを展開すると、mp3 ファイルが入っています。対応するトラック番号のファイルを再生すれば、音声を聞くことができます。

紙面でのトラック番号表示について

● 項目には、ふたつのトラックが表示されています。左側は、「日本語＋英語」になっているトラックです。本書がなくても、通勤通学中に音声のみで学習することができます。また、日本語と英語の間には若干のポーズがありますので、日本語に対応する英語を考えて口に出す練習もできます。

　右側のトラックは英語のみです。テキスト見ながら発音を確認するのに活用してください。テキストで十分に語彙を覚えたら、英語だけのパートを聞きながら、シャドーイングなどで、ご活用ください。

序章

語彙を増やす
単語ネットワークを
つくる

語彙を覚えるには「関連づけて覚える」ことが大切。
自分が関心のある話題について自分自身の「単語ネットワーク」、
つまり「語彙の関連図」をつくり、拡大していこう。

拡張語力を身につける際、拡張語には名詞が圧倒的な分量を占めることになります。もちろん、動詞、形容詞、副詞も重要ですが、話題と直接リンクするのは名詞表現です。

関連づけて覚えることが有効 …… 有意味学習

　どうやってたくさんの単語を覚えていけばよいか。単語学習に万能薬はありませんが、ただ、確信をもっていえることがあります。それは「関連づけて覚える」ということです。関連づけて覚えるというのは学習理論的にみても妥当な考え方です。単語をバラバラに覚えるのではなく、関連づけて覚える。語彙のネットワークを作るということです。
　辞書の項目をAからZまで全部覚えようとする状況を考えてみてください。これだと、品詞的にも意味的にも関連のない語がアルファベット順に並び、その作業に意味を見出すことはできないと思います。仮にその作業を行っても定着は期待できないでしょう。人間はコンピュータと違い、機械的な学習が得意ではありません。というのは、人間は意味に従って行動する存在だからです。学習に機械的学習と有意味学習があるとすれば、有意味学習のほうが定着ということからいえば圧倒的に有利です。

どのくらいの語彙を知っていればいいのか

　拡張語といっても、どれぐらいの数の単語を覚えればよいのだろうか。こうした疑問を持つ人も多いと思います。本書では、数よりも必要に応じて語彙を有意味な形で身につけていくということに関心があります。しかし、一応、どれぐらいの英単語を知っていれば十分か、ということについてぼくの考えを示していきます。
　ネイティブスピーカーの語彙数についていろいろな推測が行わ

序章▶語彙を増やす英単語ネットワークをつくる

れており、その数値は 10,000 語から 70,000 語ぐらいまでまちまちです。ぼくは、英語でさまざまなタスクをするのに、語彙数としては 15,000 語で十分だろうと考えています。

語彙には「内容語」と「機能語」というものがあり、内容語は開かれた領域で数がこれからも増える可能性があるのに対して、接続詞、前置詞、代名詞などの機能語は閉じた領域でその数が増えることは予想されません。内容語は動詞、形容詞、副詞、それに名詞が含まれます。15,000 語は内容語に限った話です。

さて、15,000 語という数値は、単なるぼくの直観ではなく、コーパスなどを利用してデータベースを実際に作成してみて判断した数字です。ぼくが内容語について作成したデータベースにおける 15,000 語の内訳は以下の通りです。

> 動詞 1,800　　形容詞 3,400
> 副詞 1,100　　名詞 8,700

予想通り、圧倒的に名詞が多いですね。意外なのが形容詞の数の多さです。名詞に次いで 2 位になっています。3,400 個もの形容詞を知っていれば、その表現の可能性は実に大きいものがありますね。

さて、15,000 語の語彙レベルとはどういうものでしょうか。大学生の中には、それで十分かと疑問に思う学生もいます。しかし、実際にサンプルを見せてあげると、15,000 語の語彙レベルの高さに驚きます。ここで、サンプルを示してみます。アルファベットの P の後半あたりから難しそうな単語を 90 個ほどを取り出し、動詞、形容詞、副詞の例を「単語と日本語の訳語」という形で示したのが次ページのリストです。

動詞

provoke	起こさせる	reclaim	返還を要求する
pry	詮索する	recollect	思い出す
purify	清める	reconcile	仲直りさせる
quash	鎮める	rectify	正す
quench	いやす	refinance	再融資する
radiate	放射する	refurbish	磨き直す
ramble	ぶらぶら歩く	refute	論破する
ratify	批准する	regress	後戻りする
raze	倒壊させる	regurgitate	吐く
reanimate	元気づける	rehabilitate	復興する
reapportion	再分配する	reimburse	返済する
reassign	再び割り当てる	reiterate	繰り返す
reassure	安心させる	rejig	手直しをする
rebut	反駁する	rejoice	喜ぶ
reckon	見なす	rejuvenate	若返らせる

形容詞

prolific	多産の	psychic	超自然的な
prolonged	長引いた	puny	ちっぽけな
pronounced	はっきりした	quantitative	量的な
proportional	比例の	queer	奇妙な
provincial	地方の	questionable	疑わしい
provocative	挑発的な	quixotic	非現実的な
prudent	慎重な	radioactive	放射性の
psychiatric	精神医学の	rampant	はびこっている

recommendatory	勧告の	reputed	評判の
recurrent	再発する	requested	希望の
reduced	減らされた	resolute	断固とした
refreshed	気分をすっきりさせる	resonant	響く
regulatory	制限の	resourceful	臨機応変の才のある
remediable	治療可能な	respective	それぞれの
reproductive	再生の	respiratory	呼吸器の
reputable	評判のよい	resplendent	まばゆい

副詞

prospectively	先を見越して	remarkably	目だって
psychologically	心理学上	remotely	間接的に
purposefully	目的をもって	repeatedly	繰り返して
purposely	故意に	reproducibly	再生可能な方法で
putatively	推定では	reputedly	評判では
racially	人種上	resolutely	断固として
randomly	無作為に	respectfully	敬意を表して
rationally	合理的に	respectively	それぞれに
recklessly	向こう見ずに	responsibly	責任をもって
reflexively	反射的に	retroactively	過去に遡って有効で
refreshingly	元気づけるように	retrospectively	回顧的に
regionally	地域的に	rhetorically	表現上
regrettably	残念ながら	ridiculously	ばかばかしいほどに
reliably	頼もしく	rightfully	合法的に
religiously	信心深く	rightly	正しく

いかがですか。任意に取りだした92個ですが、15,000語といえばかなりのレベルの語をカバーしていることがおわかりだと思います。rectify、regurgitate、prudent、quixotic、putatively、retroactively といった単語は *Time Magazine* などに出てきそうですね。実際、"a putatively normal lifestyle"だとか "his quixotic experiences in New York" といった表現がありました。

ここでは、15,000語という数字をひとつの目安としておさえておいてください。

こうした単語を整理して覚える際には、単語の使い方が大切で、そのためには文例の中で用法を確認するという作業が必要です。動詞のprovoke「起こさせる」、pry「詮索する」、purify「清める」、quash「鎮める」の4つを取り上げて用例を示しておきます。

・Be careful not to behave in a way that will **provoke** antipathy in others.
　他人の反感を買うような言動は慎むように。

・He **pried** into her private life with his invasive questions.
　彼は個人的な質問で彼女の私生活を詮索した。

・Villagers **purify** the water by boiling it.
　村人たちは沸騰させることで水をきれいにする。

・She tried to **quash** the groundless rumor about her best friend.
　彼女は親友についての根も葉もないうわさを鎮めようとした。

英単語ネットワークの作成——中心は名詞

さて、15,000語あれば量的には機能的な語彙力だといえます。しかし本書では、数よりも、実用に供する形で拡張語を増やして

いくにはどうすればよいか、ということに関心があります。前述の品詞別内訳でもわかるように、語彙の中で一番数の多いのは名詞で、拡張語力の鍵は名詞です。名詞がわからなければ話題について話すことはできませんね。学問の世界は、まさに専門用語（名詞）の世界だといえます。もちろん、名詞の使い方については動詞も形容詞も関係してきますが、中心となるのは名詞だということです。

では、どうやって実用的な拡張語力をつけていくか。本書では、自分が関心のある話題について「英単語ネットワーク」English-vocabulary network を作っていくのが有効な方法だと考えています。ここでいう「英単語ネットワーク」はある話題の語彙をネットワーキングした結果得られる「語彙の関連図」のことをいいます。そして、英単語ネットワークを自分の拡張語力にしていくには、それを内在化することで自分の語彙ネットワーク――つまり、「メンタル・ネットワーク」mental network ――にしていくことが必要です。

ここで想定している方法を手順で示すと、以下のようになります。

❶話題の領域を決める
❷関連した語句のリストを作成する
❸リスト化された語句のネットワーキングを行う
❹英単語ネットワークをメンタル・ネットワークにしていく

学び方を学ぶ

私たちは日本語の駒としてたくさんの語彙を知っており、それを使って日常を生きています。その「たくさんの語彙」はアルファベット順に整然と並んだ固定リストでは決してありません。私た

ちの頭の中にある「メンタル辞書（mental lexicon）」は、ある項目が別の項目を呼び起こすことができるように、話題に柔軟に対応できるハイパーテキストだといえるでしょう。

　語彙学習メソッドの前提となるのが、「体系的に有意味に学ぶ」ということです。「漠然とではなく体系的に」ということが大切です。そして、「機械的ではなく有意味」に学ぶことが大切です。

　小学校の国語の授業では、漢字の書き取りや読み取りのための漢字ドリルというものがあり、全国で小学生たちは、毎日の宿題として漢字ドリルを行っています。これは、体系的な学びのひとつの形態です。母語か外国語かではなく、語彙の学習は体系的に行うことが大事です。しかし、体系的であるというだけではだめで、有意味に学ぶということが重要です。漢字ドリルはあまり有意味とはいえないかもしれないですね。有意味であるための条件は、「意味的に関連している」ということです。学習目標としての漢字を脈絡なく次々に覚えていっても、おもしろくないですね。しかし、日本語を日常的に使っていること、学習する漢字の数が限られていること、のふたつの条件が満たされるため、漢字ドリルは生徒からすれば有意味ではなくても、結果としては役立つと思います。

　では、日常的に英語を使う機会がなく、学習目標となる単語の数も未定という状況ではどうでしょうか。基本語力と文法力は共通の英語力の基盤なので英語学習者全員が体系的に学ぶといいですね。しかし、拡張語力になると、どの領域（話題）の語句をどれだけたくさん学習したいかには、大きな個人差があるはずです。

　こういう状況で、機械的に、やみくもに単語を覚えるという方法は効果が期待できません。体系的かつ有意味な学習が必要なのです。体系的といっても、学習語彙を限定してそれを体系的に学

ぶということではありません。自分の関心のある領域の語彙をどんどん拡張していくということです。そのための方法として、本書では「英単語ネットワークを作成し、それをメンタルネットワークに変換していく」というやり方を提案します。自分の関心領域の英単語ネットワークを作成するという方法は体系的な学び方です。そして、自分の関心領域で使われる語彙ということで、そこでリストされるのはそれ自体でも有意味なものです。

たとえば「野球」に関心があるとします。野球で使われる用語は日本語であれば知っているはずです。すると、日本語から英語表現といった具合に思いつく表現をリストするといいですね。英語表現は、Web上で調べることができると思います。たとえば、思いつくままリストすれば、以下のようなリストができるでしょう。

「打席」at bat (AB)、「打順」batting order、「打点」run batted in (RBI)、「三振」strikeout、「フォアボール」base on balls、「ゴロ」grounder、「デッドボール」hit by pitch、「安打」base hit、「二塁打」double (two-base hit)、「満塁」bases loaded、「ナイター」night game、「延長回」extra inning

---

もちろん、動きを表す動詞表現も整理するといいですね。思いつくままリストしてみます。

「打者を歩かせた」He walked the batter.、「(捕手が)サインを出す」The catcher gives the signal.、「(ピッチャーが) 捕手に首をふる」The pitcher shakes him off.、「三塁コーチがサインを出す」The third base coach flashes a sign.、「監督がダッグアウトから出てくる」The manager is coming out of the dugout.

このようにリストするだけで、日英語の違いもわかるし、野球用語として整理されていく感じがしますね。リストがある程度長くなったところで、試合、球場の配置、打者、投手、キャッチャー、走者、監督、コーチなどに関連する用語を分類していくと、野球用語の英単語ネットワークを作成することができると思います。

分類の方法

　しかし、英単語ネットワークといっても、実際、どうやってネットワークしていけばよいでしょうか。分類する方法はいろいろありますね。形式的な分類もあれば、意味的な分類もあります。語源や接頭辞・接尾辞や派生語などで分類するというのもひとつ、知覚動詞（see、look、hear など）、移動動詞（move、go、come、run など）、取引動詞（buy、sell、exchange など）などのように概念的に分類するのもひとつです。

●語源・派生語に注目した分類

　たとえば派生語や語源で整理してみましょう。suspend なら sus- + -pend に分かれ、sus- は「下に」という接頭語です。そして、-pend は「つるす」という語幹ですね。「何かを下につるす」というイメージが suspend にはあります。suspend に関連する語としては、suspended、suspense、suspenders、suspension があり、以下のようにネットワークすることができます。

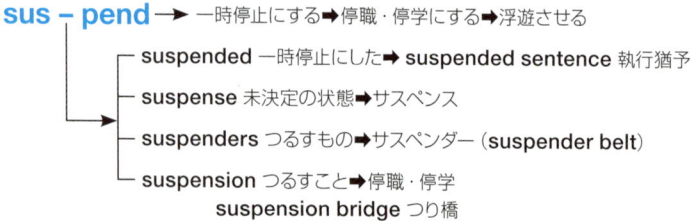

序章 ▶ 語彙を増やす英単語ネットワークをつくる

● 概念的な分類

概念的分類の例としては、たとえば「移動動詞：移動にかかわる動詞」ということで以下のように整理する方法があります。

移動といっても「前後、上下」、あるいは「回転して」「歩いて」「急いで」などに分類することができます。動詞のネットワークにはこうした概念分類が有効だと考えます。

● 話題に注目した分類

本書では、話題（分野）に注目した分類を行っていきます。簡単な例でいえば、「哺乳動物」ということで、以下のようなリストを作成するのもひとつです。

anteater「アリクイ」、armadillo「アルマジロ」、baboon「ヒヒ」、bat「コウモリ」、bear「クマ」、camel「ラクダ」、coyote「コヨーテ」……

同時通訳者は、通訳するトピックに関する語彙の日英対照表のようなものを作り、それを覚えこむことで、効率的に通訳を行うということを聞いたことがあります。考え方は同じですね。自分が関心のある話題を取り上げ、リストするというやり方です。しかし、分野別リストと本書で考えている英単語ネットワークは少

し違います。

リストは、専門用語集のようにある分野で使う用語を収集したものですが、英単語ネットワークという場合、その中でさらなる分類を行い、リストにある種の構造を与えることが求められます。

英単語ネットワークの構造

①個人の活動の場

英単語ネットワーク作成のための、ぼくの考え方（理論）について少し説明しておきます。まず、英語学習者、英語使用者としての個人を想定します。そして個人の視点から、個人の活動の場と個人の関心とを分けて、英単語ネットワークのあり方を考えます。まず、「個人の活動の場」を図式的に表せば、以下のようになります。

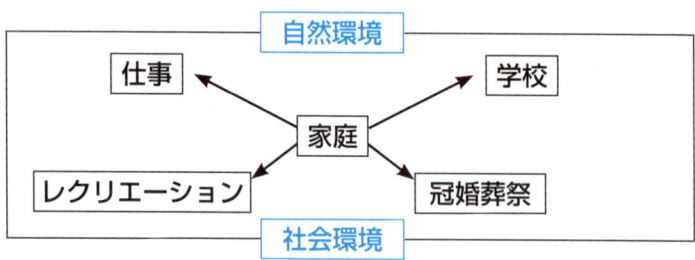

人間は環境の中で生きています。ここでいう環境は自然環境だけでなく時々刻々と変化する社会環境も含みます。さて、環境と相互作用しながら生活していく中で、家庭が個人の生活の場の中心になります（ここでいう家庭はひとりの場合も複数人の場合も含みます）。衣食住の中で住の中心としての家庭に軸足を置きつつも、年齢によっては仕事場あるいは学校が家庭外のメイン

の活動の場となります。専業主婦の場合は家庭が中心かもしれません。そして、仕事あるいは学校とは別の場がふたつあります。そのひとつはレクリエーションの場です。ゴルフ、公園、映画、スポーツ、旅行などがレクリエーションに含まれます。そしてもうひとつは冠婚葬祭の場で、これはやや特殊な場といえるでしょう。いずれにせよ、人は、自然・社会環境内でいくつかの主要な場（domains）を持ち、そこでさまざまな活動をしています。

②個人の話題の関心

一人ひとりの活動の場は上記の通りですが、「個人の話題の関心」というものもあります。個人の関心は多岐にわたります。どのように分類するか、それ自体が大きなテーマですが、スポーツ、食、経済、エンターテインメント、言語、環境、教育、軍事、社会犯罪、ファッション・流行、人間関係、政治、メディア、原子力発電、芸術、ITなどがあります。

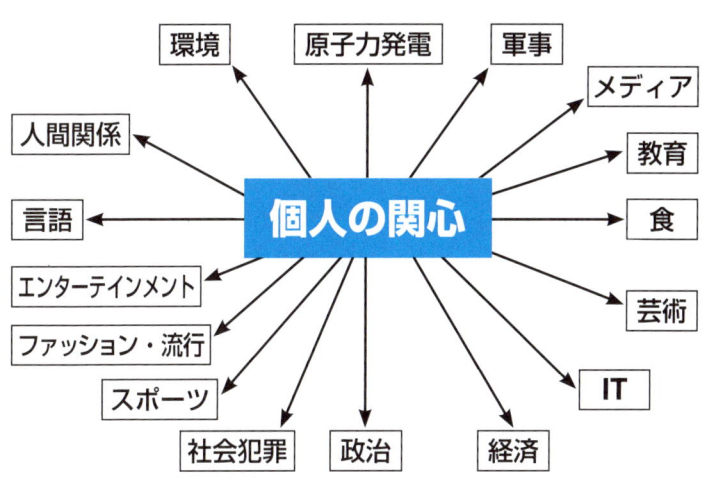

● **「ネットワークを作成する」とは語彙を関連づけすること**

個人の関心を話題として取り上げたとき、その話題を語るための表現が必要となります。これが本書でいう「拡張語」です。基本語はどの話題にも関係なく言語活動の基盤を成すものですが、拡張語は、活動の場か話題の関心に関連しています。

英語で拡張語力を身につけるためには、語彙の関連づけが必要です。そして、関連づけのことを本書では「ネットワークを作成する」という言い方をします。ネットワークは何かについてのネットワークです。その「何かについての」の部分を「個人の活動の場」と「個人の話題の関心」のふたつの観点からとらえるのがよい、というのがぼくの考えです。

2種類の英単語ネットワーク

さて、英単語ネットワークはリストとは違います。ネットワークは点と点をつなぐ作業（connecting the dots）が必要です。そして、リストを超えたネットワークを作成するにはその作成のための指針が必要です。その指針となるのが、上記の「個人の活動の場」と「個人の話題の関心」という考え方です。そして、この考え方から、2種類の英単語ネットワークを考えることができます。「事物配置型ネットワーク」と「話題展開型ネットワーク」です。事物配置型ネットワークは「個人活動の場」に関係し、話題展開型のネットワークは「個人の話題の関心」に対応します。

①事物配置型ネットワーク

事物配置型ネットワークは、まず、「個人の活動の場所があり、そこにさまざまな事物が置かれている」といった世界の英単語

ネットワークです。大きなフレームからどんどん小さなフレームにしていくことで、精度の高いネットワークを作ることができます。

たとえば「自宅」の様子を思い浮かべてください。「家庭」に関する語彙のネットワークを作るとします。まず家のまわりと家の中に分かれます。家のまわりといっても庭や駐車場、家の中といっても、玄関、浴室、台所などの配置関係を容易に頭に描くことができますね。そして「庭」に注目すれば、庭にあるモノをリストすることができるでしょうし、庭で行う行為をリストすることができるでしょう。これがネットワークになるのは、「家庭」を話題の中心として、外、内、そして内なら玄関、浴室といった具合に、関心の焦点を移していくことができるからです。これは「事物配置型のネットワーク」だといえます。

ここで少しシミュレーションをしてみましょう。まずラフなネットワークの全体像は以下のようになります。青字の部分の例を次ページ以降に示しています。

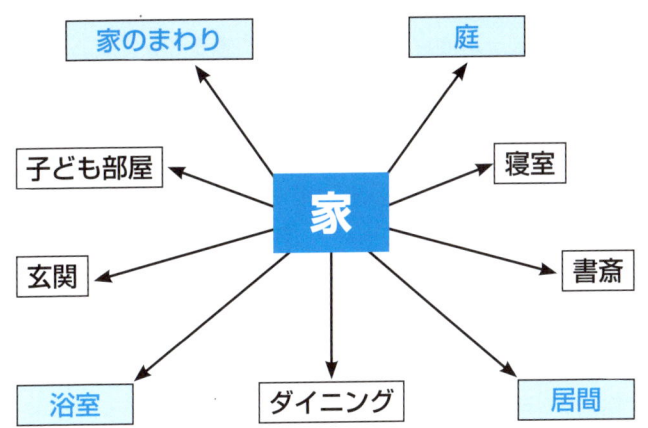

いくつかの領域について事物と英語表現をリストしてみましょう。まず「家のまわりに何があるか」を思い浮かべてみましょう。すると、以下のようなものが連想されるのではないでしょうか。

家のまわりに関連した語句

backyard	裏庭	mailbox	郵便受け
driveway	ドライブウェイ	porch light	ポーチの電灯
fence	垣根	roof	屋根
floor plan	間取り	screen door	網戸
front door	玄関のドア	steps	階段
front walk	前道	storm door	雨戸
front yard	前庭	TV antenna	テレビのアンテナ
garage	車庫	shutter	シャッター
garage door	車庫の戸	window	窓
gutter	雨樋		

　今度は、「庭」garden / yard に注目してみましょう。ここでも、いろいろなものが浮かび上がってくると思います。以下のその例です。

庭に関連した語句

garden / yard	庭	hose	ゴムホース
barbecue grill	バーベキューグリル	deck	ウッドデッキ
compost pile (heap)	堆肥の山	patio	テラス
flowerpot	植木鉢	patio furniture	テラス用家具
garbage can	ごみ入れ	pruning shears	刈り込み用植木ばさみ
hedge	生垣	rake	熊手
hedge clippers	剪定ばさみ	shovel	シャベル

序章 ▶ 語彙を増やす英単語ネットワークをつくる

sprinkler	スプリンクラー	watering can	じょうろ
trowel	スコップ		

今度は家に入って「浴室」に何があるかを考えてください。実際に、「浴室」に注目してみましょう。

浴室に関連した語句

bathroom	風呂場	scale	体重計
bath mat	バスマット	showerhead	シャワーヘッド
bath towel	バスタオル	sink	洗面台
bathtub	浴槽	soap	石鹸
cold water	水	soap dish	石鹸箱
drain	排水口	tile	タイル
faucet	蛇口	toilet brush	トイレットブラシ
hamper	洗濯物かご	toilet paper	トイレットペーパー
hand towel	ハンドタオル／手拭	toothbrush	歯ブラシ
hot water	お湯	toothbrush holder	歯ブラシ立て
medicine cabinet	(歯ブラシなど入れる)戸棚	towel rack	タオルかけ
mirror	鏡	washcloth	体を洗うタオル
rubber mat	ゴムマット	wastebasket	くずかご

今度は居間（living room）です。ここでも居間にあるものを連想してみましょう。

居間に関連した語句

bookcase	本棚	floor lamp	フロアランプ
painting	絵画	drapes	カーテン

window	窓	magazine holder	雑誌入れ
house plant	観葉植物	armchair/easy chair	ひじかけ椅子
sofa / couch	ソファー	TV (television)	テレビ
throw pillow	クッション	carpet	カーペット
end table	サイドテーブル		

　このようにいろいろな部屋に関心を移し、そこに何が置いているかを英語にしていくと、家関連の英単語ネットワークを作成することができます。日本と英語圏の文化の違いだとか表現の違いにも注目しておきたいですね。

　少し話題がそれますが、日本では「一戸建て」という言い方がありますが、英語では、a detached house あるいは a single-family residence といいます。「平屋」は a one-story house あるいは a house with [of] one story といい、「2階建て」だと a two-story house となります。「アパート」は an apartment house ですね。

　日本のマンションも英語では apartment です。英語でも a mansion という言い方がありますが、これは「個人の大邸宅」のことです。「高級分譲マンション」に相当するのが apartment ですが、a condominium という言い方もします。日本語でも使いますね。「高層マンション」は、a high-rise apartment building といいます。「ワンルームマンション」に相当するのは an efficiency あるいは a studio です。ちなみに、4室あるマンションなら、a four-room apartment といいます。「団地」は集合住宅なので、a housing complex といいます。

　日本家屋固有の表現は英語にはなかなかしにくいですが、右上はその例です。

「わらぶきの家」a thatched house、「畳」a thick straw mat covered with thin, neat rush matting、「掛け軸」a pictorial or written scroll hung on the alcove wall、「障子」a sliding thin-paper door、「ふすま」a sliding thick-paper door、「敷居」a doorsill、「屏風」a folding screen など

　もちろん、英語で表現しても生活実感がなければ何のことか正確にはわからないのは当然です。しかし、日本のものを英語で表現するというのは、創造的に英語を使う訓練としてはいいかもしれませんね。

動詞もあわせて整理する

　いずれにせよ、このようにして、家の中を「玄関」、「書斎」、「浴室」、「寝室」などの領域（domain）を決めてそこに何があるか、あるいはそこで何をするかを整理していけば、体系的な語彙の学習につながりますね。事物だけでなく、場所での行為についても整理していくことができるでしょう。以下はその例です。

● 玄関で行う行為

「玄関をノックする」knock on the door、「玄関のベルを押す」ring the doorbell、「のぞき穴からのぞく」look through the peephole、「戸を閉め、鍵をかける」close the door and lock it、「戸締まりをする」check the lock、「靴を脱ぐ」take off one's shoes、「靴をはく」put on one's shoes、「靴べらを使ってはく」put one's shoes on with a shoehorn、「靴ひもを結ぶ」tie one's shoes、「靴ひもをほどく」untie one's shoes、「靴をみがく」polish one's shoes、「靴をしまう」put one's shoes on the shoe rack、「夫を見送る」see one's husband offなど

などが容易に連想できますね。

● **家のまわりで行う行為**

「芝生に水をやる」water the lawn、「草むしりをする」weed the grass、「芝をかる」mow the lawn、「ゴミを出す」take out the garbage、「落ち葉をはく」rake the leaves、「洗車する」wash the car、「窓を洗う」wash the windows など

● **「家事」として行う行為**

「掃除する」clean the house、「布団をほす」air out the bedding、「布団をたたんで、押し入れに入れる」fold up bedding and put it in the closet、「針に糸を通す」thread a needle、「縫い物をする」do some sewing、「ミシンをかける」use the sewing machine、「ボタンをつける」sew on a button、「シャツにアイロンをかける」iron shirts、「家具のほこりをとる」dust the furniture、「ゴミを拾う」pick up the rubbish、「モップをかける」mop the floor、「床をはく」sweep the floor、「カーペットに掃除機をかける」vacuum the carpet、「家計簿をつける」do the household accounts、「風呂の水を流す」drain the tub、「湯を入れる」turn on the hot water、「トイレの水を流す」flush the toilet、「テーブルの上を片づける」clean the table、「洗濯機に洗剤を入れる」put detergent in the washing machine、「米をとぐ」wash the rice、「弁当をつくる」make one's lunch、など

　こうした行為もネットワーク図の関連部分に事物名とともに貼りつけていけばいいですね。

②話題展開型ネットワーク

　もうひとつの英単語ネットワークは、「環境問題」や「政治」といった話題に関するものです。前述の「家庭」をテーマにネットワークをつくる場合には、物事の配置がはじめからあり、それについて語彙を当てていくという作業ができます。しかし、環境問題が話題の場合、はじめから構造があるわけではありません。自分で構造を作る必要があるのです。そうしないと、英単語ネットワークは作れません。本書では、「話題展開型ネットワーク」と呼びます。

　環境問題について使われる語彙をリストすることは、コンピュータでテキスト分析すればむずかしいことではありません。それを頻度順、アルファベット順に並べることも、そして語彙の用例を示すこともむずかしいことではありません。しかし、環境問題の英単語ネットワークを作成しようとすれば、環境問題のストーリーを作る（話題を展開する）ことが必要となります。自分の必要や関心に応じて、環境問題のいろいろな側面に強弱濃淡のアクセントをつけて、語彙を整理していくということです。環境問題の原発事故に関心があれば、そこに強調点を置くでしょう。地球温暖化に興味のある人は、それについて語る語彙を充実させたいと思うでしょう。

　個人の話題の関心は多岐にわたり、それを限定することはできません。本書では、大きく、10の関心領域を取り上げます。

1. 環境問題と原発事故
2. 気候・気象・天気
3. インターネット
4. 人物
5. 政治

6. 経済・金融
7. 大学教育
8. 料理
9. 医療
10. 英語学習

そして、全体で3,000語以上の語彙を紹介します。そのうち、2400を超す語句をダウンロードできる音声とともに紹介しています。（本書8ページを参照）

ここで提示する表現自体、みなさんが拡張語を増やしていくのに役立つはずですが、しかし、3,000語以上の語彙といっても、それは決して網羅的ではありませんし、網羅することは原理的に不可能です。

本書のねらいは、拡張語彙力の身につけ方を学ぶというもので、その方法論を提示することです。

英単語ネットワークからメンタル・ネットワークへ

英単語ネットワークは体系的で有意味な語彙の整理の仕方で、その産物として手にすることができます。しかし、それを自分のものにする、つまり、拡張語力にしていくには、外在するネットワークを自分の中に内在化する必要があります。そうしてできたネットワークをメンタル・ネットワークと呼ぶことができます。

英単語ネットワークを作成すれば学習しやすくなるでしょう。しかし、それを自分のメンタル・ネットワークにしていくには、本物のテキストに当たることが不可欠です。実際に、テキストを読んでいくと英単語ネットワークに載った語句がたくさんでてくるでしょう。その語句に注意を向けることで、内在化が進むで

しょう。英単語ネットワークとテキストを相互作用させるというか、相互媒介的な関係に置くことが必須です。

つまり、英単語ネットワークを媒介してテキストを読む、そして、テキストを媒介にして英単語ネットワークを確認し、アップデートしていく、という関係です。そしてテキストとネットワークを相互作用させることで、徐々に自分のメンタル・ネットワークが内在化されていくと思います。

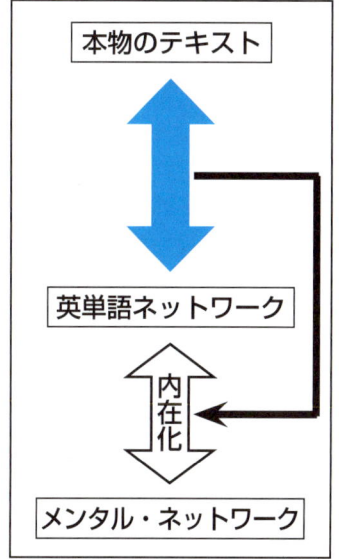

私たちは分類する力を持っています。この分類力を最大限に発揮して、独自の英単語ネットワークを作成しつつ、英文を読む。この相互作用的な行為を通して、本当の意味での拡張語力は身につくのだと思います。

本書は紙の上で英単語ネットワークを実現していますが、将来的にそれをWeb上で再現し、情報追加など必要に応じて進化・拡張させていくことで、理想的な英単語ネットワークを作成することができるでしょう。

■表記について

本書では下記の基準で、名詞（単語や語句）を表記しています。

(1) 原則、「日本語」English、English「日本語」のパターンの場合は冠詞をつけない。
　　例：「放射物質」だと **radioactive material** となる。

(2) 文章の中でも、日本語表現と対応する形で英語を示す場合は冠詞をつけない。
　　例：「放射性物質」だと **radioactive material** となる。

(3) ただし、(1) や (2) の場合でも、複数形が通例の場合は複数形表示する。また、「the + 名詞」が通例の場合は、「the + 名詞」の形で表示する。
　　例：**human relations**「人間関係」、「インターネット」**the Internet**

(4) 「Topic 4 人物」の場合は「a +名詞」で表示する。
　　例：**a nosy person** は「詮索好きの人」、**a nonstop talker** は「おしゃべり」

■関連語彙リストについて

本書の Topic 1 から Topic 10 の章末には、本文から主立った語句を抜き出した「関連語彙リスト」があり、対応する音声は無料でダウンロードできます。語句の配列はランダムです。また、「関連語彙リスト」の見出しは、一部、本文の見出し、順番とは対応していないものがあります。

Topic 1
環境問題と原発事故

生産活動が活発になるにつれ、必要となるのがエネルギー。
石炭・石油から原子力へと進んだエネルギー消費は地球環
境に何をもたらしたのか。環境問題と原発事故の側面から
語彙をネットワークしてみよう。

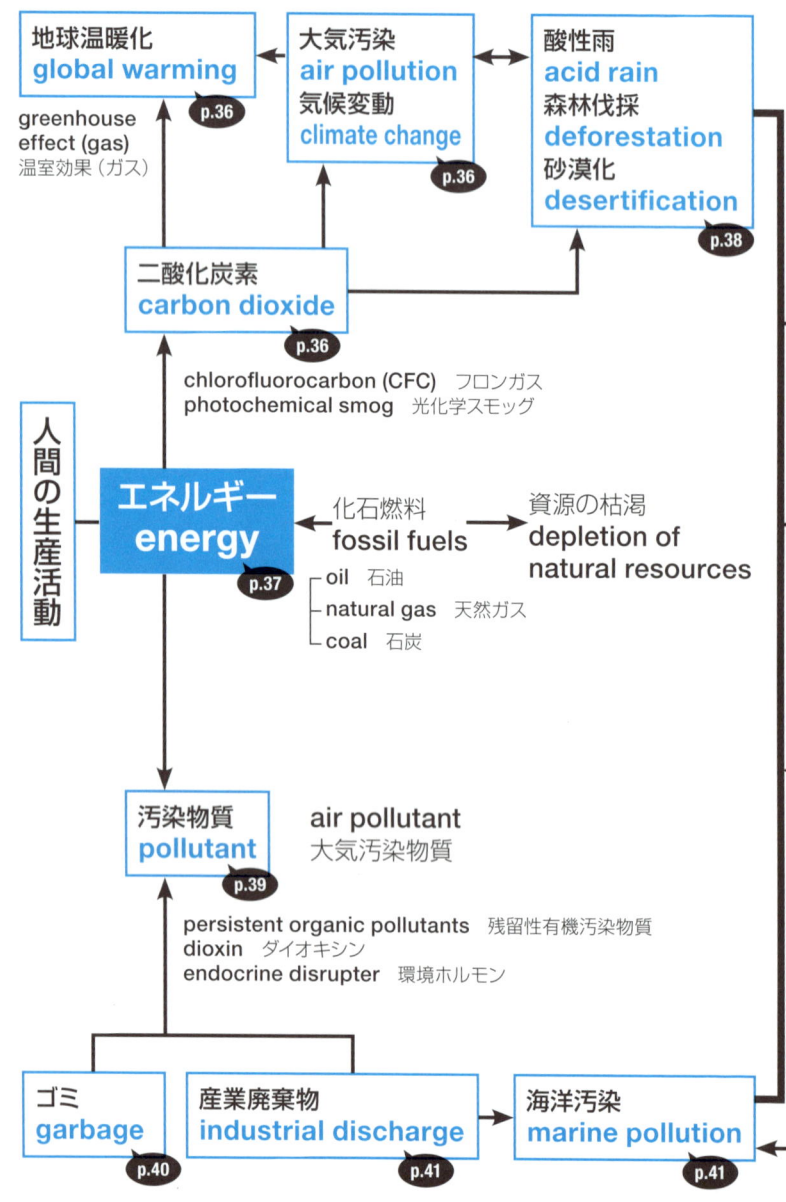

Topic 1 ▶ 環境問題と原発事故

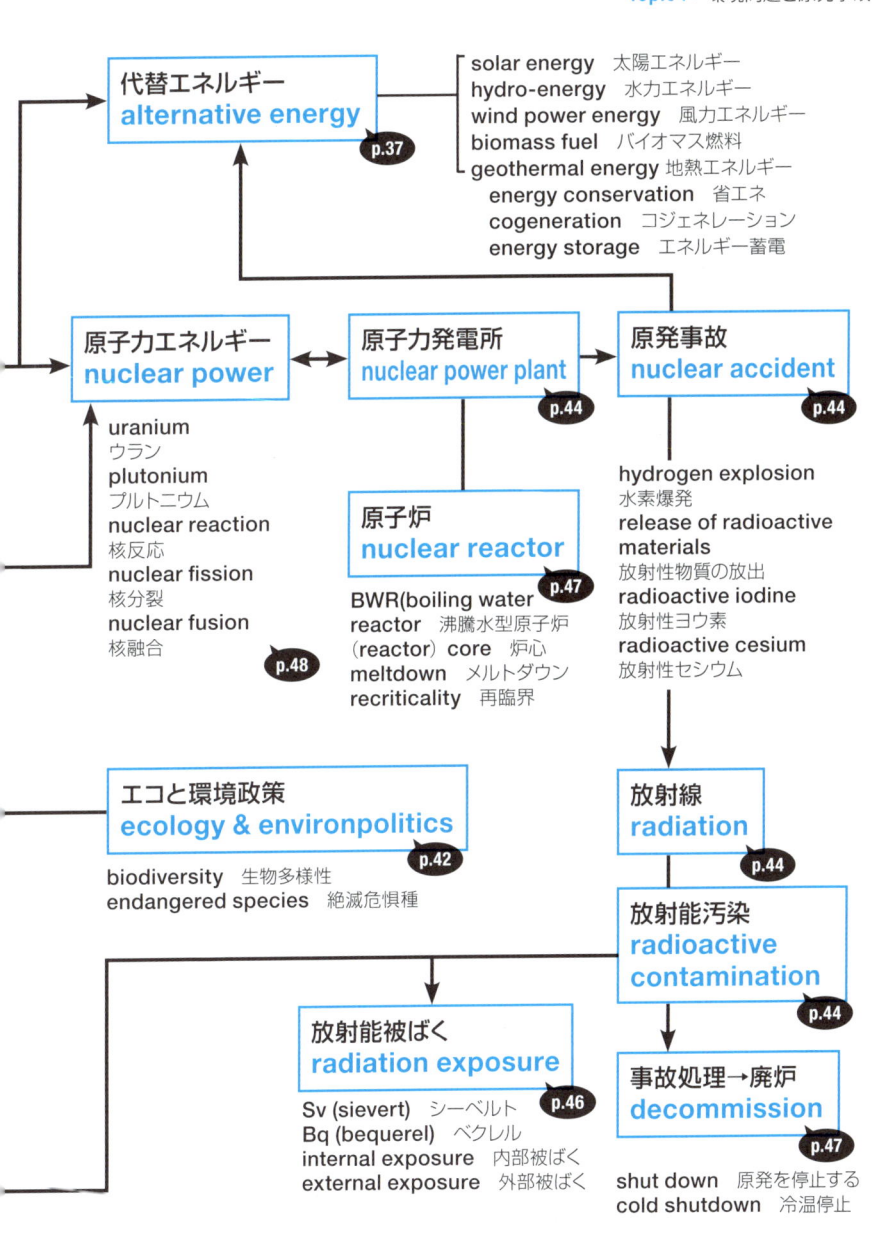

代替エネルギー
alternative energy p.37

- solar energy 太陽エネルギー
- hydro-energy 水力エネルギー
- wind power energy 風力エネルギー
- biomass fuel バイオマス燃料
- geothermal energy 地熱エネルギー
  - energy conservation 省エネ
  - cogeneration コジェネレーション
  - energy storage エネルギー蓄電

原子力エネルギー
nuclear power

- uranium ウラン
- plutonium プルトニウム
- nuclear reaction 核反応
- nuclear fission 核分裂
- nuclear fusion 核融合 p.48

原子力発電所
nuclear power plant p.44

原子炉
nuclear reactor p.47

- BWR(boiling water reactor 沸騰水型原子炉
- (reactor) core 炉心
- meltdown メルトダウン
- recriticality 再臨界

原発事故
nuclear accident p.44

- hydrogen explosion 水素爆発
- release of radioactive materials 放射性物質の放出
- radioactive iodine 放射性ヨウ素
- radioactive cesium 放射性セシウム

エコと環境政策
ecology & environpolitics p.42

- biodiversity 生物多様性
- endangered species 絶滅危惧種

放射線
radiation p.44

放射能汚染
radioactive contamination p.44

放射能被ばく
radiation exposure p.46

- Sv (sievert) シーベルト
- Bq (bequerel) ベクレル
- internal exposure 内部被ばく
- external exposure 外部被ばく

事故処理→廃炉
decommission p.47

- shut down 原発を停止する
- cold shutdown 冷温停止

ここで取り上げるのは環境と原発に関する表現です。日本語でなら、よく耳にしていても英語だとどう表現するんだろう、といったことがよくあります。

I 環境問題

大気汚染と気候変動

　まずは環境です。環境問題と聞いてすぐに連想するのは、「大気汚染」と「気候変動」です。

●大気汚染
　「大気汚染」は **air pollution** です。「車の排気ガス」は **car emission** あるいは **car exhaust** といいますが、大気汚染の原因のひとつです。「二酸化炭素」は **carbon dioxide**（CO_2）といい、「一酸化炭素」は **carbon monoxide** です。
　中国などでは「光化学スモッグ」が問題になっています。これも少しむずかしい英語で、**photochemical smog** といいます。

●気候変動
　「気候変動」**climate change** も大きな問題です。「地球温暖化」の英語はご存じですね。 **global warming** といいます。「温室効果」は **greenhouse effect** で「温室効果ガス」は **greenhouse gas** といいます。「オゾンホール」は **ozone hole** で、「オゾン層」は **ozone layer** ですね。「オゾン層の破壊」は **destruction of the ozone layer** です。オゾン層を破壊する原因といわれるフ

ロンガスですが、正式には **chlorofluorocarbon** といいます。難しい単語ですね。これは英米人でもそれは同じで、**CFC** と略すのが普通です。また、日本ではフロンといいますが、英語では **Freon** といい、デュポン社の商標を普通名詞のように使います。

環境問題は一国だけに留まるものではありません。まさに **global problem**「地球規模の問題」です。そうした「国境を越える問題」のことを **transboundary problem / issue** ともいいます。**trans + boundary** なので「境界を越えた」ということですね。

エネルギー

人間の活動は「エネルギー」**energy** に支えられています。エネルギー源となるのは「石油」**oil**、「天然ガス」**natural gas**、「石炭」**coal** といった「化石燃料」**fossil fuels** ですが、「公害」**pollution** と「資源の枯渇」**depletion of natural resources** が問題となってきており、それに変わるものとして「ウラン」**uranium** を利用した「原子力エネルギー」**nuclear power** が使われる比率が高まってきています。

しかし、チェルノブイリや福島原発事故にみられるように、「放射能汚染」**radioactive contamination** という最悪の事態を経験し、「枯渇性資源」**exhaustible resources** を使わないで生み出す「代替エネルギー」**alternative energy** として、「太陽エネルギー」**solar energy**、「水力エネルギー」**hydro-energy**、「風力エネルギー」**wind power energy**、「バイオマス燃料」**biomass fuel**、「地熱エネルギー」**geothermal energy** に注目が集まっているのが現状です。また「省エネ」**energy conservation** やエネルギーの利用効率を高めるため、「コジェネレーション（熱電供

給システム）」cogeneration の普及や、気候に影響を受けやすい代替エネルギーを蓄電する「エネルギー蓄電」energy storage の技術開発も求められています。

　原子力エネルギーについては、福島原発事故が発生し、さまざまな問題が出てきていますが、それについては本章の後半で取り上げます。

酸性雨・森林伐採・砂漠化

●酸性雨

　「化石燃料」fossil fuels を使った「エネルギーの供給」energy supply には多くの問題があります。その象徴的な存在が「酸性雨」acid rain です。化石燃料などの燃焼で排出される「硫黄酸化物」sulphur oxide、「窒素酸化物」nitrogen oxide などの「大気汚染物質」air pollutant が、空気中の水蒸気と反応して、「硝酸」nitric acid や「硫酸」sulphur acid に変化して降ってくるのが、酸性雨です。酸性雨によって土壌などの「酸性化」acidification も起こります。

●森林伐採

　二酸化炭素が global warming の要因とされていますが、そこには「森林伐採」deforestation の問題も絡んでいます。「熱帯雨林」rainforest の豊かな森の「過度の伐採」excessive deforestation によって森林減少が起こっています。そして、世界の森林減少による大気中の二酸化炭素の増大が地球温暖化を加速させる一因となっていることが指摘されています。そこで、「対策」countermeasure として「植林による森林再生」reforestation の必要性が叫ばれ、「森林植林」forestation など

Topic 1 ▶ 環境問題と原発事故

が行われています。**reforestation** は **re + forestation** ということで、「再び、森にする」という意味です。**deforestation** はそこに住む経済的な理由からも行われてきましたが、今では、樹木を「植栽」**arboriculture** し、樹間で家畜・農作物を飼育・栽培する農林業である「アグロフォーレストリー」**agroforestry** が生態系を生かしながら「持続的な土地利用」**sustainable land use** をするために提唱されています。**agriculture** と **forestry** の合成語ですね。

© Rui Ornelas

●砂漠化

「土壌が流出」**soil runoff** したり、「塩性化」**salinization** したり、「飛砂」**blown sand** などにより、植生に覆われた土地が「不毛地」**barren land** になっていく現象が起こっています。これが「砂漠化」**desertification** ですね。「森林伐採」**deforestation**、「気候変動」**climate change**、「旱魃」**drought** などが大きな原因といわれています。

汚染物質

人間が生活すれば「ゴミ」**garbage** や「廃棄物」**waste** が出てきます。そして廃棄物の中には環境を汚染するものが含まれています。英語では、「汚染物質」のことを **pollutant** といいます。そして、「汚染」のことを **pollution** といい、**pollute** は「汚染する」という動詞です。外部的要因で何かを汚すというの

が **pollute** の意味合いです。放射能汚染の場合には **radioactive contamination** のように **contaminate** という語を使う傾向にあります。

自然に分解されにくく人間の体内に蓄積される「生物蓄積」**bioaccumulation** によって人体や生態系に害をおよぼす有機物のことを「残留性有機汚染物質」**persistent organic pollutants (POPs)** といい、ダイオキシン類、ポリ塩化ビフェニル **(PCB)**、**DDT** などが含まれます。これらは「毒性」**toxicity** が強い物質です。

「ダイオキシン」は英語で、**dioxin** とスペルします。「環境ホルモン」という言い方もおなじみですが、これは、英語では意外にむずかしくて、**endocrine disrupter** といいます。**endorine** とは「内分泌」「ホルモン」ということで、**disrupter** はその「攪乱物質」という意味です。「ホルムアルデヒド」というコトバも聞いたことがありますね。これも英語です。**formaldehyde** と書きます。結構、むずかしいスペルのものがありますね。

経済生活を営むため「有機化合物」**organic compound** を構成し、多くの「化学物質」**chemical substance** を作り、日常生活において利用してきたわけですが、有機物が自然に残留して、その有害物質が「食物連鎖」**food chain** を通してさまざまな悪影響を及ぼしています。

ゴミ廃棄物

●ゴミ問題

身近なところではゴミ問題があります。「ゴミ」は **garbage / trash** といいます。「不燃ごみ」は そのまま **unburnable trash**、「可燃ゴミ」は **burnable trash** といいます。「ごみの焼却炉」

は **incinerator** です。「産業廃棄物」は **industrial discharge** あるいは **industrial waste** といいます。

　人間が生活する上で、廃棄物は必ず発生します。これを「焼却処理」 **incineration** するわけですが、「焼却灰」 **burned ash / incineration residue** が出るため、それを埋め立てするための「最終処分場」 **sanitary landfill** が必要となります。廃棄物の中にはダイオキシン類や「重金属」 **heavy metals** や「ヒ素」 **arsenic** などの「有害物質」 **toxic substance** が含まれていることがあり、その安全な処理も大きな問題です。「重金属中毒」は **heavy metal poisoning** といいます。「水銀汚染」は **mercury pollution** で、「水銀中毒」は **mercury poisoning** といいます。なお、水銀中毒が原因の「水俣病」は **Minamata disease** あるいは **Mad Hatter's disease** という言い方をします。**Mad Hatter** はルイス・キャロルの名作 *Alice in Wonderland* の **"mad as a hatter"** に関係した表現のようです。

●下水と海洋汚染

　「下水」は **sewage** で「廃棄物処理」は **waste disposal** といいます。2011年3月11日の津波では、「汚泥」「汚水」がたいへんですが、「汚泥」のことを **slime** あるいは **sludge** といいます。そして「汚水」は **slop** です。「地下水」は **groundwater** です。「地盤沈下」は **land subsidence** ですが、「埋立地」 **land reclamation (reclaimed land)** に地盤沈下が起きたようです。**reclaim** には［取り戻す、回収する］という意味があり、海や沼地の場合は「埋め立てる」という意味になります。**landfill** は埋め立てといっても、「埋め立て式ごみ処理地」のことです。

　「海洋汚染」も問題です。これは **marine pollution** といいます。そして「海洋投棄」のことを **ocean dumping** と表現します。

エコと環境政策

さて、環境問題が表面化、深刻化してくると、それに対処しようとする動きがでてきます。その象徴が「エコ」eco です。eco は ecology の eco- です。この eco- を使った表現もたくさんあります。

「環境保護関連ビジネス」で ecobusiness ですね。そして、「エコ商品」が ecoproduct です。エコマークは日本語でも使いますが、英語でも Eco Mark といいます。「生態系」は ecosystem で、「生態系にやさしい」は eco-friendly といいますね。ecologist は日本語でも「エコロジスト」といいますが「生態学者」の意味でも使います。eco-activist といえば「環境保護活動家」のことです。

ecocide という表現もあります。eco- と suicide の -cide が一緒になった言葉で、「生態系破壊」のことをいいます。

結局、環境問題は開発と関係しており、「環境に配慮した開発」のことを environmentally sound development といいます。「環境政策」もしっかりしてなければならず、environpolitics という表現も生まれています。environmental economics「環境経済学」も定着した言葉です。これは、空気汚染、水質問題、毒性物質、固形廃棄物、地球温暖化などに対処するためのさまざまな環境政策の「コスト・アンド・ベネフィット」costs and benefits の本格的な研究を行う領域だといえます。

生物多様性と絶滅危惧種

●生物多様性
環境問題は生物にも当然その影響が及びます。そのことに関連

した概念として「生物多様性」という用語をよく耳にします。これは英語では **biodiversity** といいます。**bio + diversity** です。関連した用語としては「種の多様性」**species diversity**、「種の豊かさ」**species richness**、「生態系多様性」**ecosystem diversity** などがあります。それぞれの解釈には違いがありますが、こうした多様性の議論が行われる背景には、地球上の生物種の絶滅が進んでいる現状に対する危機意識があります。**biodiversity** は特定の生態系にどの程度の「生命体の種類」**variation of life forms** があるかを問題にする概念ですが、それは「生態系の健全さの指標」**a measure of the health of the ecosystem** といわれます。

●絶滅危惧種

「絶滅した」**extinct**、または「絶滅の危機に瀕した種」**endangered species** が何千とあります。絶滅危惧種は **IUCN** の「レッドリスト」**Red List** に記載されます。**IUCN** は自然保護のための国際機関「国際自然保護連合」**International Union for Conservation of Nature and Natural Resources** の略語で、**Red List** の正式名は **the IUCN Red List of Threatened Species** です。

Red List には、以下のような基準で危惧度が決められています。**IUCN** 日本委員会で、次の訳語を当てています。

Extinct「絶滅」、Extinct in the Wild「野生絶滅」、Critically Endangered「絶滅危惧IA類（ごく近い将来における野生での絶滅の危険性がきわめて高い種）」、Endangered「絶滅危惧IB類（IA類に準じる絶滅の危険性がある種）」、Vulnerable「絶滅危惧II類（絶滅の危険が増大している種）」、Near Threatened「準絶滅危惧（存続基盤が脆弱な種）」、Data Deficient「情報不足」

Ⅱ 原発事故

　原子力発電は二酸化炭素を排出しない「クリーンエネルギー」**clean energy** といわれ、原発によるエネルギーの供給の必要が叫ばれ、実践されてきました。しかし、同時に、その危険性も常に指摘されてきました。そして、2011年3月11日、「未曾有の災害」**disaster of unprecedented magnitude** によって、クリーンエネルギーを生み出すはずの原発に事故が起こってしまいました。事故は、「放射線物質の放出」**release of radioactive materials** を伴い、危険度が最も高い環境問題を引き起こしています。ここでは、福島原発事故に関して報道された用語を少し整理しておきたいと思います。

放射線

　事故が起こったのは「福島第一原発」**the Fukushima Daiichi Nuclear Power Station** です。福島の原子炉は、沸騰させた水の蒸気でタービンを回すタイプの「沸騰水型原子炉」で、英語では **boiling water reactor**（**BWR**）とそのまま表現します。原発では「多重防護」**defense in depth** が原理でしたが、それが機能しなかったということです。

　「原子力」は **nuclear power** です。「放射線」は **radiation** といい、「放射線漏れ」は **radiation leakage**、そこから起こる「放射能汚染」は **radioactive contamination** といいます。「放射能」は **radioactivity**、「放射性同位体」は **radioactive isotopes** です。「放射性物質」だと **radioactive material** となります。福島第一原発では「水素爆発」**hydrogen explosion** により「放射能の

＊このテーマは専門性が高いということから、参考文献として『多聴多読マガジン　7月号臨時増刊号』（コスモピア、2011）を使用しています）

Topic 1 ▶ 環境問題と原発事故

放出」**radioactivity release** が起こったわけです。「原発非常宣言」**nuclear emergency** が発せられ、「現場から20キロ圏内の避難」**a 20-km-radius evacuation around the plant** が命じられました。

©Digital Globe

　放射線の要素として、ヨウ素は **iodine** といいます。正確には、放射性ヨウ素なので、**radioactive iodine** あるいは **iodine-131** などといわれます。セシウムは **radioactive cesium**「放射性セシウム」と英語で綴ります。**cesium-131** と **cesium-137**（正式には **radioactive isotope cesium-137**）が話題になっています。「放射性ストロンチウム」は **radioactive strontium** または **radiostrontium**、「プルトニウム」は **plutonium** といいます。

　Forbes 誌では、次のような報道が行われました。

Radioactive Strontium Found in Hilo, Hawaii Milk

A radioactive isotope of strontium has been detected in American milk for the first time since Japan's nuclear disaster—in a sample from Hilo, Hawaii—the Environmental Protection Agency revealed yesterday.　　*Forbes* [4/27/2011]

昨日、環境保護庁は、日本の原子力事故からアメリカでは初めて、ストロンチウムの放射性同位体が、ハワイ、ヒロからの牛乳のサンプルで検出されたことを明らかにした。

　「シーベルト」は **sievert（Sv）** と書きます。「ベクレル」は **becquerel (Bq)** です。これらは人の名前からきた言葉です。

　「半減期」という言い方をよく耳にします。「放射性ヨウ素131の半減期は8日である」、これを英語では、**half-life** という言

い方をして、**Radioactive iodine-131 has a half-life of eight days.** のように表現します。**cesium-137** の場合は「半減期は30年」**a half-life of 30 years** といわれています。

放射能被害

　「放射線被ばく」は **radiation exposure** といいます。「線量」は **amount of radiation**、**radiation level** などいろいろな言い方があるようですが、**dose** が専門的に使われ、「吸収線量」は **absorbed dose** というようです。「内部被ばく」は **internal** を使い、**internal exposure** といいます。「外部被ばく」は **external exposure** です。ヨウ素は甲状腺に取り込まれ、甲状腺がんになる原因といわれます。「甲状腺」は **the thyroid gland**、「甲状腺がん」は **thyroid cancer**です。

© iStockphoto.com/zorani

　「安全基準」は **safety standard** です。ほかにも **safety level** や **safety limit** も使います。「政府の暫定基準値」は **temporarily recommended government safety limits** となります。「政府の安全基準を超える」だと **above government safety limits** と表現することができます。「汚染区域」はさきほどの **contaminate** を使い、**contaminated area** といいます。「原子力緊急事態宣言」という言葉を初めて聞きましたが、**Declaration of Nuclear Emergency** と表現し、「原子力損害賠償法」は **Act on Compensation for Nuclear Damage** という言い方で報道されています。

「土壌がセシウム汚染」という記事が出ますが、これは、**Cesium contamination has been detected in the soil.** という言い方をします。「健康被害の可能性（おそれ）」**the potential health risks** をどう見積もるかが問題ですね。「自衛」**self-protection** しかないということで、人体への被ばくを最小限に抑えるために「放射線測定器」**Geiger counter / radiation detector** を購入する人も数多くいるようです。

原子炉と事故処理

「原子炉」**nuclear reactor** を廃炉にするということが話題になっています。この「廃炉にする」ことを英語では **decommission** という専門用語で表すようです。これは名詞的な響きがありますが、動詞で使います。そこで「損傷した原子炉を廃炉にする」だと **decommission the crippled reactor** のように使い、ここでの **decommission** は動詞です。以下もその例です。

Editorial: Decommissioning of Fukushima plant will need cooperation and vigilance

Experts of a Japan Atomic Energy Commission (JAEC) committee have drawn up a report on the procedures to decommission the stricken Fukushima No.1 Nuclear Power Plant.（以下略）　　　*The Mainichi Daily News* [12/14/2011]

社説：福島原子力発電所の閉鎖には協力と監視が必要となる

原子力委員会の専門家たちは損傷した福島第一原発の閉鎖のための手順に関する報告書をまとめた。

「原発を停止する」は **shut down** ともいい、「冷温停止」は

cold shutdown です。「外部電源」もよく耳にする表現ですが、英語では **external power source** です。「核融合」は **nuclear fusion**、「核分裂」は **nuclear fission**、「核反応」は **nuclear reaction** ですね。「圧力抑制室」という用語も飛び交いましたが、英語では **pressure suppression chamber** といいます。

　事故処理のために話題になった言葉といえば、「冷却材」がありますが、**coolant** といいます。**cool** + **ant** です。「ホウ素」も話題になりましたが、これは **boron** といいます。

　事故の当初に行われた「注水」は **injection of fresh water** これは「真水の注水」です。「海水」だと **sea water** ですね。「飛散防止剤」などをまくという話がありましたが、それは **anti-scattering agent** というようです。

　「ベントする」もよく耳にしましたが、「ベント」は **venting** といい、**deliberate venting to reduce gaseous pressure**「圧力を減らすための故意のベント」のように使います。

　なお、作業員たちが着ている「防護服」は **protective gear** と **gear** を使います。そして、「除染」は **cleaning up** です。

　ここでひとつ英文を紹介。

The situation at Fukushima Daiichi continues to worsen, with explosions at two more reactors and the radioactive substances released surpassing that of Three Mile Island.　　　　*Business Insider* [3/19/2011]

福島第一原発の状況は一層悪化を続けている。さらにふたつの原子炉が爆発し、スリーマイル島原発事故のときに放出されたよりも多量の放射性物質が放出されたのである。

　「石棺」というコトバも飛び交いました。放射能漏れを抑えるためにはコンクリートの建造物でまわりを覆うということで

すが、専門用語があるようです。**sarcophagus** という見たこともない単語がそれに当たります。「水棺」はわかやすく **water tomb** で OK のようです。水棺が **water tomb** なら石棺は stone tomb でも、と思いますが、**sarcophagus** という言い方が専門的な表現のようですね。チェルノブイリで使われた用語だと思いますが。

「炉心」は **core** を使い、**reactor core** といいます。「燃料棒」は **fuel rod** でそのままです。「再臨界」は **recriticality** という言い方をするようです。**criticality** が「臨界」で、これはもちろん、**critical** という形容詞から派生した単語です。「使用済み核燃料プール」は **spent nuclear fuel pool** で、「使用済み核燃料プールでの臨界の可能性」は **possibility of criticality in the spent nuclear fuel pool** と表現します。

「使用済み核燃料」**spent nuclear fuel** や大量の「汚染水」**contaminated water** の処理はこれからも大変な課題です。炉心が「メルトダウン」**meltdown** し、地下に「メルトスルー」**meltthrough** していれば、「地下水の汚染」**groundwater contamination** も懸念されます。「炉心溶融」は **nuclear meltdown** で、「溶融した燃料」は **melted fuel** といいます。

© Digital Globe

Ⅲ 環境問題について語る

⚠ 「動詞＋名詞」の表現

　さて、「地球温暖化」という表現は知っていても「地球温暖化を引き起こす」という言い方ができなければ環境問題について語ることができませんね。そこで以下では、よく使われる「動詞＋名詞」の形の表現を少し紹介しておきます。

　　cause global warming 地球温暖化を引き起こす
　　destroy an ecosystem 生態系をこわす
　　pollute the river 川を汚染する
　　dump industrial waste 産業廃棄物を捨てる
　　be faced with extinction 絶滅の危機に直面している
　　protect the environment 環境を保護する
　　spoil the sky and the land 空と土地をだめにする
　　conserve natural resources 自然資源を保全する
　　save the rainforest 熱帯雨林を守る
　　reduce air pollution 大気汚染を減らす
　　recycle newspapers 新聞紙をリサイクルする

⚠ 自分で原稿を書く

　名詞形だけでなく、このように「動詞＋名詞」の形でも、英語表現をリストしておくと、環境という問題について本格的に語る

際に、有用だと思います。そして、ここで紹介したような表現を使って、たとえば、以下のような原稿を書いてみると、拡張語力が高まってくると思います。

環境問題を語る

I'm worried about the destruction of the planet's ecosystem. The soil in which trees, flowers, vegetables and fruit grow has been spoiled not only by agricultural chemicals but also by the rain that falls on the land. The land is polluted. The tropical rainforests are being destroyed. There are thousands of extinct and endangered species. The ozone layer is getting thinner and thinner.

Global warming is a big issue now. It is said to be a result of the greenhouse effect, which is caused by air pollution. Air pollution comes from car emissions, factory smoke, and so on.

A number of suggestions have been made and a variety of measures have been devised to reduce environmentally harmful elements. The use of recycled paper is promoted everywhere. Alternative energy such as solar energy and wind energy is being used much more than before. An increasing number of companies are interested in environmentally friendly products. Administrative organs have started to talk about environmental management and environmental impact assessment.

I don't have the solution to this big problem. Maybe an

alternative lifestyle needs to be sought out and practiced. I don't know if we will be able to stop the destruction of our ecosystem. What we can do is "think globally and act locally."

　地球の生態系破壊が心配だ。木や花や野菜が育つ土地は農薬だけでなくそこに降る雨によってだめになっている。土地は汚染され、熱帯雨林は破壊されている。絶滅した、あるいは絶滅の危機にある種が何千とある。オゾン層はだんだん薄くなってきている。

　地球温暖化は今や大きな問題である。それは大気汚染によって起こる温室効果の結果であるといわれている。大気汚染は車の排気ガス、工場の煙などに起因する。多くの提案がなされ、環境に有害な要素を減らすために、いろいろな方法が工夫されている。再生紙の使用はそこら中で推進されている。太陽熱は風力のような代替エネルギーも前よりはずっと使われるようになっている。会社の中には環境にやさしい商品に関心を寄せるところが増えている。行政機関でも環境マネージメントや環境影響評価などについて議論をし始めている。

　この大きな問題に対する解決策は持っていない。これまでとは違うライフスタイルを模索し、実践する必要があるのかもしれない。でも生態系の破壊を止めることができるかどうかまだわからない。われわれにできることは、地球規模で問題を考え、身近なところで行動するということだ。

環境問題と原発事故 関連語彙リスト

＊本リストは、リストの項目の流れを優先させたため、一部、本文とリストの項目の順番が異なります。

環境問題　T 02-102

●大気汚染
大気汚染　air pollution
車の排気ガス　car emission、car exhaust
二酸化炭素　carbon dioxide（CO2）
一酸化炭素　carbon monoxide
光化学スモッグ　photochemical smog

●気候変動
気候変動　climate change
地球温暖化　global warming
温室効果　greenhouse effect
温室効果ガス　greenhouse gas
オゾンホール　ozone hole
オゾン層　ozone layer
オゾン層の破壊　destruction of the ozone layer
フロンガス　chlorofluorocarbon、CFC、Freon
地球規模の問題　global problem
国境を越える問題　transboundary problem [issue]

●エネルギー
エネルギー　energy
石油　oil
天然ガス　natural gas
石炭　coal
化石燃料　fossil fuels
公害　pollution
資源の枯渇　depletion of natural resources
ウラン　uranium
原子力エネルギー　nuclear power energy
クリーンエネルギー　clean energy
枯渇性資源　exhaustible resources
代替エネルギー　alternative energy
太陽エネルギー　solar energy
水力エネルギー　hydro-energy
風力エネルギー　wind power energy
バイオマス燃料　biomass fuel
地熱エネルギー　geothermal energy
省エネ　energy conservation
コジェネレーション　cogeneration
エネルギー蓄電　energy storage
エネルギーの供給　energy supply

●酸性雨
酸性雨　acid rain
硫黄酸化物　sulphur oxide
窒素酸化物　nitrogen oxide
大気汚染物質　air pollutant
硝酸　nitric acid
硫酸　sulfuric acid
酸性化　acidification

●森林伐採
森林伐採　deforestation
熱帯雨林　rainforest
過度の伐採　excessive deforestation
対策　countermeasure
植林による森林再生　reforestation
森林植林　forestation
植栽　arboriculture

アグロフォーレストリー　agroforestry
持続的な土地利用
　sustainable land use

● 砂漠化
土壌が流出　soil runoff
塩性化　salinization
飛砂　blown sand
不毛地　barren land
砂漠化　desertification
旱魃　drought

汚染物質　　　　　　　　T 03-103

● 汚染
廃棄物　waste
汚染物質　pollutant
汚染　pollution
汚染する　pollute
生物蓄積　bioaccumulation
残留性有機汚染物質　persistent
　organic pollutants、POPs
毒性　toxicity
ダイオキシン　dioxin
環境ホルモン　endocrine disrupter
内分泌、ホルモン　endocrine
攪乱物質　disrupter
ホルムアルデヒド　formaldehyde
有機化合物　organic compound
化学物質　chemical substance
食物連鎖　food chain

ゴミ廃棄物　　　　　　　T 04-104

● ゴミ問題
ゴミ　garbage、trash
不燃ごみ　unburnable trash
可燃ゴミ　burnable trash
ごみの焼却炉　incinerator
産業廃棄物　industrial discharge、
　industrial waste

焼却処理　incineration
焼却灰　burned ash、
　incineration residue
最終処分場　sanitary landfill
重金属　heavy metals
ヒ素　arsenic
有害物質　toxic substance
重金属中毒　heavy metal poisoning
水銀汚染　mercury pollution
水銀中毒　mercury poisoning
水俣病　Minamata disease、
　Mad Hatter's disease

● 下水と海洋汚染
下水　sewage
廃棄物処理　waste disposal
汚泥　slime、sludge
汚水　slop
地下水　groundwater
地盤沈下　land subsidence
埋立地　land reclamation、
　reclaimed land
取り戻す、回収する、埋め立てる
　reclaim
埋め立て式ごみ処理地　landfill
海洋汚染　marine pollution
海洋投棄　ocean dumping

エコと環境政策　　　　　T 05-105

環境保護関連ビジネス　ecobusiness
エコ商品　ecoproduct
エコマーク　Eco Mark
生態系　ecosystem
生態系にやさしい　eco-friendly
エコロジスト、生態学者　ecologist
環境保護活動家　eco-activist
生態系破壊　ecocide
環境に配慮した開発　environmentally
　sound development
環境政策　environpolitics

Topic 1 ▶ 環境問題と原発事故

環境経済学 environmental economics
コスト・アンド・ベネフィット costs and benefits

生物多様性と絶滅危惧種　T 06-106

●生物多様性
生物多様性 biodiversity
種の多様性 species diversity
種の豊かさ species richness
生態系多様性 ecosystem diversity
生命体の種類 variation of life forms
生態系の健全さの指標 a measure of the health of the ecosystem

●絶滅危惧種
絶滅した extinct
絶滅の危機に瀕した種 endangered species
レッドリスト Red List
（正式名称 the IUCN Red List of Threatened Species）
国際自然保護連合 IUCN International Union for Conservation of Nature and Natural Resources
絶滅 Extinct
野生絶滅 Extinct in the Wild
絶滅危惧 IA 類 Critically Endangered
絶滅危惧 IB 類 Endangered
絶滅危惧 II 類 Vulnerable
準絶滅危惧 Near Threatened
情報不足 Data Deficient

原発事故　T 07-107

福島第一原発 the Fukushima Daiichi Nuclear Power Station
沸騰水型原子炉 boiling water reactor（BWR）
水素爆発 hydrogen explosion
未曾有の災害 disaster of unprecedented magnitude
放射性物質の放出 release of radioactive materials

原子炉と事故処理　T 08-108

原子炉 nuclear reactor
炉心 reactor core
圧力抑制室 pressure suppression chamber
使用済み核燃料プール spent nuclear fuel pool
使用済み核燃料 spent nuclear fuel
燃料棒 fuel rod
臨界 criticality
再臨界 recriticality
核融合 nuclear fusion
核反応 nuclear reaction
炉心溶融 nuclear meltdown
溶融した燃料 melted fuel
メルトダウン meltdown
メルトスルー meltthrough
地下水の汚染 groundwater contamination
外部電源 external power source
冷却材 coolant
ホウ素 boron
真水の注水 injection of fresh water
海水 sea water
飛散防止剤 antiscattering agent
ベント venting
冷温停止 cold shutdown
原発を停止する shut down
廃炉にする decommission
損傷した原子炉を廃炉にする decommission the crippled reactor
石棺 sarcophagus
水棺 water tomb

防護服　protective gear
汚染水　contaminated water
除染　cleaning up

放射線　T 09-109

多重防護　defense in depth
原子力　nuclear power
放射線　radiation
放射線漏れ　radiation leakage
放射能汚染　radioactive contamination
放射能　radioactivity
放射性同位体　radioactive isotopes
放射性物質　radioactive material
放射能の放出　radioactivity release
ヨウ素　iodine
放射性ヨウ素　radioactive iodine、iodine-131
放射性セシウム　radioactive cesium（cesium-131 と cesium-137［正式には radioactive isotope cesium-137］）
放射性ストロンチウム　radioactive strontium、radiostrontium
プルトニウム　plutonium
シーベルト　sievert（Sv）
ベクレル　becquerel（Bq）
半減期　half-life

放射能被害　T 10-110

放射線被ばく　radiation exposure
線量　dose、amount of radiation、radiation level
吸収線量　absorbed dose
内部被ばく　internal exposure
外部被ばく　external exposure
甲状腺　the thyroid gland
甲状腺がん　thyroid cancer
安全基準　safety standard、safety level、safety limit
政府の暫定基準値　temporarily recommended government safety limits
政府の安全基準を超える　above government safety limits
汚染区域　contaminated area
原子力緊急事態宣言　Declaration of Nuclear Emergency
原子力損害賠償法　Act on Compensation for Nuclear Damage
健康被害の可能性（おそれ）　the potential health risks
自衛　self-protection
放射線測定器　Geiger counter、radiation detector

動詞＋名詞の表現　T 11-111

地球温暖化を引き起こす　cause global warming
生態系をこわす　destroy an ecosystem
川を汚染する　pollute the river
産業廃棄物を捨てる　dump industrial waste
絶滅の危機に直面している　be faced with extinction
環境を保護する　protect the environment
空と土地をだめにする　spoil the sky and the land
自然資源を保全する　conserve natural resources
熱帯雨林を守る　save the rainforest
大気汚染を減らす　reduce air pollution
新聞紙をリサイクルする　recycle newspapers

Topic 2
気候・気象・天気

「熱帯」、「乾燥帯」、「温帯」、「寒帯」などの大きな気候区分から、毎日の「晴れ」「曇り」「雨」「雪」などの天気にまで、気候・気象・天気にかかわる語句をネットワークしてみよう。

気候・気象・天気 関連単語ネットワーク

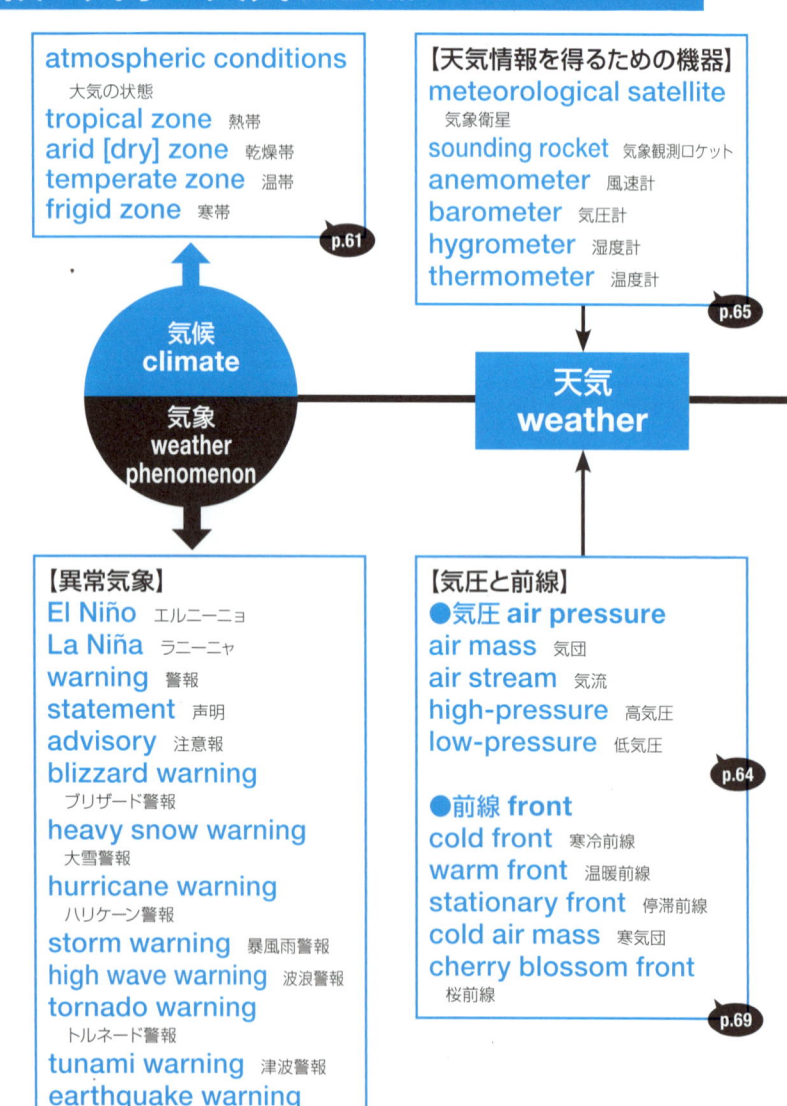

atmospheric conditions 大気の状態
- tropical zone 熱帯
- arid [dry] zone 乾燥帯
- temperate zone 温帯
- frigid zone 寒帯

p.61

【天気情報を得るための機器】
- meteorological satellite 気象衛星
- sounding rocket 気象観測ロケット
- anemometer 風速計
- barometer 気圧計
- hygrometer 湿度計
- thermometer 温度計

p.65

気候 climate / 気象 weather phenomenon

天気 weather

【異常気象】
- El Niño エルニーニョ
- La Niña ラニーニャ
- warning 警報
- statement 声明
- advisory 注意報
- blizzard warning ブリザード警報
- heavy snow warning 大雪警報
- hurricane warning ハリケーン警報
- storm warning 暴風雨警報
- high wave warning 波浪警報
- tornado warning トルネード警報
- tunami warning 津波警報
- earthquake warning 地震警報
- heat wave 熱波、酷暑

p.70

【気圧と前線】
●気圧 air pressure
- air mass 気団
- air stream 気流
- high-pressure 高気圧
- low-pressure 低気圧

p.64

●前線 front
- cold front 寒冷前線
- warm front 温暖前線
- stationary front 停滞前線
- cold air mass 寒気団
- cherry blossom front 桜前線

p.69

Topic 2 ▶ 気候・気象・天気

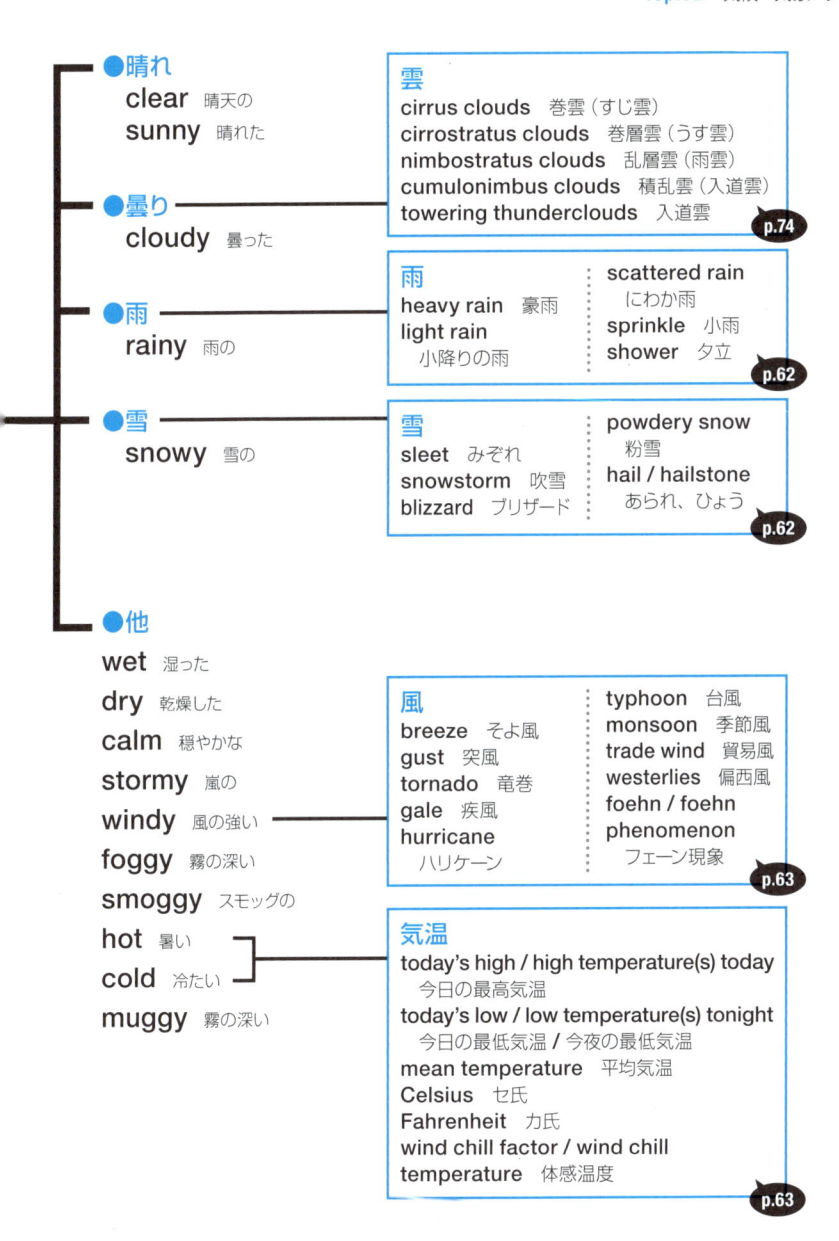

- ●晴れ
  - clear 晴天の
  - sunny 晴れた

- ●曇り
  - cloudy 曇った

- ●雨
  - rainy 雨の

- ●雪
  - snowy 雪の

- ●他
  - wet 湿った
  - dry 乾燥した
  - calm 穏やかな
  - stormy 嵐の
  - windy 風の強い
  - foggy 霧の深い
  - smoggy スモッグの
  - hot 暑い
  - cold 冷たい
  - muggy 霧の深い

雲
cirrus clouds 巻雲（すじ雲）
cirrostratus clouds 巻層雲（うす雲）
nimbostratus clouds 乱層雲（雨雲）
cumulonimbus clouds 積乱雲（入道雲）
towering thunderclouds 入道雲
p.74

雨
heavy rain 豪雨
light rain 小降りの雨
scattered rain にわか雨
sprinkle 小雨
shower 夕立
p.62

雪
sleet みぞれ
snowstorm 吹雪
blizzard ブリザード
powdery snow 粉雪
hail / hailstone あられ、ひょう
p.62

風
breeze そよ風
gust 突風
tornado 竜巻
gale 疾風
hurricane ハリケーン
typhoon 台風
monsoon 季節風
trade wind 貿易風
westerlies 偏西風
foehn / foehn phenomenon フェーン現象
p.63

気温
today's high / high temperature(s) today
  今日の最高気温
today's low / low temperature(s) tonight
  今日の最低気温 / 今夜の最低気温
mean temperature 平均気温
Celsius セ氏
Fahrenheit カ氏
wind chill factor / wind chill temperature 体感温度
p.63

気象関連用語について語る場合、まず「気候」と「天気」の違いだとか、「気象」の位置づけについてラフに定義しておく必要があります。

　「気候」**climate** は、地域ごとの特徴的な気象のことをいいます。で、「気象」**weather phenomenon** は、大気の状態とその状態によって起こる雨や雪などの「現象」**phenomenon** を指すようです。日々の気象もあれば、地域的な特徴としての気象もあるわけです。「天気」も **weather** ですが、基本的には日々の空の状態（晴れ、雨など）をいいます。ただ、「夏の天気」**summer weather** のように時間幅のある期間でも使います。

　日本語では「天候」という言葉もありますが、気候に近い部分と天気に近い部分があるようです。「今日の天気はいいね」とはいいますが、「今日は天候がいい」は一般的ではありません。「今年の夏の天候（天気）は変化が激しい」という言い方をするところを見ると、天気と天候を明確に区別するのはむずかしいようです。

天気

　「天気」**weather** は日々の「気温」**temperature** と「降水」**precipitation** 活動に言及する用語です。

　天気は気圧の状態で、程度によって、「暑い」**hot**、「冷たい」**cold**、「湿った」**wet**、「乾燥した」**dry**、「穏やかな」**calm**、「嵐の」**stormy**、「晴天の」**clear**、「曇った」**cloudy** などと表現されます。

　すぐに思いつく言葉としては、「晴れた」**sunny**、「風の強い」**windy**、「雪の」**snowy**、「霧の深い」**foggy**、「雨の」**rainy**、「スモッグの」**smoggy**、「蒸し暑い」**muggy** などもありますね。

気候

「気候」**climate** はより長い期間の平均的な「大気の状態」**atmospheric conditions** をいいます。**climate** の分類の仕方はいろいろあるようですが、以下が典型です。

A.「熱帯」tropical zone

「熱帯雨林気候」**rainforest climate**
「熱帯モンスーン気候」**monsoon climate**
「サバナ気候」**savanna climate**

B.「乾燥帯」arid [dry] zone

「砂漠気候」**desert climate**
「ステップ気候」**steppe climate**

C.「温帯」temperate zone

「温暖湿潤気候」**humid subtropical climate**
「西岸海洋性気候」**marine west coast [oceanic] climate**
「地中海性気候」**Mediterranean climate**

D.「冷帯（亜寒帯）」cool temperature (subarctic) zone

「冷帯湿潤気候」**humid subarctic climate**
「高地地中海性気候」**high land Mediterranean climate**

E.「寒帯」frigid zone

「ツンドラ気候」**tundra climate**
「氷冠気候」**ice cap climate**

天気の基本用語

　天気予報を聞いているといろいろな表現を学ぶことができます。専門用語はできるだけ避け、一般の人が理解できるように表現するというのが原則ですが、簡潔であると同時に正確な描写が求められます。そのため、副詞や形容詞が上手に使われます。

© Andrew A. Shenouuda

　mostly clear「ほぼ快晴」、**slightly warmer**「わずかに暖かい」、**partly cloudy with areas of patchy morning fog**「一部曇りで朝霧の出るところあり」、**increasing clouds with a chance of rain**「雲が増し、雨の兆し」
といった感じです。

● 雨

　「雨」は **rain** ですが、形容詞をつけると「豪雨」**heavy rain** か「小降りの雨」**light rain**、「強い雨」**hard rain** か「やさしい雨」**soft rain** となり、雨の種類によっても「しとしと雨」**drizzling rain**、「にわか雨」**scattered rain**、「小雨」**sprinkle**、「霧雨」**drizzle**、「集中豪雨」**downpour**、「夕立」**shower** などの種類があります。

● 雪

　「雪」も **snow** だけでなく、「みぞれ」**sleet**、「吹雪」**snowstorm**、「大雪（ブリザード、暴風雪）」**blizzard**、「溶けか

けた雪」**slush**、「粉雪」**powdery snow** がありますね。「あられ」や「ひょう」は **hail** あるいは **hailstone** といいます。そして、「初雪」は **the first snowfall** あるいは **the first snow** で、「なごり雪」の慣用的な英語はありませんがあえていうと **lingering snow** でしょう。「霜」は **frost** で、「霜柱」は **frost column** です。

●風

同様に「風」も **wind** だけでなく、「そよ風」は **breeze**、「突風」は **gust**、「竜巻」は **tornado**、「疾風」は **gale**、「ハリケーン」は **hurricane**、「台風」は **typhoon** といい、「季節風」は **monsoon**、「貿易風」は **trade wind**、「偏西風」は **westerlies** といいます。

foehn は風が山脈を越えるときに起こる「フェーン現象」**foehn phenomenon** あるいはその熱風のことをいいます。「海風」は **sea breeze** あるいは **onshore breeze** といいます。「陸風」は **land breeze** です。**breezy** といえば「そよ風の」という意味ですが、**breeze** は「そよ風」というだけでなく、「海風」「陸風」という場合にも使われます。ちなみに「木枯らし」は表現の雰囲気は違いますが、意味的には **a nipping [biting] winter wind** といった感じでしょう。

sandstorm といえば「砂嵐」で、**dust storm** は「砂塵嵐」のことです。「地吹雪」は **drifting snow** といいます。

風の「最高風速」は **maximum wind speed** といいます。風の動きで「時計回りの風」は **veering wind**、「反時計回りの風」は **backing wind** といいます。

●気温

さて、「今日の最高気温」は **today's high**、「今日の最低気

温」は、today's low というのが気象予報での定番です。**high temperature(s) today** だとか **low temperature(s) tonight** という言い方もします。「熱帯夜」は **hot summer night** あるいは **sweltering night** です。

ある時期の「平均最高気温」は **maximum temperature** で、「平均最低気温」は **minimum temperature** です。「平均気温」は **mean** を使って、**mean temperature** といいます。この **mean** は数学などでも「平均」の意味で使われます。「セ氏」と「カ氏」はそれぞれ **Celsius**（セルシアス）と **Fahrenheit**（ファーレンハイト）です。「安定した天気の状態」は **stability** で、「不安定な天気の状態」は **instability** といいます。

●気圧

「気団」は **air mass** といい、「気圧」は **air pressure** あるいは **atmospheric pressure** といいます。「気流」は **air stream** ですね。「大陸気団」と「北極気団」はそれぞれ **continental air mass** と **Arctic air mass** といいます。

「高気圧」と「低気圧」はそれぞれ **high-pressure** と **low-pressure** といいます。

●その他

「緯度」と「経度」はそれぞれ、**latitude** と **longitude** です。

天気予報などの「長期予報」のことを **long-range forecast** といいます。「最大風速」の最大は **maximum** を使って、**maximum wind speed** といいます。

「降雨量」は **precipitation**、「降雨確率」は **chance of rain** あるいは **probability of rain** といいます。

天気情報を得るための機器

天気予報の情報は「気象衛星」**meteorological satellite** から得られます。そのための「気象観測ロケット」は **sounding rocket** といいます。**sounding** は海洋用語で「探る」「測る」の意味の **sound** という動詞の動名詞で、「探査ロケット」ということで気象観察に限った働きをするものではありませんが、気象観測が主な課題であることはたしかです。**the sounder** という言い方もします。

「風速計」のことは、**anemometer** といいます。「風速」は **wind speed** または **wind velocity** といいます。では「気圧計」は？

これは **barometer** です。日本語でもバロメータという言い方がありますね。同じです。「湿度計」は **hygrometer** といいます。「風向計」は **anemoscope** あるいは **wind vane** といいます。

「気温」**temperature** を測るときには「温度計」**thermometer** を使いますが、日本では「セ氏温度計」**Celsius thermometer** を使い、米国では「カ氏温度計」**Fahrenheit thermometer** を使います。

方位

風の方向などを決める方位（**directions**）は、8等分する場合と16等分あるいは32等分する場合がありますが、8等分の場合には以下のようになります。

「東」**east**、「西」**west**、「南」**south**、「北」**north**、「北東」**north east**、「南東」**south east**、「北西」**north west**、「南西」**south west**

16等分での「北北西」は **north-northwest** といい、「西北西」は **west-northwest** といいます。なおヒッチコック監督の *North by Northwest* は『北北西に進路を取れ』と訳されましたが、**north by northwest** という表現で方位を表すことはしません。

© iStockphoto.com/DNY59

🌩 天気予報

　天気予報を正式に行う「気象予報士」は **weatherman**、**weather person** といいます。**weather observer**、**weather reporter** という言い方もします。「天気予報キャスター」は **weathercaster** といいます。「予報する」は **forecast** で、天気予報は **weather forecasting** といいます。なお、「気象学」は **meteorology** といいますが、「気象学者」は **meteorologist** です。「気象庁」は **Japan Meteorological Agency** といいます。

　climatology という分野もあり、これは「気候学」といったところでしょうか。

　「天気予報」は **weather forecast** あるいは **weather report** といいますが、実際のものを見てみましょう。

　右は日本語にすればまどろこしい感じがしますが、英語はもちろん自然です。ここでの英語には、*p.*68 のような天気用語が含まれています。

Topic 2 ▶ 気候・気象・天気

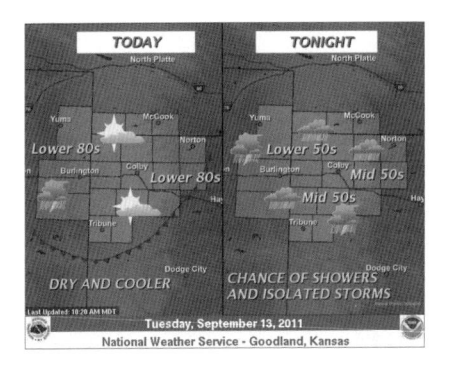

A cold front moving south across the region will bring cooler temperatures today, and an approaching disturbance will start to form showers and thunderstorms in the western part of the region. By tonight, with more moisture around and an upper level disturbance there will be a chance of showers and isolated thunderstorms. A stronger cold front will move across the area on Wednesday, bringing much cooler temperatures and a continued chance of rain. High temperatures today will be in the 80s, while high temperatures Wednesday will be in the 60s. Low temperatures tonight will be in the 50s.

　寒冷前線が地域を南に向かって横断しており、それによって今日はこれまでより涼しくなるでしょう。擾乱が接近しているため、西の地域ではにわか雨や雷を伴った嵐が発生する可能性があります。今夜までに擾乱の周辺および上部に湿気が集まって、にわか雨と局地的な雷を伴う嵐になるでしょう。より強い寒冷前線が水曜日にはこの地域を横切り、それによって気温はさらに下がり、雨の降る可能性は続くでしょう。今日の最高温度は力氏80度台になり、また、水曜日には60度台になるでしょう。今夜の最低温度は50度台でしょう。

a cold front「寒冷前線」、cooler temperatures「さらに涼しい気温」、an approaching disturbance「接近している気象擾乱」、showers and thunderstorms「にわか雨と雷雨」、the western part of the region「地域の西側」、moisture「湿気」、a chance of showers「にわか雨の可能性」、isolated thunderstorms「局地的な雷雨」、continued chance of rain「継続的に雨が降る可能性」、high temperatures today「今日の最高気温」、low temperatures tonight「今夜の最低気温」

　日本語で「擾乱（じょうらん）」と聞けばむずかしい印象を受けますが、英語では disturbance「騒ぎ、混乱させること」でわかりやすいですね。disturb の名詞形です。

　ここで動詞の使い方として注目しておきたいのは bring です。
A cold front moving south across the region will bring cooler temperatures today.
　「寒冷前線がこの地域を横切り、それによって気温は下がるでしょう」
　「何かが何かをもたらす」という発想です。これは別の例ですが、以下でも bring が使われています。
A cold front moving swiftly eastward from the Great Lakes will bring scattered rains to the Midwest.
　「五大湖から速い速度で東に移動中の寒冷前線が、中西部ににわか雨をもたらすでしょう」

© iStockphoto.com/plherrera

Topic 2 ▶ 気候・気象・天気

前線は front

　front は「前線」といいます。これもわかりやすい言い方です。**front – back** の **front** です。「寒冷前線」は **cold front**、「温暖前線」は **warm front** といいます。**polar front** といえば「寒帯前線」のことです。そして、「停滞前線」は **stationary front** といいます。「寒気が入り込む」の寒気は **cold air mass** で「冷たい空気の集まり」、つまり「寒気団」のことですね。ちなみに、**a cold front** や **a cold air mass** のように可算名詞で使います。**gust front** という言い方もありますが、これは「突風前線」ということです。

　以前、**back door cold front** という表現を聞いたときに、メモしていたのですが、調べてみると気象予報で使われる表現で、以下のように説明されています。

> During the spring and summer months, you may hear the term "back door cold front" used by meteorologists in our area. Most cold fronts arrive from the northwest, but some come in from the northeast, and they are the back door cold fronts.
>
> 春から夏にかけて、私たちの地域で気象学者によって使われる「back door cold front」という言葉をお聞きになるかもしれません。たいていの寒冷前線は北西からやってくるが、中には北東からやってくるものもある。それが the back door cold fronts「裏口寒冷前線」ということです。

　いわれてみればなるほど、ですね。なお、**stationary front**「停滞前線」の **stationary** は **station**「とどまる場所、駅」と関連のある語です。日本では春になると「桜前線」という言い方が聞かれますが、これは **cherry blossom front** と表現します。

異常気象

　「異常気象」のことを **unusual weather** といいます。**usual** ではないということですね。異常気象は気になります。原因のひとつに **El Niño** があります。「エルニーニョ」はもともとスペイン語ですが、英語でも **El Niño** と綴ります。**El Niño** のメカニズムはわかりませんが、「南方振動」the Southern Oscillation という現象の一部だそうです。以下は **NASA**（アメリカ航空宇宙局 **the National Aeronautics and Space Administration**）の子ども向けの説明からの引用です。

　El Niño, an abnormal warming of surface ocean waters in the eastern tropical Pacific, is one part of what's called the Southern Oscillation. The Southern Oscillation is the see-saw pattern of reversing surface air pressure between the eastern and western tropical Pacific; when the surface pressure is high in the eastern tropical Pacific it is low in the western tropical Pacific, and vice-versa.

[出典：1/22/2003 http://kids.earth.nasa.gov/archive/nino/intro.html]

　エルニーニョは東太平洋熱帯域の海面が以上に暖まるもので、いわゆる「南方振動」の一部である。南方振動は東太平洋熱帯域と西太平洋熱帯域の海面の気圧がシーソーのように連動するパターンである。つまり、東太平洋熱帯域で海面気圧が高ければ、西太平洋熱帯域では低くなり、また、その逆もある、ということである。

　そして、**El Niño** という呼称の謂（いわ）れについては、同じ

NASA のサイトに右上のような説明があります。

> **South American fisherman have given this phenomenon the name "El Niño," which is Spanish for "The Christ Child," because it comes about the time of the celebration of the birth of the Christ Child—Christmas.** [http://kids.earth.nasa.gov/archive/nino/intro.html]
>
> 南アメリカの漁師たちはこの現象に「エルニーニョ」という名前を与えた。それはスペイン語で「子どものキリスト」（あるいは「子ども」）という意味であるが、その理由としてはキリストの生誕を祝う時期——すなわち、クリスマス——の頃、それが発生するからである。

El Niño はスペイン語で「子ども」ということですが、**Jesus as an infant**「子どもの頃のイエス」あるいは **the Christ child**「子どものキリスト」という意味にもなるようです。

反対に表面海水温度を異常に下げる現象は「女の子」のことを意味する **La Niña**（ラニーニャ）と呼ばれます。

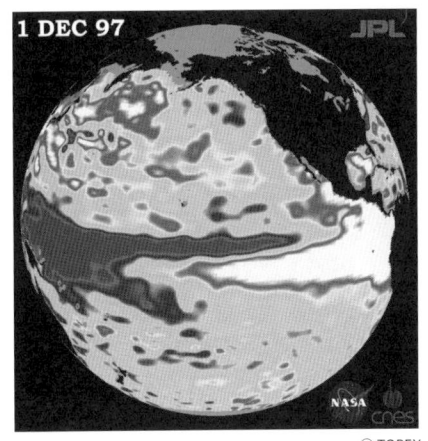

© TOPEX

予報官は異常気象が引き起こすさまざまな現象について、「警告」**warning**、「声明」**statement**、「注意報」**advisory** などを出します。警報には、次ページのようなものが含まれます。

blizzard warning「暴風雪（ブリザード）警報」、coastal flood warning「沿岸洪水警報」、excessive heat warning「異常高温警報」、freeze warning「凍結警報」、heavy snow warning「大雪警報」、high wind warning「強風警報」、hurricane warning「ハリケーン警報」、ice storm warning「氷雪暴風雨警報」、river flood warning「河川洪水警報」、storm warning「暴風雨警報」、high wave warning「波浪警報」、tornado warning「トルネード警報」、tsunami warning「津波警報」、earthquake warning「地震警報」など

　右は、カナダ環境局が発令した **blizzard warning** に関する記事です。

(上)ハリケーン　(下)ブリザードの中を行く自動車

Topic 2 ▶ 気候・気象・天気

> **Blizzard warning issued for southwestern Ontario**
>
> Environment Canada has upgraded a warning about a snowstorm expected to hit Ontario late Tuesday, saying there will be blizzard conditions in certain areas of southwestern Ontario.
>
> "This major winter storm is quite large in size and will have a major impact on travel, especially tonight and on Wednesday," Environment Canada said in a warning issued Tuesday.　　　　CBC News, Tuesday [2/1/2011 | 11:16 PM ET]
>
> **オンタリオ南西部ブリザード警報発令**
>
> カナダ環境省は火曜日遅い時間にオンタリオを直撃することが予想される吹雪の警告のレベルを上げ、オンタリオ南西の地域ではブリザードが来る可能性があると述べています。火曜日に警告を発令したカナダ環境省は次のように述べている。「この大型の冬の吹雪は規模が大変に大きく、特に今夜と明日の水曜日の移動には甚大な影響がでるだろう」と。

「酷暑」は **severe (wilting) wave** で、「熱波」は **heat wave**、そして「熱中症」は **heat stroke** といいます。**wilting** とは「しおれさせる」「元気をさくさせる」という意味です。**weather advisory** といえば「気象注意報」のことです。最近では、「不快指数」**discomfort index** や「花粉情報」**pollen information** なども天気予報で教えてくれますね。

「海面の上昇」は **sea-level rise** です。「地震計」は **seismograph** といいます。「地震観測所」は **seismological observatory** です。「地震学」は **seismology** です。火山の爆発などで出る「火砕流」は **pyroclastic flow**、「土石流」は **debris avalanche** といいます。地震でできる「断層」は **fault** という名詞を使います。「活断層」は **active fault** です。「鉄砲水」も聞いたことのある表現だと思います。これに近いのは **flash flood** です。

いろいろな雲

雲の呼び名はいろいろありますが、日本語でも「積乱雲」だとか「高層雲」のようにむずかしい響きがする言い方が多いように、英語でも以下のようにいかにも専門用語の響きのする言い方をします。

積乱雲
Photo by Bidgee

「巻雲（すじ雲）」cirrus clouds、「巻積雲（いわし雲）」cirrocumulus clouds、「巻層雲（うす雲）」cirrostratus clouds、「高積雲（ひつじ雲）」altocumulus clouds、「高層雲（おぼろ雲）」altostratus clouds、「乱層雲（雨雲）」nimbostratus clouds、「層雲（きり雲）」stratus clouds、、「積雲（わた雲）」cumulus clouds、「層積雲（くもり雲）」stratocumulus clouds、「積乱雲（入道雲）」cumulonimbus clouds

英語のここでの表現は総称語であって、たとえば、**cirrus (clouds)**「巻雲」であっても、以下のように細分化されています。

cirrus fibratus「毛状巻雲」、**cirrus uncinus**「鉤状巻雲」、**cirrus spissatus**「濃密巻雲」etc.

これは他の用語についても当てはまります。日本語では「積乱雲」を「入道雲」、「巻層雲」を「うす雲」、「高積雲」を「ひつじ雲」というやわらかい響きの言い方がありますが、英語では上のよう

な総称語をそのまま使う傾向があるようです。

「入道雲」に当たる表現として **towering thunderclouds** がありますが、学校で習う **cumulonimbus (clouds)** のほうがよく伝わるでしょう。**cumulus clouds** は「積雲」ということで天気予報でも使われます。

もっとも、特殊な雲の形状については、英語でも **roll clouds**「ロール雲」や **rope clouds**「ロープ雲」といった具合に日常的な言い方をすることがあるようです。**rope clouds** というのは積乱雲の一種のようです。ほかにも **debris clouds**「デブリ雲」、**funnel clouds**「漏斗雲」、**shelf clouds**「シェルフ雲」などがあるようです。**debris clouds** と **scud clouds** は「ちぎれ雲」に近い表現ですね。**mamma clouds** だと「乳房雲」になります。

ステキな呼び名として、**morning glory** というのがあります。通常は、「アサガオ」のことですが、気象用語としては、「モーニンググローリー」は朝方現れる巨大なロール状の雲の帯のことをいいます。このように、気象用語は専門的なものもありますが、比喩的なものも含まれます。

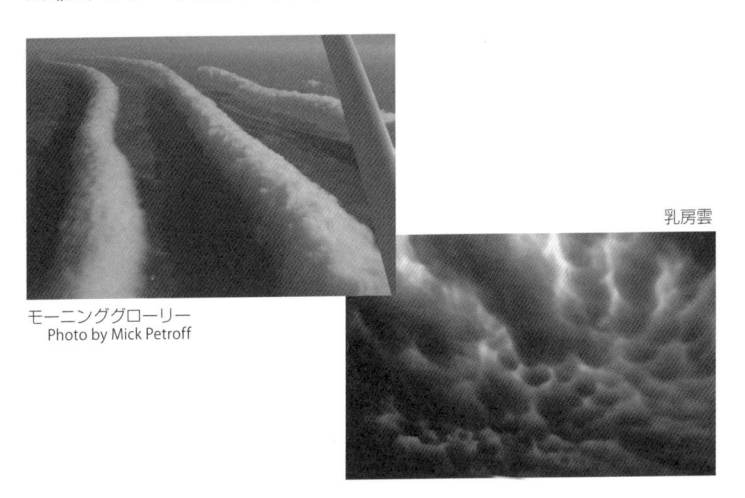

モーニンググローリー
Photo by Mick Petroff

乳房雲

●体感温度

　最後になりますが、風と関連する用語として、「体感温度」について調べていたら、**wind chill factor** という言い方がでてきました。直訳すれば「風の冷たさ要因」ということで日本語の「体感温度」とは響きが違いますが、**Google** によると、以下のような説明が入っています。

　Wind chill (often popularly called the wind chill factor) is the felt air temperature on exposed skin due to wind. It measures the effect of wind on air temperature. The wind chill temperature is always lower than the air temperature.

　「ウインドチル」は、よくウインドチル・ファクターという言い方がされるが、風にさらされた皮膚で感じた空気の温度のことである。それは、気温における風の影響を測定するものである。体感温度は気温よりも低いのが常である。

---

　felt air temperature (on exposed skin due to wind) は日本語の「体感温度」に近いですね。気温に与える風の影響を測定するものだということがわかります。**wind chill temperature** ともいい、それは実際の **air temperature** より低いとなっています。

気候・気象・天気 関連語彙リスト

＊本リストは、リストの項目の流れを優先させたため、一部、本文とリストの項目の順番が異なります。

気候・気象・天気　T 12-112

気候　climate
気象　weather phenomenon
天気　weather

気候　T 13-113

大気の状態　atmospheric conditions
熱帯　tropical zone
熱帯雨林気候　rainforest climate
熱帯モンスーン気候
　monsoon climate
サバナ気候　savanna climate
乾燥帯　arid [dry] zone
砂漠気候　desert climate
ステップ気候　steppe climate
温帯　temperate zone
温暖湿潤気候
　humid subtropical climate
西岸海洋性気候
　marine west coast climate
地中海性気候
　Mediterranean climate
冷帯（亜寒帯）　cool temperature (subarctic) zone
冷帯湿潤気候　humid subarctic climate
高地地中海性気候　high land Mediterranean climate
寒帯　frigid zone
ツンドラ気候　tundra climate
極冠気候　polar ice cap climate

高山気候
　alpine [high land] climate

天気の基本用語　T 14-114

温度　temperature
降水　precipitation
暑い　hot
冷たい　cold
湿った　wet
乾燥した　dry
穏やかな　calm
嵐の　stormy
晴天の　clear
曇った　cloudy
晴れた　sunny
風の強い　windy
雪の　snowy
霧の深い　foggy
雨の　rainy
スモッグの　smoggy
蒸し暑い　muggy

●雨

雨　rain
豪雨　heavy rain
小降りの雨　light rain
強い雨　hard rain
やさしい雨、しめやかな雨　soft rain
しとしと雨　drizzling rain
にわか雨　scattered rain
小雨　sprinkle

霧雨　drizzle
集中豪雨　downpour
夕立　showers
降雨量　precipitation
降雨確率　chance of rain、probability of rain

● 雪
みぞれ　sleet
吹雪　snowstorm
大雪（ブリザード、暴風雪）　blizzard
溶けかけた雪　slush
粉雪　powdery snow
あられ　ひょう　hail、hailstone
初雪　the first snowfall、the first snow
霜　frost
霜柱　frost columns

● 風
そよ風　breeze
突風　gust
竜巻　tornado
疾風　gale
ハリケーン　hurricane
台風　typhoon
季節風　monsoon
貿易風　trade wind
偏西風　westerlies
フェーン現象　foehn phenomenon
海風　sea breeze、onshore breeze
陸風　land breeze
そよ風　breeze
そよ風の　breezy
木枯らし
　a nipping [biting] winter wind
砂嵐　sandstorm
砂塵嵐　dust storm
地吹雪　drifting snow
最高風速　maximum wind speed
時計回りの風　veering wind
逆時計回りの風　backing wind

● 雲
巻雲（すじ雲）　cirrus clouds
毛状巻雲　cirrus fibratus
鉤状巻雲　cirrus uncinus
濃密巻雲　cirrus spissatus
巻積雲（いわし雲）
　cirrocumulus clouds
巻層雲（うす雲）　cirrostratus clouds
高積雲（ひつじ雲）
　altocumulus clouds
高層雲（おぼろ雲）
　altostratus clouds
乱層雲（雨雲）　nimbostratus clouds
層雲（きり雲）　stratus clouds
積雲（わた雲）　cumulus clouds
層積雲（くもり雲）
　stratocumulus clouds
積乱雲（入道雲）　cumulonimbus clouds
入道雲　towering thunderclouds
ロール雲　roll clouds
ロープ雲　rope clouds
ちぎれ雲　debris clouds、scud clouds
乳房雲　mamma clouds
モーニンググローリー　morning glory

● 気温
今日の最高　today's high、high temperature(s) today
今日の最低気温　today's low、

Topic 2 ▶ 気候・気象・天気

今夜の最低気温 low temperature tonight
熱帯夜 hot summer night、sweltering night
氷点下の冷え込み very cold below the freezing point
平均気温 mean temperature
セ氏 Celsius
カ氏 Fahrenheit
安定した天気の状態 stability
不安定な天気の状態 instability
体感温度 wind chill factor、wind chill temperature

●気圧

気団 air mass
気圧 air pressure、atmospheric pressure
気流 air stream
大陸気団 continental air mass
北極気団 Arctic air mass
高気圧 high-pressure
低気圧 low-pressure
緯度 latitude
経度 longitude

●前線

前線 front
寒冷前線 cold front
温暖前線 warm front
停滞前線 stationary front
寒気団 cold air mass
突風気団 gust front
裏口寒冷前線 back door cold front
桜前線 cherry blossom front

天気情報を得るための機器 T 15-115

気象衛星 meteorological satellite
気象観察ロケット sounding rocket
風力計 anemometer
風力 velocity of the wind、velocity
気圧計 barometer
湿度計 hygrometer
風向計 anemoscope、wind vane
気温 temperature
温度計 thermometer

方位 T 16-116

方位 directions
北東 northern east
南東 southern east
北西 northern west
南西 southern west
北北西 north–northwest
西北西 west–northwest

天気予報 T 17-117

気象予報士 weatherman、weather person、weather observer、weather reporter
天気予報キャスター weathercaster
予報する forecast
天気予報 weather forecasting
長期予報 long-range forecast
気象学 meteorology
気象学者 meteorologist
気候学 climatology
気象庁 Japan Meteorological Agency
天気予報 weather forecast、weather report

さらに涼しい気温 cooler temperatures
接近している気象じょう乱 an approaching disturbance
にわか雨と雷雨 showers and thunderstorms
地域の西側 the western part of the region
湿気 moisture
にわか雨の可能性 a chance for showers
突発的な雷雨 isolated thunderstorms
継続的に雨が降る可能性 continued chances for rain
擾乱（じょうらん） disturbance

異常気象　T 18-118

異常気象 unusual weather
エルニーニョ El Niño
ラニーニャ La Niña
警報 warning
声明 statement
注意報 advisory
暴風雪（ブリザード）警報 blizzard warning
沿岸洪水警報 coastal flood warning
異常高温警報 excessive heat warning
凍結警報 freeze warning
大雪警報 heavy snow warning
強風警報 high wind warning
ハリケーン警報 hurricane warning
氷雪暴風雨警報 ice storm warning
河川洪水警報 river flood warning
暴風雨警報 storm warning
波浪警報 high wave warning
トルネード警報 tornado warning
津波警報 tsunami warning
地震警報 earthquake warning
熱波 heat wave
酷暑 severe (wilting) wave
熱中症 heat stroke
気象注意報 weather advisory
不快指数 discomfort index
花粉情報 pollen information
海面の上昇 sea-level rise
地震 earthquake
地震計 seismograph
地震観測所 seismological observatory
地震学 seismology
断層 fault
活断層 active fault
火砕流 pyroclastic
土石流 debris avalanche
鉄砲水 flash flood

Topic 3
インターネット

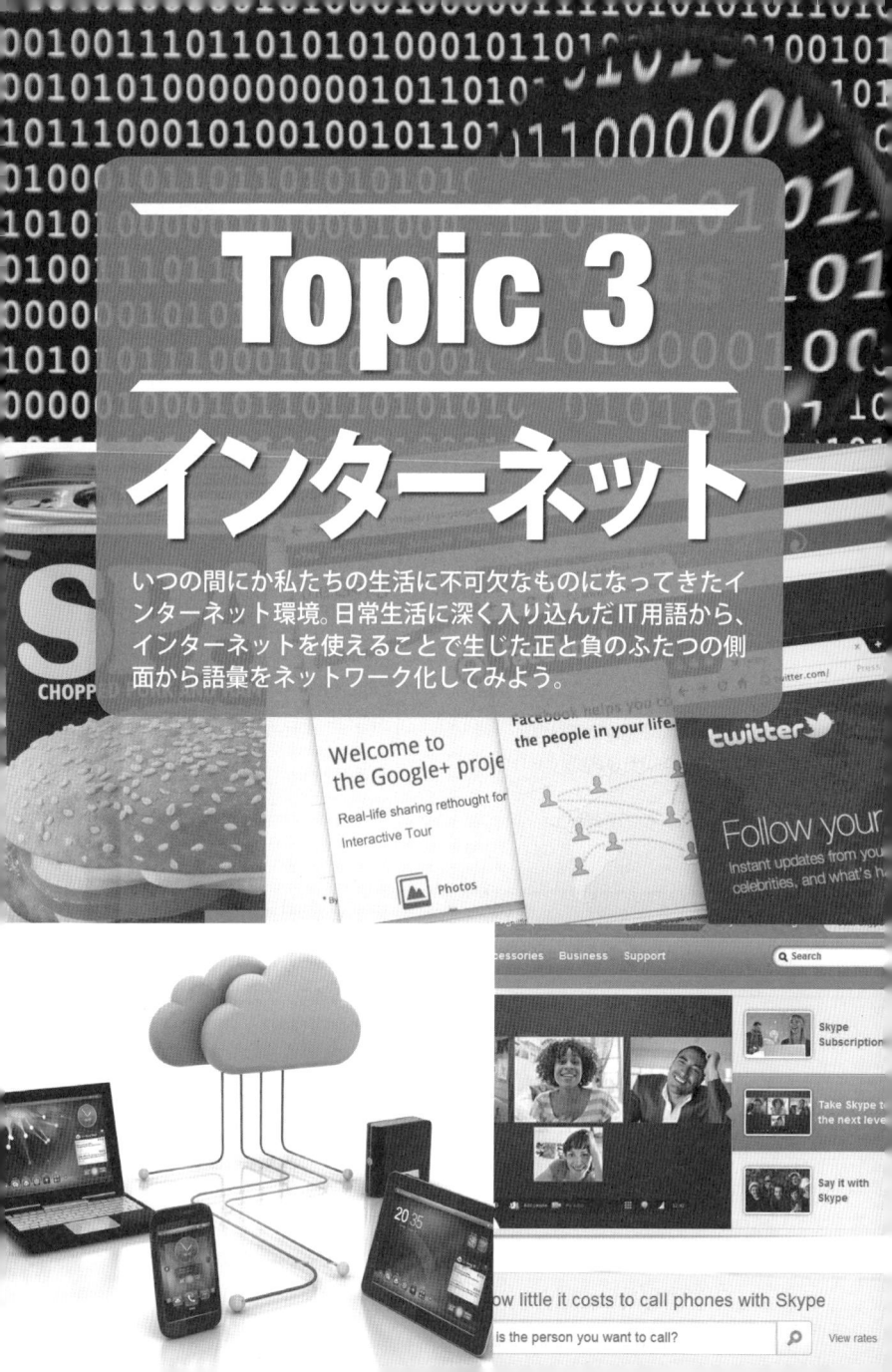

いつの間にか私たちの生活に不可欠なものになってきたインターネット環境。日常生活に深く入り込んだIT用語から、インターネットを使えることで生じた正と負のふたつの側面から語彙をネットワーク化してみよう。

インターネット関連単語ネットワーク

メディア media

- medium 媒介
- mediate 媒介する
- advertising media 広告媒体
- broadcast media 放送媒体
- digital media デジタルメディア
- electronic media 電子メディア
- hypermedia ハイパーメディア
- mass media マスメディア
- multimedia マルチメディア
- new media ニューメディア
- information flow 情報の流れ
- human relations 人間関係
- global village 地球村
- grapevine (word-of-mouth communication) 口コミ
- viral marketing 口コミマーケティング

インターネット the Internet

- information technology (IT) 情報技術 (IT)
- information and communication technology (ICT) 情報通信技術 (ICT)
- technological innovation 技術革新
- intranet イントラネット
- netizen ネット市民
- netiquette / network etiquette ネチケット
- server サーバー
- website ホームページ/ウェブサイト
- build / construct a website ホームページを立ち上げる
- the Web (the World Wide Web の略) ウェブ
- the Net (the Internet) ネット
- hook up to the Internet コンピュータをインターネットに接続する
- click on... 〜をクリックする
- log in to the computer ログインする
- garbled 文字化けした
- view / browse 文章やデータを閲覧する
- viewer / browser 閲覧者
- upload アップロード
- download ダウンロード
- reload リロード
- email eメール
- mailing list メーリングリスト

© iStockphoto.com/BeholdingEye

Topic 3 ▶ インターネット

➕ プラスの側面

●検索機能
- search　情報検索
- database　データベース
- browser　ブラウザー
- noise　ゴミ
- search engine　検索エンジン
- media literacy　メディアリテラシー
- digital divide　情報格差
- netsurfing　ネットサーフィング

●連結機能
①ブログ blog
- blog　ブログ、ブログを管理する
- flaming　炎上
- posting　投稿
- postings to blogs　ブログへの投稿
- power blogger　パワーブロガー（影響力のあるブログを持つ人）

② SNS (Social Networking Service)
- pseudonym　匿名
- real name　実名
- communication service　コミュニケーション・サービス

〈SNSの例〉
Facebook / MySpace / Mixi

③掲示板 bulletin board（英: notice board / pin board）
- chat　チャット
- channel　チャンネル
- Skype (Sky peer-to-peer の略)　スカイプ
- podcasting　ポッドキャスト
- online community　オンライン上でのコミュニティ
- global communication　地球規模でのやりとり
- real time interaction　リアルタイムでのやりとり
- microblog　マイクロブログ
- streaming　ストリーミング
- live feed　ライブ放送、生中継

p.95

➖ マイナスの側面

- anonymity　匿名性
- computer crime　コンピュータ犯罪
- net crime　ネット犯罪
- cybercrime　サイバー犯罪
- cracking　クラッキング
- copyright infringement　著作権侵害
- identity theft　ID窃盗（個人情報窃盗）
- hacking　ハッキング
- hacker　ハッカー
- computer virus　コンピュータ・ウイルス
- malware　たちの悪いプログラム
- spam mail / junk mail　迷惑メール
- spammer　スパムメールを流す人
- chain email　チェーンメール
- internet security vulnerabilities　インターネットの安全に関する脆弱性

p.91

対策

- antivirus software　アンチウイルス・ソフト
- monitoring software　監視ソフト
- software assurance　ソフトウエア安全保証
- secure system　保安体制
- security studies　安全学

p.92

メディア

　コンピュータを語るには「メディア」media を抜きに語ることはできません。media はそのままでは意味が曖昧ですが、**advertising media**「広告媒体」、**broadcast media**「放送媒体」、**digital media**「デジタルメディア」、**electronic media**「電子メディア」、**hypermedia**「ハイパーメディア」、**mass media**「マスメディア」、**multimedia**「マルチメディア」、**new media**「ニューメディア」など修飾語を伴って用いられます。

　media の単数形は **medium** です。辞書を引くと、**medium** には「中間」とか「霊媒師」という意味もありますが、共通しているのは「媒介」です。つまり、AとBの中間に立ってAとBを「媒介する」**mediate** するのが **medium** ですね。統計で「中央値」のことを **median** といいますが、**medium** の「中間」の意味と関連のあることばです。霊媒師も、あの世とこの世の中間にいてふたつを連結するといわれています。電話は距離を隔てていてもAとBを媒介するメディアです。コンピュータは世界中の人々のやりとりを媒介する最強のメディアだといえます。

　メディア学の創始者であるマーシャル・マクルーハン **(Marshall McLuhan)** は 1960 年代に、**The medium is the message.**「メディアはメッセージである」という見方を示しました。まさに、メディアが変わればメッセージも変わる、そして、「情報の流れ」**information flow** が変われば「人間関係」**human relations** のありようも変わり、情報を得るメディアが変わればわれわれの「思考」**thinking** も変わるということを含意する見方です。

マクルーハンはまた「地球村」**global village** というコンセプトを提示しています。村は口コミであるいは井戸端会議で情報の共有が行われる空間ですが、マクルーハンはメディア革命によって地球規模の情報の共有が可能になることを予告したのだといえるでしょう。

今や、**Twitter** や **Facebook** を使った「口コミ」**grapevine (word-of-mouth communication)** は、テレビや新聞といった **mass media** よりも強力な影響力を持つにいたっているといえるでしょう。実際、「口コミマーケティング」という表現も使われます。英語では、**viral marketing** といいますが、この **viral** は「感染する」という意味です。口コミで次々に広がる様子を **viral** といっているのですね。英語の書籍に *The Grapevine: the New Art of Word-of-Mouth Marketing* というものもあります。

インターネット

さて以下では、コンピュータといってもインターネット関連の用語を中心に見ていきたいと思います。

IT は「**IT** 産業」とか「**IT** の力」という言い方で日本語でも使われます。**information technology** の頭文字をとったもので「情報技術」のことをいいます。最近は **ICT** という言い方もよく耳にしますね。**information and communication technology**「情報通信技術」の略です。**ICT** における「技術革新」**technological innovation / technological breakthrough** によって情報伝達は大きく飛躍しました。その代表格が **the Internet** です。

Internet は **inter-** と **-net** の合成語です。**inter-** は **international** のように他のものとの関係を示す言葉で、**net** は「(情報の) 網」ですね。組織内で閉じた形で使われる **private network** は **intranet**「イントラネット」と呼ばれますが、外部にひらかれた **network** は **extranet** といいます。**intra-** は「内部の」ということで、「外部の」**extra-** と対になります。**extranet** はあまり耳にすることはありませんが、それと同じ意味で使われるのが **the Internet** です。ここでは **I** を大文字で書くのが大切です。小文字で **internet** とすれば、ふたつ以上の **network** がつながれている状態をいい、世界規模の巨大な **internet** は **the Internet** といいます。

　the Internet の参加者である **netizen**「ネット市民」の数は世界中で英語を話す人の数をはるかに超えています。そして、**netizen** としてふるまうには **netiquette**「ネチケット：network etiquette」を身につける必要があります。実際は、それはむずかしく、だからこそ **Internet courtesy**「インターネット使用上の礼儀」や **Internet Protocol**「インターネットプロトコール」が議論されるのです。右ページは **Internet Protocol** という名前の新聞欄です。

© iStockphoto.com/thesuperph

Our New Etiquette Column: Internet Protocol

The Internet has given rise to many wonderful things... but it has also given us social conundrums ... To that end, this column. Its primary purpose is to help you gracefully navigate the murky waters of a hyper-connected world. Mom won't stop tagging embarrassing family photos of you on Facebook? Think you're being stalked on the Web by a former best friend? ... I'll try to help sort it all out. E-mail me or Tweet them to me.

New York Times (Personal Tech) [9/9/2009]

新しいエチケットのコラム　インターネット・プロトコール

インターネットは多くの素晴らしいものを生み出している……しかし、それは同時に我々に社会的な難問をもたらしている。そのためにこそ、このコラムは存在するのです……ここでの主目的は、読者がハイパーリンクでつながった世界の濁った領海を優雅に航海するのを手助けすることにあります。母さんが恥かしくなるような家族の写真をFacebookにタグするのを止めないということはありませんか。ウェブ上で、以前付き合っていた人にストーカーされるということを考えたことはありませんか……そういった問題をうまくさばくのをお手伝いします。そうした問題を私宛にメールするかツイッターに書き込んでください。

日本語にも浸透したインターネット用語

さて、インターネット用語といえば技術的でむずかしそうですが、その多くが、すでに日本語の日常言語に浸透しています。実際、インターネット関連の用語は英語がそのまま日本語でも使われ、言葉を聞けば聞いたことがあるというものが多数含まれます。

「バイト（メモリーの単位）」**byte**、「ギガバイト」**gigabyte**、「データマイニング」**data mining**、**CD-ROM**（**compact disk-read only memory**）、「ダウンロード」**download**、「eメール」**email**、「炎上」**flaming**、「ハードウエア」**hardware**、「ハッカー」**hacker**、「ラン」**LAN**（**local area network**）、「メーリングリスト」**mailing list**、「モデム」**modem**、「投稿」**posting**、「サーバー」**server**、「スパムメール」**spam**、**URL**「ネット上のwwwのアドレス」など、その多くは耳にしたことがあると思います。

Wi-Fi なんかもそうですね。これは **Wireless Fidelity** の略語ですが、**wireless Ethernet** のことを指しますね。**Ethernet** は **LAN** 内でコンピュータをつなぐ方法（**a method of networking computers in a LAN**）です。

web server 側から **web browser** 側「ユーザー側」に送られるある種の情報（サービスをユーザーごとにカスタマイズするのに有用な情報）のことを **cookie** といいますが、「クッキー」なので悪い情報という感じはしないですね。こうした比喩的な言葉の使い方が多くみられるのが **IT** 用語の世界です。

@ ✉ 日本語からはわからない意外な表現

　もちろん、ちょっと意外な表現もあります。「ホームページ」は **website** といい、「ホームページを立ち上げる」に当たる英語表現は **build / construct a website** といいます。**website** を開くと **web page** があります。**web page** の集合が **website** と考えるといいですね。

　「ウェブ」**the Web** や「ネット」**the Net** という言い方が英語でも行われます。**the Web** は **the World Wide Web** の略で、**the Net** は **the Internet** の略です。両者は同じような意味で使われることもありますが、**the Web** は **the Internet** の一部であり、**the Web** といえば **the Internet** のデータベースを連想させる言い方で、**the Net** はメディアとしての側面を強調する言い方だといえます。

　「コンピュータをインターネットに接続する」だと **connect** をすぐに連想するかもしれませんが、**hook up to the Internet** という言い方が一般的です。「そこをクリックして」は **click** という動詞を使いますが、**Click on it.** と **on** が必要です。「ログインする」も **log in to the computer** と **to** という前置詞が必要です。「文字化けした」は **garbled** を使い、**Your email is garbled, so I can't read it.** のようにいいます。

　「文章やデータを閲覧する」という際の動詞は **browse** あるいは **view** を使うことが多いようです。**You can view all sorts of data about the accident on the Internet.** がその例です。「閲覧者」も **viewer** あるいは **browser** といいます。

　ちなみに、**download**「ダウンロード」は誰でも知っている

用語ですが、逆の操作は **upload**「アップロード」といいます。**reload**「リロード」という操作もありますね。情報検索エンジンとして広範囲に使われているのが **Google** であり、「検索する」という動詞で **google** を使うのは一般的な傾向です。ひとつの会社名が動詞として使われるようになれば大したものですね。

ミニコラム

　ニコラス・カー（Nicholas Carr）という人が **Is Google making us stupid?** という論説の中で、**the Web** と **the Net** を次のように使っています。

　I've been spending a lot of time online, searching and surfing and sometimes adding to the great databases of the Internet. **The Web** has been a godsend to me as a writer. Research that once required days in the stacks or periodical rooms of libraries can now be done in a minute... For me, as for others, **the Net** is becoming a universal medium, the conduit for most of the information that flows through my eyes and ears and into my mind.

The Atlantic [July/August, 2008]

　ぼくは多くの時間をオンラインで過ごしている。インターネットの巨大なデータベースを探索したり、サーフィングしたり、時にはコンテンツを加えたりしながら。ウェブは物書きにとっては神からの贈物である。図書室の棚や閲覧室で何日も必要とした調査が今では1分でできてしまう。(中略)他の人と同様に、ぼくにとってネットは人々に共通のメディア──ぼくの目と耳を通して流れ、そしてぼくの心に入ってくる情報の導管──になりつつある。

インターネットの負の側面

さて、インターネットではデータに自由に「アクセス」access できることが重要で、access は、「通知」notice、「選択」choice、「アクセス」access、「安全」security から構成される「公平な情報の取り扱い原則」fair information practice principles（U.S. Federal Trade Commission＝アメリカ連邦取引委員会が定める原則）の重要な要素です。ほかの choice と security はそのままでもわかりますが、notice というのは、使用者の個人情報を集める際にそのことを告知することを意味する言葉です。

ネット上では「匿名性」anonymity が保証され、誰でも、どこでも、いつでも参加できるため、種々の「コンピュータ犯罪」computer crime が起こります。computer crime は "any crime that involves a computer and a network"「コンピュータとネットワークを使った犯罪」と定義されます。the Internet を利用した犯罪のことは「ネット犯罪」net crime あるいは「サイバー犯罪」cybercrime とも呼ばれ、「クラッキング」cracking、「著作権侵害」copyright infringement、「児童ポルノ」child pornography、「ID 窃盗（個人情報窃盗）」identity theft、「金融犯罪」financial crime、「ハッキング」hacking などが含まれます。「コンピュータ・ウイルス」computer virus は大きな社会問題になっており、それに対抗するための「アンチウイルス・ソフト」antivirus software が次々に開発されています

ね。子どもが危険なサイトを閲覧しないように親が監視できるソフトとして「監視ソフト」**monitoring software** もあります。

ちなみに「ウイルス」という言い方をする理由は、次のような定義を見るとよくわかります。

A computer virus is a computer program that can replicate itself and spread from one computer to another.
「コンピュータ・ウイルスは自動複製して、次々にコンピュータに広がるコンピュータ・プログラムです」

勝手に自動複製して次々と他のコンピュータに広がるさまは、まさに、ウイルスですね。この **computer virus** は **computer program** のひとつです。通常、プログラムのことを **software** といいますが、この「たちの悪いプログラム」を **malware** と呼ぶことがあります。**mal-** は「悪い」という意味の接頭語です。**malware** には **computer virus** だけでなく、「コンピュータ・ワーム」**computer worm**、「トロイの木馬」**Trojan horses**、「ルートキット」**rootkits**、「スパイウエア」**spyware** などが含まれます。まさに「インターネットの安全に関する脆弱性」**internet security vulnerabilities** をついてくるのが **malware** だといえます。それに対抗するため、「コンピュータ学」**computer science** では「ソフトウエア安全保証」**software assurance** や「安全なシステム」**secure system** のあり方を研究する「安全学」**security studies / security technology studies** が重要な研究領域になっています。

SPAMの由来

「迷惑メール」annoying email / unsolicited bulk email (UBE) のことを spam mail とか junk mail といいます。不特定多数の人に一方的に送信する「電子伝言システム」electronic messaging system が spam で、典型的には email spam が連想されます。

© iStockphoto.com/EllenMoran

email spam には「メーリングリスト」mailing list があれば mass mailing「大衆に向けてメールすること」によって、「オペレーティングコスト」operating cost をかけないで「宣伝」advertisement を行うことが可能という側面がありますが、一般的には迷惑なものと見なされています。spam mail を流す行為を spamming といい、そういう行為をする人のことを spammer といいます。

email を利用する人で知らない人がいないというほど高い「認知」recognition を得た言葉ですが、この spam には意外な由来があります。

実は spam の名称は、Hormel Foods Corporation の製品名に由来します。右上はその製品 SPAM の写真です。

Spam は、第一次世界大戦の頃からあり、ふたつの大戦中は army meat「軍調達の肉」として広く普及し、現在でもスーパーなどで購入できる有名なハムの缶詰です。その缶詰がどうして spam mail の spam になったのか不思議ですね。そのヒ

ントは 1969 年から 1974 年頃まで **BBC** で放送された **Monty Python's Flying Circus** という **sketch show** と呼ばれる「コメディーショー」**comedy show** にあります。その中で、「バイキング」**the Viking** たちがレストランの一角に座っているところに、ふたりの客が現れ、朝食を注文しようとします。何があるかと給仕に聞くと、給仕は、次のようにいいます。

 Egg and bacon / Egg, sausage and bacon / Egg and Spam / Egg, bacon and Spam / Egg, bacon, sausage and Spam / Spam, bacon, sausage and Spam / Spam, egg, Spam, Spam, bacon and Spam / Spam, Spam, Spam, egg, and Spam / Spam, Spam, Spam, Spam, Spam, Spam, baked beans, Spam, Spam, Spam and Spam / Lobster thermidor aux crevettes with a Mornay sauce garnished with truffle paté, brandy and with a fried egg on top and Spam / Spam, Spam, Spam, Spam, Spam, Spam, Spam, Spam, lovely Spam! Wonderful Spam! （注：仏語の **Lobster thermidor** は「ロブスターをモルネイソースに混ぜ、殻に戻して、チーズをまぶし、焼いたもの」、**crevettes** は「食用エビ」、**truffle paté** は「トリュフのパテ」）

 ここでの **spam** はハムの缶詰のことです。そして、ふたりの客が **spam** 抜きで頼むというと、バイキングたちが次のように歌います。

 "Spam, spam, spam, spam, spam, spam, spam, spam, lovely spam! Wonderful spam!"

 この執拗な **spam** の繰り返しは、うるさいほど印象的で、**bulletin board services (BBS)** などで繰り返し反復されて迷惑な **email chain letter**「e メールのチェインレター」(**chain mail**「チェーンメール」) や **massive junk postings**「ジャン

クを大量に投稿すること」などを **spam** と呼ぶようになりました。**spam mail** が世界的に有名になるきっかけのひとつは、ぼくもよく覚えていますが、1994年に盛んにメールに流されてきた **"Green Card Lottery – Final one?"** というやつです。覚えている読者の方もおられると思います。Canter と Siegel というふたりの弁護士が送った **spam mail** でした。そして、今では **spam** は市民権を得た言葉になりました。

プラスの側面：検索と連結

●検索機能

インターネットを利用する目的のひとつは「情報検索」**search** です。膨大な情報が日々累積されている「データベース」**database** には、個人が必要とする情報が含まれているはずです。しかし、ウェブ上には「ゴミ」**noise** と呼ばれる情報も無数に含まれており、的確に必要とする情報を得ることは簡単なことではありません。

そこで、情報検索を助けるためのソフトとして「検索エンジン」**search engine** があります。**Yahoo** や **Google** が有名ですね。検索エンジンを使っても、上手に情報検索が行える保証はありません。そこで、必要なのが、「メディアリテラシー」**media literacy** をスキルとして身につけることです。

「情報格差」のことを **digital divide** といいますが、まさに **media literacy** があるかないかの「境界線」**divide** ということです。

●連結機能
ブログ

　インターネットの強みは「連結機能」にもあります。世界中の人々がつながるということです。それを可能にするのが **email** であり **blog** であり **chat** です。

　blog「ブログ」は **web log** の **b + log** の合成語ですが、**blog** で **website** のことをいい、複数の人がそこに個人的な見解などを「投稿」**posting** します。**postings to blogs** で「ブログへの投稿」という意味です。**posting** は行為ですが、「投稿内容」は **blog post**、あるいは **post** といいます。「影響力のあるブログを持つ人」のことを **power blogger** といいます。**blog** は動詞としても使い「ブログを管理する」という意味です。

　「オンライン日記」**online diary** あるいは「オンライン日誌」**online journal** といった感じで使う人が多いようです。ブログの種類としては、「写真を中心に投稿するブログ」**photoblog** や「ビデオを投稿するブログ」**video blog**、「音楽を投稿するブロッグ」**MP3 blog** などがあります。

SNS

　SNS は **Social Networking Service** の頭文字をとった表現ですが、文字通り、人と人をつなげ、人々の間に「ソーシャルネットワーク」**social network** あるいは **social relation** を構築するためのサービスで、**Facebook** はその代表格です。2010年には映画 *The Social Network* がはやりましたね。**SNS** サイトの **Facebook** を創設したマーク・ザッカーバーグ（**Mark Zuckerberg**）たちを描いた映画です。

　Facebook 以外だと、**MySpace** があります。これは音楽とエンターテインメントを中心とした **SNS** で規模としては

Facebookに次ぐ会員数（2億人）を誇っているようです。

　日本最大規模のSNSはMixiですね。匿名か実名かでいえばMixiは「匿名」pseudonymで、Facebookは「実名」real nameでやりとりをします。SNSは端的にいえば「コミュニケーション・サービス」communication serviceであり、そこにはチャットと掲示板が基本機能としてついています。

掲示板とチャット

　「掲示板」は、英語でbulletin boardそのままです。英国ではnotice boardだとかpin boardという言い方もするようです。いずれにせよ、公共性が高く、誰でも読むことができるものです。

　一方、「チャット」chatは個人間で行われるやりとりで、文字チャットの場合には、「インターネットでリアルタイムで行われるテキストでのやりとり」real-time Internet text messagingのことです。Internet Relay Chat (IRC)という言い方をするようです。もともと「チャンネル」channelと呼ばれる討論におけるgroup communicationのために作られたものですが、1対1のやりとりにも使われます。Skype「スカイプ」のように音声通

Skypeのホームページ

話、ビデオ通話が可能なものもあります。**Skype** は "Sky peer-to-peer" の略で、ビデオ通話機能を備えたインターネット電話サービスだといえます。最近は「ポッドキャスト」**podcasting** も盛んです。**podcasting** は アップル社の **audio player** である **"iPod"** と「放送」**broadcasting** の合成語で、インターネット上に音声や動画のデータファイルを公開する方法のことです。

境界を超えるオンライン上のコミュニティ

SNS は「政治的、宗教的、地理的境界」**political, religious, and geographical borders** を越えて、関心を共有する者同士が「オンライン上でのコミュニティ」**online community** を形成し、それは「若者文化」**youth culture**、「教育」**education**、「経済」**economy**、「アイデンティティ」**identity** などさまざまな局面で大きなインパクトを与えています。

the Internet は距離を越えて人々をつなぐことを可能にしました。そして情報検索を行うだけでなく、人々の「地球規模でのやり取り」**global communication** を可能にしています。会話の原型は「今・ここ」**here and now** でのやりとりですね。時間と場所の共有が会話の特徴です。ネットを利用することで、「リアルタイムでのやりとり」**real time interaction** が可能になっています。ちょうど「ライブ放送」**live radio and TV broadcast** のような感覚で、状況を伝えることを可能にするサービスが世界中で利用され、それが社会的な力を持つようになっています。

リアルタイムのウェブサービス

Twitter はまさに、「リアルタイムのウェブサービス」**real-time web service** の代表的存在です。140文字という限度内で何をしているのか、そして何を感じているのかをライブで「放送」することができるからです。**Twitter** はつぶやきブログと

呼ばれるように「マイクロブログ」microblog の代表格です。**Facebook**（**Facebook Live**）では文字情報だけでなく、音声や動画を転送・再生するための「ストリーミング」streaming を使った「生中継、ライブ放送」live feed を導入し、リアルタイムで友人が何をしているかを見ることが可能になっており、距離を超えた場の共有感覚を持つことができるようになっています。

人々がライブでつながるということは社会的な力にもなります。その典型例として、「アラブの春」**Arab Spring** と呼ばれる民主化運動があり、そこで **Twitter** や **Facebook** が果たした役割は計り知れないものがあります。まさに「メディアはメッセージである」の具現化ですね。

IT の分野は、日進月歩の進歩を遂げており、その関連用語もどんどん変化しています。関心のある方は、**IT glossary** の「ウォッチャー」watcher になって変化する用語を追いかけていってください。

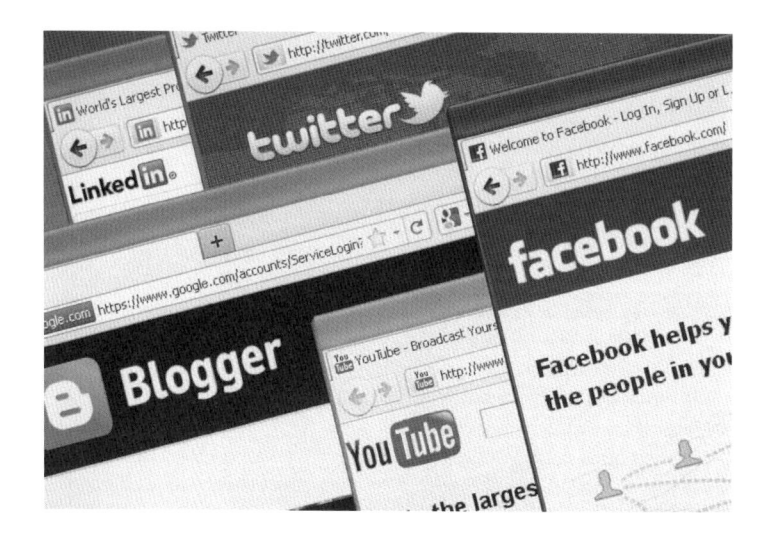

インターネット 関連語彙リスト

*本リストは、リストの項目の流れを優先させたため、一部、本文とリストの項目の順番が異なります。

メディア　　T 19-119

メディア　media
媒介　medium
媒介する　mediate
広告媒体　advertising media
放送媒体　broadcast media
デジタルメディア　digital media
電子メディア　electronic media
ハイパーメディア　hypermedia
マスメディア、マスコミ
　mass media
マルチメディア　multimedia
ニューメディア　new media
情報の流れ　information flow
人間関係　human relations
思考　thinking
地球村　global village
ツイッター　Twitter
フェイスブック　Facebook
口コミ　grapevine (word-of-mouth communication)
口コミマーケティング　viral marketing
感染する　viral

インターネット関連　　T 20-120

IT　information technology
ICT 情報通信技術　information and communication technology
技術革新　technological innovation、technological breakthrough
インターネット　the Internet
イントラネット　intranet
ネット市民　netizen
ネチケット　netiquette、network etiquette
インターネット使用上の礼儀
　Internet courtesy
インターネットプロトコル
　Internet Protocol

●インターネット用語
バイト（メモリーの単位）　byte
ギガバイト　gigabyte
データマイニング　data mining
ダウンロード　download
e メール　email
炎上　flaming
ハードウエア　hardware
ハッカー　hacker
LAN　local area network
メーリングリスト　mailing list
モデム　modem
投稿　posting
サーバー　server
スパムメール　spam
Wi-Fi　Wi-Fi、Wireless Fidelity、wireless Ethernetweb
クッキー　cookie

●インターネット用語
ホームページ　website
ホームページを立ち上げる　build / construct a website [web page]

Topic 3 ▶ インターネット

ウェブサイト　website
ウェブページ　web page
ウェブ　the Web (the World Wide Web の略)
ネット　the Net (the Internet)
コンピュータをインターネットに接続する
　hook up to the Internet
そこをクリックして　Click on it.
ログインする
　log in to the computer
文字化けした　garbled
文章やデータを閲覧する
　view、browse
閲覧者　viewer、browser
アップロード　upload
リロード　reload
検索する　search、google

マイナスの側面　T 21-121

アクセス　access
通知　notice
選択　choice
安全　security
公平な情報の取り扱い原則
　fair information practice principles (U.S. Federal Trade Commission が定める原則)
匿名性　anonymity
コンピュータ犯罪　computer crime、any crime that involves a computer and a network「コンピュータとネットワークを使った犯罪」
ネット犯罪　net crime
サイバー犯罪　cybercrime
クラッキング　cracking
著作権侵害　copyright infringement
児童ポルノ　child pornography

ID窃盗 (個人情報窃盗)　identity theft
金融犯罪　financial crime
ハッキング　hacking
コンピュータ・ウイルス
　computer viruses
アンチウイルス・ソフト
　antivirus software
監視ソフト　monitoring software
性質の悪いプログラム　malware
コンピュータ・ワーム
　computer worm
トロイの木馬　Trojan horses
ルートキット　rootkits
スパイウエア　spyware
インターネットの安全に関する脆弱性
　internet security vulnerabilities
ソフトウエア安全保証
　software assurance
安全なシステム　secure system
安全学　security studies、security technology studies

● SPAM の由来

迷惑メール　annoying email、unsolicited bulk email (UBS)、spam mail、junk mail
電子伝言システム
　electronic messaging system
メールスパム　email spam
大衆に向けてメールすること
　mass mailing
オペレーティングコスト
　operating cost
宣伝　advertisement
スパムメールを流す行為　spamming
スパムメールを流す人　spammer
チェーンメール　chain email

ジャンクを大量に投稿すること
　massive junk postings

プラスの側面：検索と連結　T 22-122

情報検索　search
データベース　database
ゴミ　noise
検索エンジン　search engine
メディアリテラシー　media literacy
情報格差　digital divide
境界線　divide
ブログ、ブログを管理する　blog
投稿　posting
ブログへの投稿　postings to blogs
影響力のあるブログを持つ人
　power blogger
オンライン日記　online diary
オンライン日誌　online journal
写真を中心に掲載するブログ
　photo blog
ビデオを載せるブログ　video blog
音楽を載せるブログ　MP3 blog
SNS　Social Networking Service
ソーシャルネットワーク
　social network
匿名　pseudonym
実名　real name
コミュニケーション・サービス
　communication service
掲示板　bulletin board
　（英：notice board / pin board）
チャット　chat（real-time Internet text messaging）
チャンネル　channel
スカイプ　Skype（Sky peer-to-peer の略）

ポッドキャスト　podcasting（iPod と「放送」broadcasting の合成語）
政治的、宗教的、地理的境界
　political, religious, and geographical boarders
オンライン上でのコミュニティ
　online community
若者文化　youth culture
アイデンティティ　identity
地球規模でのやりとり
　global communication
いまここで　here and now
リアルタイムでのやりとり
　real time interaction
ライブ
　live radio and TV broadcast
リアルタイムのウェブサービス
　real-time web service
マイクロブログ　microblog
ストリーミング　streaming
生中継、ライブ放送　live feed
アラブの春　Arab Spring

Topic 4
人物

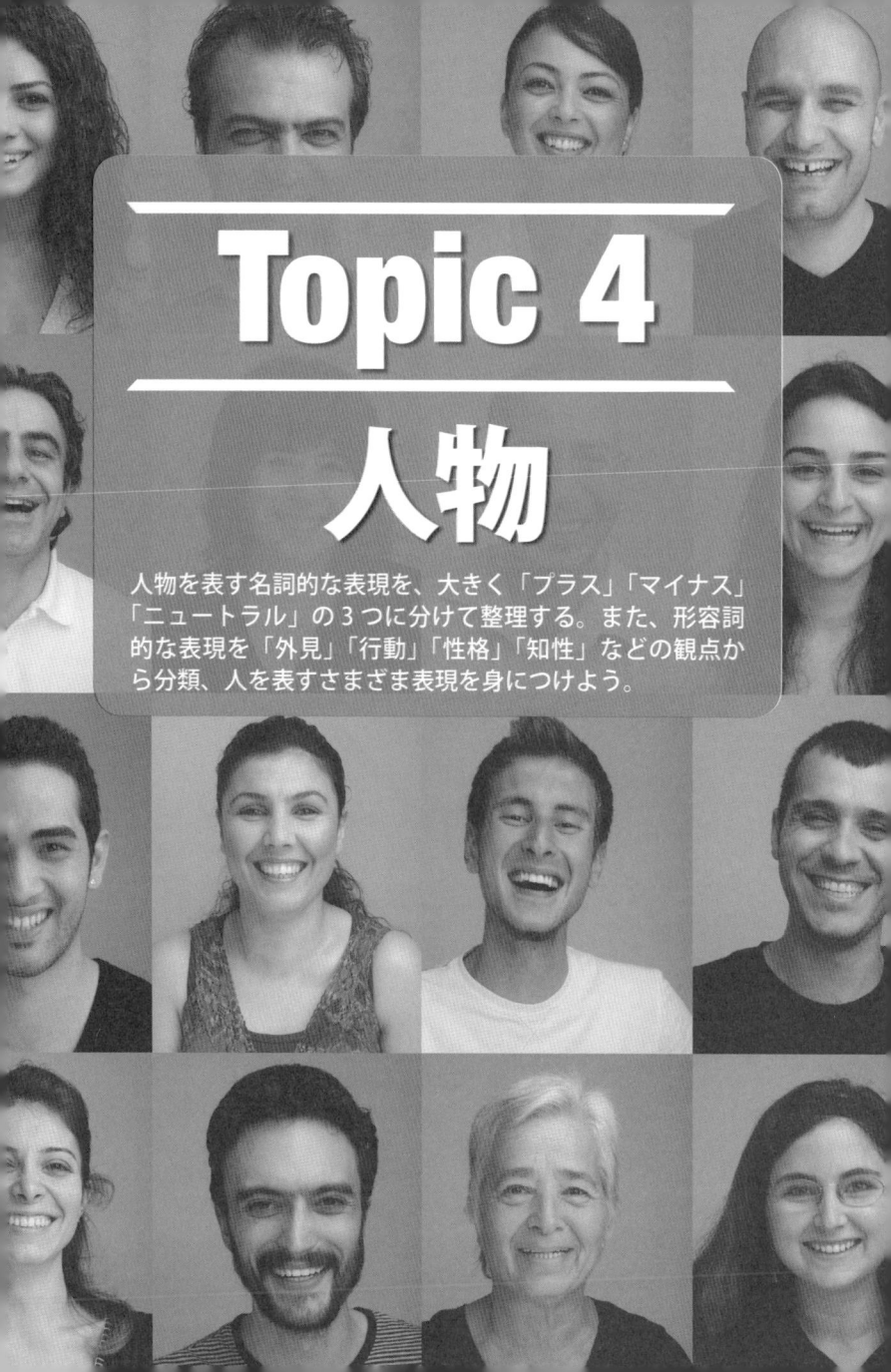

人物を表す名詞的な表現を、大きく「プラス」「マイナス」「ニュートラル」の3つに分けて整理する。また、形容詞的な表現を「外見」「行動」「性格」「知性」などの観点から分類、人を表すさまざま表現を身につけよう。

人物関連単語ネットワーク

プラスのイメージ

- a big shot 大立者
- a mover and shaker
  ある分野のキーパーソン
- a go-getter やり手
- an eager beaver 頑張り屋さん
- a fat cat 金持ち
- a breadwinner
  稼ぎ手（家計を支える人）
- a social butterfly 社交的な人
- a live wire
  元気一杯で、場を明るくする人
- an unsung hero
  縁の下の力持ち、影の英雄
- a good egg 親切で信頼できる人
- a man's man 男が惚れるような男
- a rough diamond
  磨けば光る資質を持った人

p.107

マイナスのイメージ

- a fat head 頭の悪いつまらないやつ
- a couch potato
  だらだらとテレビばかり見て過ごす人
- a nonstop talker
  のべつ幕なしにしゃべる人
- a nosy person
  詮索好きな人、おせっかいな人
- a smart alec
  知識などをひけらかす人
- a bad apple
  人に悪影響を及ぼす人
- a know-all 何でも知ったふりをする人
- a wet blanket 場をしらけさせる人
- a fuddy-duddy 考えの古い人
- a skirt chaser 女たらし
- a rotten egg 性格・行いの悪い人
- a greenhorn 青二才

p.111

人物を表す名詞的表現

© iStockphoto.com/yayayoyo

© iStockphoto.com/dejanj01

ニュートラルなイメージ

- John Q Public 平均的な人（男）
- Jane Q Public 平均的な人（女）
- a drinking buddy 飲み友だち
- a computer nerd [nurd]
  コンピュータおたく
- an old-timer 古顔
- a familiar face 顔なじみ
- an unknown quantity
  未知数の人
- a night person 夜型人間

p.117

Topic 4 ▶ 人物

人物を描写する形容詞

外見
- slightly-built 華奢な
- muscular 筋肉質の
- slender 細身の
- skinny やせこけた
- chubby まるぽちゃの
- medium built 中肉中背の
- stocky ずんぐりした

p.122

行動
- stingy けちな
- snobbish 俗っぽい
- outgoing 社交的な
- spendthrift 金遣いが荒い
- talkative おしゃべりな
- impulsive 衝動的な
- courageous 勇気のある

p.122

性格
- withdrawn 引っ込み思案の
- bad-tempered 怒りっぽい
- sissy めめしい
- vulnerable 傷つきやすい
- dependable 頼りがいのある
- modest おちついた
- easy-going のんびりした
- compassionate 思いやりがある
- touchy 神経質な
- self-centered 自己中心的な

p.122

知性
- bright 聡明な
- educated 教養のある
- intelligent 知的な
- silly おろかな
- stupid ばかな
- knowledgeable 知識が豊富な
- experienced 経験が豊かな
- mature 大人の

p.123

© iStockphoto.com/J-Sho

unsung hero って何？

　日本語でも人物を描写する表現はいろいろあります。「コギャル」、「オバタリアン」、「ゆるキャラ」、「イケメン」、「モンスターペアレント」、「草食男子」など最近の表現もそうですが、「どケチ」「縁の下の力持ち」「井の中の蛙」「大器晩成（型の人物）」などたくさんあります。

　以前、アメリカ人の知り合いがある人物を指して **He is an unsung hero for us.** という言い方をしました。ぼくはその意味がわからなかったので、**What do you mean by "unsung hero"?**「"unsung hero" ってどういう意味？」と聞きました。相手は、**You know, he has made an important unrecognized contribution to the success of our project.**「彼はぼくらのプロジェクトの成功に重要だけど表に出ていない貢献をしたんだ」と答えました。日本語だと「縁の下の力持ち」という感じですね。

　ここでは、英語のカラフルな人物表現を取り上げ、プラスのイメージ表現、マイナスのイメージ表現、ニュートラルなイメージ表現に大きく分けてみていきたいと思います。

© iStockphoto.com/mixformdesign

Topic 4 ▶ 人物

I 人物を表す名詞的な表現

プラスのイメージの表現

●大物

「大物」といえば **a big shot** です。そういえば、Billy Joel の歌に *Big Shot* というのがありましたね。他にも次のような言い方があります。

a big cheese 大物、a big fish 組織の大物、a mover and shaker ある分野のキーパーソン

a big fish といえば「ある分野の大物」ということですが、**a big fish in a small pond** になると「お山の大将」あるいは「井の中の蛙」という意味合いで、限られたところでしか勢力を発揮できない人ということになります。**a mover and shaker** はおもしろい言い方ですね。「何かを動かし、揺する人」というイメージが背後にあります。*Los Angeles Times* 12/29/2010 に **A mover and shaker in the bobblehead toy industry** という見出しの記事が載っていました。「ボブルヘッド（首振り人形）玩具産業の大物」という意味です。なお、プラスのイメージとはいえませんが、「陰で糸を引く黒幕」は **a wire puller** といいます。

●知識人

知識人は **an egghead** とか **a highbrow** という言い方をします。「卵の形のような頭」ということで、**bald head** の意味を経由して「インテリ」になったようです。そういえば、**a highbrow** も「インテリ」ですが、額が広いということで共通性

107

がありますね。「インテリのエリート」が **a highbrow** です。**an egg head** はプラスの意味合いで使いますが、「知識人ぶる人」「理屈っぽい人」の意味で使われることもあります。

●やり手 / 働き者

「やり手」といえば **a go-getter** がピッタリです。「バリバリ仕事をこなす人」という感じですね。ほかにも「頑張り屋さん」だと **an eager beaver**、「家計を支える稼ぎ手」だと **a breadwinner** といいます。

a go-getter やり手、an eager beaver 頑張り屋さん、a breadwinner 稼ぎ手（家計を支える人）

動物の中でもビーバーは働き者の代表選手ですね。次のような使い方をします。

The newcomer works all the time — first to arrive and last to leave — a real eager beaver!
「あの新入りさんは実によく働くね、最初に出社して、最後に退社するって感じで、本当に頑張り屋さんだよ」

●社交的な人

社交的な人だとか元気な人を表す表現には以下のようなものがあります。

a social butterfly 社交的な人、a live wire 元気一杯で、場を明るくする人、a fat cat （多額の政治献金などをする）金持ち、the upper crust 上流階級の人たち

a social butterfly は感じが出ている表現です。また、**a live wire** はなんか電気が通っていて元気一杯な感じがしますね。ある

アメリカ人が次のような使い方をしていました。

It was an awful session. But when Jamie arrived, things brighted up instantly. You know, he is a real live wire.

「(盛り上がりのない)ひどいセッションだったんだ。でもジェーミーが来たら、状況がすぐにパッと明るくなってね。彼って、本当に場を盛り上げる男だよね」

なお、「上流階級の人たち」のことを the upper crust ということがあります。crust は「パンの皮」という意味ですが、産業革命前の英国で、召使はパンを作り、パンを焼くのが仕事で、貴族が「上の焦げ目のないところ」the upper crust を食べ、召使には焦げた部分のみが与えられたという話に由来する表現です。**She's a member of the upper crust, and she's a real social butterfly.** だと「彼女は上流階級に属し、本当の社交家だ」といった意味です。

●その他のプラスイメージの表現

他にもプラスのイメージを持つ人物表現はいろいろありますが、以下は面白い表現だと思います。

an unsung hero 縁の下の力持ち、影の英雄、a good egg 親切で信頼できる人、a man's man 男が惚れるような男、a rough diamond 磨けば光る資質を持った人

冒頭出てきた an unsung hero は「縁の下の力持ち」に近い表現ですが、だいぶその表現の意味合いは違いますね。「歌って讃えられないヒーロー」が英語的な感覚です。「影の立役者」といったところですね。unsung は「歌われない」という意味です。

オバマ大統領が大統領選に勝利した勝利宣言（11/4/2008）の中で、選挙を仕切った David Plouffe に対して謝辞を述べる箇所

で以下のように **the unsung hero of this campaign** という表現を使っています。

And to my campaign manager, David Plouffe...the unsung hero of this campaign, who built the best—the best political campaign, I think, in the history of the United States of America.

「私の選挙本部長を務めたデヴィッド・プラフ氏に対して謝辞を述べたい。彼は、私が思うにアメリカ合衆国史上最高の政治キャンペーンを展開した影の立役者である」

a man's man だとか **a diamond in the rough** もよい表現だと思います。あるアメリカ人にだれが **a man's man** かと聞いたら、**John Wayne**、**Humphrey Bogard**、**John F. Kennedy** などを挙げました。カリスマ性の強い（**charismatic**）人を連想するようですね。「大器晩成型の人」のことを **a late developer** や **a late-bloomer** といいますが、磨けば光る何かを持っている人を表す **a diamond in the rough (rough diamond)** も近い意味があります。

ところで、ぼく自身興味を持っていることがあります。それは **man** を使った成句の行方です。**a man of his word** といえば「約束を守る人」です。「実行力のある人」という場合、**a man of action** がすぐに連想される表現です。しかし、**man** は通例、男性を指すので、女性に使う際に問題が出てくるかもしれません。**an anchorman** も報道などで中心となる **a newscaster** のことをいい、一般的にも「大黒柱、要となる人」という意味合いで使いますが、同じ **man** なので **politically correct** の観点からは不適切です。ただ、**an anchorman** の場合は、**an anchorperson** にしても自然ですが、**a man of action** を **a person of action** とし

たのでは歯切れがよくないですね。しかし、実際に **a person of action** や **a woman of action** も使われることがあるようです。こういった表現が今後どうなっていくか観察したいものです。

マイナスのイメージの表現

●頭が悪い人

人物表現にはマイナスのイメージを持つものが多数存在します。代表格は「頭が悪い人」を表す以下のような表現です。

a fathead 頭の悪いつまらないやつ、a blockhead ばか、a birdbrain 頭が悪いやつ

a blockhead は「頭型の木台」、**a birdbrain** は「鳥の脳」、**a fathead** は「脂肪のついた頭」ということで感覚的にもわかりますね。**a couch potato** という言い方もあります。これは、テレビを長椅子に寝そべって見ながら暇な時間を過ごす「長椅子のポテト」という意味です。

●べらべらしゃべる人／詮索好きの人

「べらべらしゃべる人」「詮索好きの人」は次のようにいいます。

a nonstop talker のべつ幕なしにしゃべる人、a nosy person 詮索好きな人、おせっかいな人、a big nose 詮索好きな人

「クンクン嗅ぎまわる」が **nosy** や **nose** に含意されていますね。しゃべりだしたら止まらない **a nonstop talker** に関連した表現に、**a fast talker**「早口の人」があります。この **a fast talker** は「人をだます人には早口の人が多い」というステレオタイプから「人をだますために早口でしゃべる人、信用できない人」という

意味合いになり、次のような使われ方をします。

The salesman was a fast talker and persuaded the old lady to buy unreasonably expensive blankets.
「そのセールスマンは調子のいいやつで老女に不当に高価な毛布を購入させた」

●知識をひけらかす人

本当の「知識人」**an intellectual / a highbrow** ならいいのですが、知識をひけらかす人がいます。そういう人のことを次のようにいいます。

a smart aleck 知識などをひけらかす人、**a smarty pants** 知識などをひけらかす人、**a know-it-all** 何でも知ったふりをする人、**a wise guy** 小賢しいやつ

Don't be a smart aleck. で「利口ぶるな」ということ。**Alec, Aleck, alec** などのつづり方があります。

●人をネガティブな気持ちにさせる人

人をネガティブな気持ちにさせる人もいます。英語には、次のような言い方があります。

a bad apple 人に悪影響を及ぼす悪いやつ、**a misery guts** ネガティブなことばかりいってまわりを暗くする人、**a bag of nerves** 過剰に心配性の人、**a wet blanket** 場をしらけさせる人、**a bleeding heart** 大げさに同情を示す人

a wet blanket は「場をしらけさせる人」のことをいいますが、盛り上がったところでぬれた毛布をかければ場がしらけることからそうした表現が使われます。

Topic 4 ▶ 人物

●変人や変質者、女たらし
変人や変質者に関する表現も事欠きません。

a pervert 変質者、変態、a weirdo 変人、a peeping Tom のぞき魔、a character 変わり者、個性的な人、a ladies' man 色男、a skirt chaser 女たらし

　a skirt chaser は「女性に付きまとって口説く人」、つまり、「ドンファン」**Don Juan** ですね。なんとなく古めかしい表現ですが、今でも健在のようです。否定的な意味合いがある表現です。ほかにも、**a ladies' man**「色男」、**a lady-killer**「女たらし」、**a philanderer**「女たらし」、**a playboy**「プレイボーイ」、**a seducer**「色魔」、**a wolf**「女性を食いものにする男」、**a woman chaser**「女好き」などが関連語です。**a smooth operator** も「要領がよい人」というだけでなく、「口がうまくて女性をだます人」といった意味でこのリストの仲間入りをします。なお、**a stalker**「ストーカー」になると犯罪です。

●考え方が古い、頑固な人など
　考え方が古い「頑固な」stubborn 人がいます。「こうでなければ」と思い込みが激しい人ですね。こういう人に関連した英語人物表現には次のようなものがあります。

a fuddy-duddy 考えの古い人、a bare-faced liar 厚顔無恥な人、a bull-headed man 頑固で柔軟性に欠く人、a male chauvinist / sexist 男性優位論者、a straight-faced man 堅物、a racist 人種差別主義者

　a fuddy-duddy は時代を感じさせる表現だと思っていたら、*Yahoo! Answers* の中で、**What makes a fuddy-duddy?** の質問

に対して、次のようなコミカルな答えがありました。

Generally of a disgruntled disposition, perpetually complaining of aches and pains, shaking fists at hoodlums and ruffians on skateboards and scooters, speech littered with "bah! back in my day...", going to bed before 10pm, ironing underwear and handkerchiefs, owing handkerchiefs and, the daggiest of all, stubbornly insisting on still wearing wristwatches!

「通例、不満たらたらな性格をしていて、絶えずあちこちが痛いと不満を漏らしており、スケボーやスクーターに乗った『ゴロツキ』たちにこぶしを振り上げ、話には「ばがばかしい」だとか「昔は」がそこらじゅうで使われ、10時前には就寝し、下着とハンカチにアイロンをかけ、そして中でも極めつきが、腕時計をはめることを頑なに主張する人のこと」

「**fuddy-duddy** ＝考えの古い人」だけでは、**fuddy-duddy** の神髄まで理解することはむずかしいですね。上記の説明はステレオタイプ的な特徴をリストしているぶん、なんとなく感覚的にもわかりやすいですね。あるふたりの中年男性の会話で、**"We have to make sure we don't look like fuddy-duddies."** という言葉がありました。

●悪い人

悪い人に関する表現もいろいろありますが、すぐに思いつくのは次のような表現です。

a rotten egg 性格・行いの悪い人、a son of a gun 悪党、a bad egg 信用

© iStockphoto.com/Ljupco

できないやつ、**a dirty dog** 信用ならないやつ、**a loan shark** 高利貸し

an egg は **an egghead** で「知識人」になったり、**a good egg** で「信用できる人」という意味になったりしますが、同時に、**a rotten egg** や **a bad egg** という使い方もあり多彩ですね。

●つまらない人、青二才

「つまらない人」だとか「青二才」に関しては、以下のような表現があります。

a greenhorn 青二才、a punk つまらないやつ、チンピラ、a sucker だまされやすい人、カモ、a freeloader 居候、a mama's boy マザコンの男の子、a yes-man イエスマン、太鼓もち、a goody-goody いい子ちゃん（軽蔑的な意味合い）、a paper tiger 張り子の虎（一見強そうだけど実際は弱い人）、a lame duck 死に体（後任が決まっているため、力をふるうことができない人、a lap dog 人の言いなりになる人、**an apple polisher** ゴマすり

日本語では「青二才」と青を使うところで英語では **a greenhorn** と **green** を使うところが文化の違いが出ておもしろいですね。日本語では、**greens** のことも「青野菜」といい、交通信号の色も「赤、青、黄」です。この青も実際は **green** に近い色をしています。**a goody-goody** は軽蔑的な意味合いがあり、**goody two-shoes** ともいいます。「マザコン」のことを **a mama's boy** と表現するのはおもしろいですね。**a lame duck** は政治の世界でよく使われ、「任期終了間際で実権を失った議員」のことをいいます。

●そのほかの悪いイメージを表す表現

ほかにもいろいろな表現があります。ランダムにいくつかをリストします。

a penny pincher けち、a litterbug ごみをポンと捨てる人、a dropout 脱落者、中退者、an everybody's friend 八方美人、a nit picker 人のあらを探す人、a bear in the morning 寝起きの悪い人、a pen-pusher 簡単な事務仕事しかできない人、a workaholic 仕事中毒の人

a bear in the morning で「寝起きの悪い人」の意味にどうしてなるかといえば、熊は朝起きたばかりのときは動きが鈍いという行動習性があるようですね。「経済・金融関連表現」のところで指摘しましたが、株の世界で「強気市場」を **a bull market**、「弱気市場」を **a bear market** といいます。どうして熊が弱いのかについていくつか説があるようですが、おそらくこの行動習性に関連があるのではないかと個人的には思っています。

a penny pincher は「1ペニーでもつまんで離さない人」といった感じでしょうが、*The Wall Street Journal* に **penny pincher** を使った見出しがありました。

Man Behind Megamerger: Penny Pincher George Paz

The day he unveiled a $29.1 billion deal to buy his chief rival, Express Scripts Inc. Chief Executive George Paz fired off an email to his predecessor, Barrett Toan. The message: Can you believe this?

Many in the health-care industry were indeed stunned to

learn that Express would acquire Medco Health Solutions Inc., long the biggest company by revenue in the pharmacy-benefit business. Uniting the two would create a giant new firm under the Express name…

The Wall Street Journal　[8/9/2011]

　「主要なライバル会社を290億1000万ドルで買収することを公開したその日、エクスプレス・スクリプツ社の最高経営責任者のジョージ・パズ氏は彼の前任者のバレット・トーン氏に一通のメイルを発信した。内容は、「これって信じられるかい？」というものだった。健康医療産業の多くは実際、エクスプレス社が、長らく薬剤関連ビジネスの収益で最大の企業であったメドゥコ・ヘルス・ソリューションンズ社を買収するだろうということを知って度肝を抜かれた。2社を合併することでエクスプレスの名の下に巨大な新会社が生まれることになるからだ」

　ケチで知られる Express Scripts 社の最高経営責任者 George Paz が巨大合併の背後で動いた男だという意味合いの見出しです。290億ドルでの買収を **Penny Pincher** がやってのけたというコントラストが強烈ですね。

ニュートラルな表現

●死体

　プラスのイメージの人物表現とマイナスのイメージの人物表現をみてきましたが、ニュートラルなイメージの表現もたくさんあります。ここでは、いくつかを紹介しておきます。刑事番組で身元不明の死体が出てくることがあります。日本語では「名無しのどざえもん」という言い方があります。英語では、男性の場合は

John Doe で、女性の場合は **Jane Doe** といいます。この **John** と **Jane** は次のような表現でも使います。

John Q Public 平均的な人（男）、Jane Q Public 平均的な人（女）

●平凡な人
「ごく平凡な人」のことを **the man (woman) in the street** という言い方で表現することもあります。男性の場合は、**every Tom, Dick, and Harry** だと「何の変哲もない普通の人」という意味です。

●未知数
an ugly duckling という言い方は有名ですね。「醜いアヒルの子」ということです。この表現が「今はパッとしないが大器晩成型の子ども」という意味でも使われます。関連した表現としては、**an unknown quantity**「未知数の人、実力がまだわからない人」、**a dark horse**「よくわからないところのある人：ダークホース」があります。

●飲み友だち
「飲み友だち」のことは **a drinking buddy** あるいは **a drinking pal** といいます。もっとくだけた言い方だと **a boon companion**「飲み仲間」です。**a bar fly** といえば想像できると思いますが「飲み屋を渡り歩く人」のことをいいます。**a bar hopper** でも「はしご酒をする人」です。**a job hopper** になると「フリーター」に近い感覚になります。

●その他
そのほかいくつかランダムに紹介します。「コンピュータおたく」は **a computer nerd [nurd]** といいます。**a number cruncher** という言い方もあり、これは「数字が強い人」のこと

です。**an old-timer** は「古顔」、**a familiar face** は「顔なじみ」です。**a night owl** や **a night person** は「寝るのが遅い人」あるいは「夜型の人」ということです。

おもしろい表現

応用力のある表現の仕方といえば、ハイフンでつないだ **a wife-to-be**「将来の妻」でしょう。この **to-be** を活かして、**a president-to-be** とすれば「将来の社長」という意味です。また、**would-be** も使い勝手のよい表現です。**a would-be novelist** は「自称小説家」、**a would-be actress** だと「女優志望の人」です。やや特殊な表現といえば、**a Johnny-come-lately**「新参者」、**a fly-by-night person**「せわしく移動する信用できない人」があります。

a soon-to-be-famous photographer「将来有望な写真家」などもそうで、ハイフンで結ぶことで、自由に形容詞を作ることができます。**a stay-at-home**「出不精の人」のようにそれ自体が名詞というのもあります。「家に留まっている人」ということから「引きこもりの人」という意味合いにもなります。**a has-been** で「盛りを過ぎた人、過去の人」を表しますが、これも同じ例ですね。

ハイフンを使った例ではありませんが、おもしろい表現があるので、いくつかみてみましょう。**a new kid on the block** で「何かに新しく加わった人」の意味になります。**a Johnny on the spot** といえば「都合よくいる人」ということで **Johnny** は大活躍です。**a chip off the old block** は「古い薪からはがれた木片」ということから「息子が父親にそっくり」という状況で使います。もっとも「瓜ふたつ」に近いのは **like two peas in a pod** です。

いかがでしたか。こうした表現にははやりすたりがありますが、ここでは今でも使えると思えるものを取り上げました。どれも感じが出ていますね。**She is a go-getter.** は 30 年以上も前に聞いた表現ですが、今でも、十分に使えます。まだまだ表現はあると思いますが、自分のお気に入りの表現をみなさんの **my dictionary** に含めるようにしてください。

II 人物を描写する形容詞

次に、人物を描写する形容詞を取り上げておきます。人物を描写するのに使える形容詞は実に多彩です。たとえば、**compassionate** は「思いやりのある」、**temperamental** は「天気屋の」、**argumentative** は「理屈っぽい」、**judgmental** は「批判的な」といった具合に、一見むずかしそうな形容詞も人物を表現する際にはよく使われます。また、口語的な響きのする形容詞も多く、**down-to-earth** は「気取りのない」、**wishy-washy** は「優柔不断な」、**tacky** は「ダサい」、**gaudy** は「派手な」、**chubby** は「ぽっちゃりした」、**stocky** は「がっちりした」、**bony** は「骨ばった」などがよく使われますね。

他にもたくさんあります。ここでとても網羅することはできません。右は、よく使われる形容詞の例です。

©iStockphoto.com/AlexanderNovikov

Topic 4 ▶ 人物

slightly-built	華奢な
muscular	筋肉質の
medium built	中肉中背の
tall 背が	高い
slender	細身の
overweight	太っている
good-looking	見た目が格好いい
elegant	エレガントな
cute	かわいい
feminine	女っぽい
masculine	男っぽい
affectionate	愛すべき
outgoing	外交的な
trustworthy	信頼できる
adventurous	冒険好きの
friendly	なれなれしい
sociable	社交的な
bossy	親分肌の
joyful	愉快な
charismatic	カリスマ性のある
intelligent	知的な
courageous	勇気のある
dependable	頼りがいのある
withdrawn	引っ込み思案の
bright	聡明な
quiet	物静かな
cautious	用心深い
ambitious	野心的な
sissy	めめしい
talkative	おしゃべりな
boring	つまらない
snobbish	俗っぽい
impulsive	衝動的な
vulnerable	傷つきやすい
touchy	神経質な
anxious	心配症の
irresponsible	無責任な
optimistic	楽観的な
pessimistic	悲観的な
bad-tempered	怒りっぽい
flashy	派手な
stingy	けちな
spendthrift	金遣いが荒い
fun-loving	楽しいことが好きな
honest	誠実な
sweet	愛らしい
lovable	愛らしい
adorable	愛くるしい
educated	教養のある
generous	寛容な
knowledgeable	知識が豊富な
silly	おろかな
stupid	ばかな
experienced	経験豊かな
modest	落ち着いた
easy-going	のんびりした
mature	大人の
gorgeous	ゴージャスな
compassionate	思いやりがある
perfect	完璧な
self-centered	自己中心の
unfaithful	誠実じゃない

ネットワークする

　このようにリストはいくらでも長くすることができます。そして、ここでも語彙を外見面、行動面などの観点からネットワーキングし、英単語ネットワークを作成するといいですね。

外見面　　　　　　　　　　　　　　　　　　　T 27-127

slightly-built	華奢な	cute	かわいい
muscular	筋肉質の	sweet	愛らしい
feminine	女っぽい	bony	ほねばった
tall	背が高い	skinny	やせこけた
slender	細身の	overweight	太っている
good-looking	見た目が格好いい	chubby	まるぽちゃの
adorable	愛くるしい	gaudy	派手な
elegant	エレガントな	medium built	中肉中背の
flashy	派手な	stocky	ずんぐりした

行動面　　　　　　　　　　　　　　　　　　　T 28-128

impulsive	衝動的な	adventurous	冒険好きの
snobbish	俗っぽい	talkative	おしゃべりな
outgoing	社交的な	irresponsible	無責任な
sociable	社交的な	courageous	勇気のある
spendthrift	金遣いが荒い	cautious	用心深い
charismatic	カリスマ性のある	boring	つまらない
bossy	親分肌		

性格面　　　　　　　　　　　　　　　　　　　T 29-129

withdrawn	引っ込み思案の	optimistic	楽観的な
bad-tempered	怒りっぽい	pessimistic	悲観的な

ambitious	野心的な	vulnerable	傷つきやすい
anxious	心配性の	dependable	頼りがいのある
quiet	物静かな	modest	おちついた
sissy	めめしい	easygoing	のんびりした
joyful	愉快な	compassionate	思いやりがある
friendly	なれなれしい	touchy	神経質な
honest	誠実な	generous	寛容な
fun-loving	楽しいことが好きな	self-centered	自己中心的な
trustworthy	信頼できる		

知性面　　T 30-130

bright	聡明な	stupid	ばかな
educated	教養のある	knowledgeable	知識が豊富な
intelligent	知的な	experienced	経験が豊かな
silly	おろかな	mature	大人の

　明確に分類できるものとそうでないものとがあります。人の性格は行動に現れるため、性格と行動の区別は明確ではありませんが、一応の基準として独自の分類をしておくとよいと思います。こうした表現を使うには以下のような状況を想定していろいろ形容詞を試すとよいと思います。

1. **Why were you attracted to her / him?**「彼女／彼に惹かれた理由は？」
 Because she / he is [compassionate, easygoing, bright, mature...]
2. **Why did you dump her / him?**「彼女／彼を捨てた理由は？」
 Because she / he was [unfaithful, argumentative, touchy...]

III 番外編：形容詞の意外な使い方

　ここでは、人物に限定した話ではなく、むしろ基本的な形容詞の意外な使い方に注目していきたいと思います。

awkward　すごーくよく使われますが、意外とむずかしいですね。「ぎこちない」「不器用な」という意味合いから「気まずい」という意味合いに展開します。たとえば、**I felt awkward when I bumped into her at the party.** は、あるパーティーで出くわしたくない女性に出くわし、気まずい思いをした、という状況を **feel awkward** で表現しています。

　次はどうでしょう？ **Sorry, but I have to ask some awkward questions.** この **awkward questions** は「聞きにくい質問」という意味合いです。「ちょっと聞きにくい質問をさせてください」といった感じですね。

available　重要な形容詞です。「利用できる」という意味もありますが、こんな使い方があります。**I'm not available.** これは「今、手が離せません（都合がつきません）」という感じですね。**Are you available for the conference tonight?** だと「今夜の会議に都合はつくかい？」という意味合いです。

casual　みんな知っている単語ですね。**Let me ask you a casual question.** だと「ちょっと軽い質問してもいい？」という意味合いですね。でも、**Watch your casual remarks.** のような使い方があります。これは、「普段のままの」ということから「気楽な、気をつかわない」という意味合いになり、「そんな軽々しく発言してはいけないよ」といった感じです。

Topic 4 ▶ 人物

clean clean はおもしろいですよ。**He has a clean record.** といえば「犯罪歴はない」という意味。もちろん、**He has no criminal record.** と表現してもかまいません。でも **He has a clean record.** が刑事もので出てくれば間違いなく「犯罪歴はない」といった意味です。

decent アメリカ英語ではよく使う形容詞です。decent は「きちんとした」「礼儀正しい」という意味ですが、「かなりよい」「すばらしい」という意味でアメリカ英語ではよく登場します。**a decent standard of living** で「まあまあの生活水準」ということです。飛行機の機長が **"We're expecting decent weather there."** という言い方をしているときには、もちろん「よい天気が期待できる」といった感じですね。

delicate 「繊細な」という意味はご存じの通りですが、「微妙な」の意味でも使います。**That's a very delicate situation.** これは「微妙な状況だ」です。**a delicate problem** といえば、性だとか差別だとかハラスメントといった微妙な問題のこと。

dirty 「きたない」ですが、「わいせつな」という意味にもなるのはご存じですね。**She hates dirty jokes.** で「彼女はひわいなジョークは嫌いだ」という意味ですね。**a dirty old man** だと「エッチな男」ということです。この **old man** は老人とは限りません。

distant おもしろい形容詞です。**close**「近い」の反対で「遠い」というのが基本の語義ですが、「よそよそしい」の意味にも展開します。**Tell me why you're so distant these days.** は「なんでそんなによそよそしくするんだ」といった感じでしょうか。

dull　sharp の反義語で、「切れ味が悪い」という意味合いがあります。**He is a dull boss.** だと「彼は、さえない上司だ」ということですが、この **dull** は **a dull life**「ぱっとしない人生」、**dull blue**「くすんだ青」のようにも使います。**I have a dull pain.** といえば「鈍痛」のことですね。

empty　「からの」ですが、そこから「うわべだけの」の意味になります。**Don't make empty promises.** は感じが出ていますね。中身のない、中身を伴わない約束をしないで、ということです。ちなみに「腹が減っては戦はできぬ」を英語で表現すれば **You can't fight on an empty stomach.** となるでしょう。

funny　「おもしろい」ですが、**Don't try anything funny with me.** だと「おかしなまねをするんじゃない」といった感じです。**funny** の「こっけいな」から「奇妙な」の意味展開です。**That's funny.** は文脈によって「おもしろいね」と「妙だね」のふたつの意味合いがあります。

gross　**gross national product** で **GNP** ですね。これを形容詞で使い、**That's gross.** だと「キモい」といった感じ。**gross** には「吐き気を催すような、悪趣味の」といった意味合いがあります。日本語でも「グロ」という言い方がありますが、これは **grotesque** からの言葉でしょう。いずれにせよ、共通性があります。

heavy　「重い」ですね。**heavy food** は「お腹にたっぷりたまる食べ物」ということです。**I've had a heavy day.** だと、「今日の仕事はきつかった」といった感じ。**heavy** は「重い」、そして、「(重いものは) きつい」といった感じです。**a heavy**

Topic 4 ▶ 人物

schedule は「過密なスケジュール」ということですが、反対は a light schedule と重量で表現するのはおもしろいですね。

intimate　「親しい」という意味ですが、**She's having intimate relations with her boss.** だと、「深い恋仲」という意味合いです。これはよく指摘されることでご存じだったと思いますが、**intimate** は性的な意味合いを連想させるようです。そこで **an intimate friend** より **a close friend** を使うほうが無難です。

loud　「声が大きい」ということで、**Don't speak loud [loudly].** は「大声で話すな」ということです。でも、**My girlfriend loves loud clothes.** だと「彼女は派手なドレスが好みだ」という意味になります。「声が大きい」から「服装が派手な」の展開は意外ですね。

neat　日常言語でよく耳にする形容詞に **neat** があります。「きちんとした」というのが基本義ですが、**That's neat.** のような使い方をします。「ステキだね」ということですね。何かを指さして **This is neat!** といえば「これって、ステキ！」という感じです。

rough　「あらい」ですね。でも、**Why are you so rough on her?** だと、「なんで彼女にあんなにつらく当たるんだ？」といった意味です。**I've had a rough day.** は「きつい日だった」ということですが、「荒々しくてつらい、きつい」という意味合いです。**rough clothes** は「粗末な服装」で、「ラフな服装」**casual clothes** とは意味合いが異なります。

sensitive

sensitive はどうでしょう？「敏感な」ということですが、**Don't touch those sensitive papers.** という言い方があります。この場合の **sensitive** は「取り扱いに注意を要する」といった意味合いですね。あの機密書類にふれるな、という意味です。

serious

「まじめ」ということですね。でも「深刻な」の意味でもよく使いますね。**He suffers from a serious illness.** だと「彼は重病を患っている」ということ。これはどうでしょう？ **We're going to do some serious drinking tonight.**「（冗談めかして）今夜は飲むぞ！」といったニュアンスです。

sincere

意外とむずかしい言葉です。「誠実な」という具合に訳されるので、人の性格などで使うのかと思えば、むしろ「心の状態」を表す言葉で、**a sincere apology** だと「本心からの謝罪」、**a sincere promise** も「本心でする約束」ということです。**He is a sincere man.** という言い方も可能でしょうが、一定の性格というより、変化する心の状態を表す形容詞だと考えるほうがいいですね。そこで、**He was sincere when he said that.** のような使い方がよくみられます。「それをいったとき、彼は本心からだった（誠実に彼はそれをいった）」ということです。

smart

「賢い、利口な」という意味でよく使います。**a smart salesman** だと「抜け目のないセールスマン」といった感じになります。人だけでなく **a smart essay** だと「よく書けたエッセイ」となります。「賢い」が進むと「生意気な」という意味になります。**Don't get smart with me!**「ナマいうんじゃない！」といった感じでしょうか。知ったかぶりして鼻にかける人のことを **a smart aleck** といいます。

technical おもしろい表現があります。「専門的な」「技術的な」といった意味合いは連想できますが、**You're being too technical.** というと、「ちょっとこだわりすぎだよ」といった意味合いになります。「専門家」には「こだわる人」が多いですね。でも、あまりこだわる人は好かれません。そこで、**You're being too technical!**「ゴチャゴチャいうんじゃないよ」といった意味合いでも使うことができます。

tight 「きつい」「きびしい」から「隙間がない」と展開します。そこで、**Security was tight.** といえば、「警備は厳しかった」という意味合いです。**tight** の使い方としてはおもしろいですね。

tough 「強靭な」「つらい」「きびしい」などの意味合いがあります。ですから、**I know it's tough for you.** といえば悲しいことがあった相手に、「お気持ちはわかります」と共感する意味合いですね。もちろん、**Tough day today.** だと「今日はさんざんだった」といった感じでしょうか。さらに、**He asked me some tough questions.** はもちろん「彼はむずかしい質問をした」ということで、**tough** もおもしろい形容詞です。

wise 「賢い」だけではなく、「横柄な」という意味合いもあります。**Don't get wise with me.** だと「生意気な口をきくんじゃない」ということです。**smart** の場合と似ていますね。**He is acting wise.** となると「彼は偉そうにふるまっている」の意です。

一見、簡単そうにみえる、形容詞ですが、意外とおもしろい使い方があるということに気づかれたと思います。

人物 関連語彙リスト

*本リストは、リストの項目の流れを優先させたため、一部、本文とリストの項目の順番が異なります。

プラスのイメージの表現　T 23-123

●大物
大物　a big shot、a big cheese
組織の大物　a big fish
ある分野のキーパーソン
　a mover and shaker
お山の大将、井の中の蛙
　a big fish in a small pond
黒幕　a wire puller

●知識人
知識人　an egghead、
　an interectual
インテリのエリート　a highbrow

●やり手 / 働き者
やり手　a go-getter
頑張り屋さん　an eager beaver
家計を支える稼ぎ手（一家の大黒柱）
　a breadwinner

●社交的な人
社交的な人　a social butterfly
元気一杯で、場を明るくする人
　a live wire
（多額の政治献金などをする）金持ち
　a fat cat
上流階級の人たち　the upper crust

●その他のプラスイメージの表現
縁の下の力持ち、影の英雄
　an unsung hero
親切で信頼できる人　a good egg

男が惚れるような男　a man's man
磨けば光る資質を持った人
　a rough diamond
大器晩成型の人　a late developer、
　a late-bloomer
磨けば光る何かを持っている人
　a diamond in the rough (rough diamond)
行動力のある人　a man of action

マイナスのイメージの表現　T 24-124

●頭が悪い人
頭の悪いつまらないやつ　a fathead
ばか　a blockhead
頭が悪いやつ　a birdbrain

●べらべらしゃべる人／詮索好きの人
のべつ幕なしにしゃべる人
　a nonstop talker
詮索好きな人、おせっかいな人
　a nosy person
詮索好きな人　a big nose
早口の人　a fast talker

●知識をひけらかす人
知識などをひけらかす人
　a smart aleck、a smarty pants
何でも知ったふりをする人
　a know-it-all
小賢しいやつ　a wise guy

●人をネガティブな気持ちにさせる人
人に悪影響を及ぼす悪いやつ

Topic 4 ▶ 人物

a bad apple
ネガティブなことばかりいってまわりを暗くする人　a misery guts
過剰に心配性の人　a bag of nerves
場をしらけさせる人　a wet blanket
大げさに同情を示す人
　a bleeding heart

●変人や変質者、女たらし
変質者、変態　a pervert
変人　a weirdo
のぞき魔　a peeping Tom
変わり者、個性的な人　a character
色男　a ladies' man
女たらし
　a lady-killer、a philanderer
女性に付きまとって口説く人
　a skirt chaser
プレイボーイ　a playboy
色魔　a seducer
女性を食いものにする男　a wolf
女好き　a woman chaser
要領がよい人、口がうまくて女性をだます人
　a smooth operator
ストーカー　a stalker

●考え方が古い、頑固な人
頑固な　stubborn
考えの古い人　a fuddy-duddy
厚顔無恥な人　a bare-faced liar
頑固で柔軟性に欠く人
　a bull-headed man
男性優位論者
　a male chauvinist /sexist
堅物　a straight-faced man
人種差別主義者　a racist
性格・行いの悪い人　a rotten egg

悪党　a son of a gun
信用できないやつ　a bad egg
信用ならないやつ　a dirty dog
高利貸し　a loan shark

●つまらない人、青二才
青二才　a greenhorn
つまらないやつ、チンピラ　a punk
だまされやすい人、カモ　a sucker
居候　a freeloader
マザコンの男の子　a mama's boy
イエスマン、太鼓もち　a yes-man
いい子ちゃん（軽蔑的な意味合い）
　a goody-goody
　goody two-shoes
張り子の虎　a paper tiger
死に体　a lame duck
人の言いなりになる人　a lap dog
ゴマすり　an apple polisher

●そのほかの悪いイメージを表す表現
けち　a penny pincher
ごみをポンと捨てる人　a litterbug
脱落者、中退者　a dropout
八方美人　an everybody's friend
人のあらを探す人　a nit picker
寝起きの悪い人
　a bear in the morning
簡単な事務仕事しかできない人
　a pen-pusher
仕事中毒の人　a workaholic

ニュートラルな表現　T 25-125

どざえもん（男性）John Doe、
　（女性）Jane Doe
平均的な人（男）John Q Public
平均的な人（女）Jane Q Public

●平凡な人
ごく平凡な人
　the man (woman) in the street
何の変哲もない普通の人
　every Tom, Dick, and Harry

●未知数
今はパッとしないが大器晩成型の子ども
　an ugly duckling
未知数の人、実力がまだわからない人
　an unknown quantity
よくわからないところのある人、ダークホース　a dark horse

●飲み友だち
飲み友だち　a drinking buddy、a drinking pal
飲み仲間　a boon companion
飲み屋を渡り歩く人　a bar fly
はしご酒をする人　a bar hopper
フリーター　a job hopper

●その他
コンピュータおたく
　a computer nerd [nurd]
数字が強い人　a number cruncher
古顔　an old-timer
顔なじみ　a familiar face
夜型の人　a night owl、a night person

おもしろい表現　T 26-126

将来の妻　a wife-to-be
将来の社長　a president-to-be
自称小説家　a would-be novelist
女優志望の人　a would-be actress
新参者　a Johnny-come-lately
せわしく移動する信用できない人
　a fly-by-night person
将来有望な写真家
　a soon-to-be-famous photographer
出不精の人、引きこもりの人
　a stay-at-home
盛りを過ぎた人、過去の人　a has-been
何かに新しく加わった人
　a new kid on the block
都合よくいる人
　a Johnny on the spot
息子が父親にそっくり
　a chip off the old block
瓜ふたつの　like two peas in a pod

T 27-127	外見面	p.122
T 28-128	行動面	p.122
T 29-129	性格面	p.122
T 30-130	知性面	p.123

Topic 5

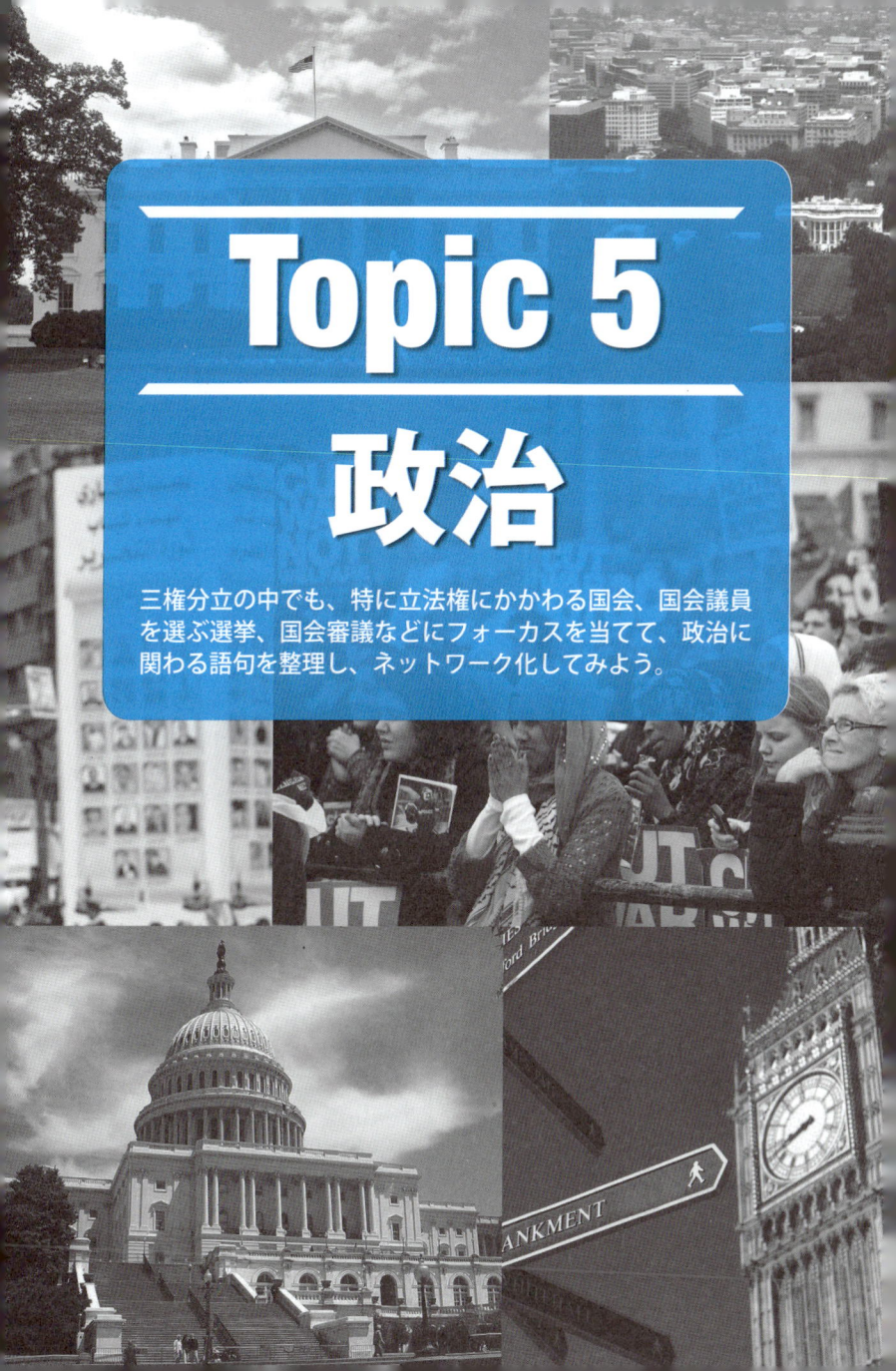

政治

三権分立の中でも、特に立法権にかかわる国会、国会議員を選ぶ選挙、国会審議などにフォーカスを当てて、政治に関わる語句を整理し、ネットワーク化してみよう。

政治 関連単語ネットワーク

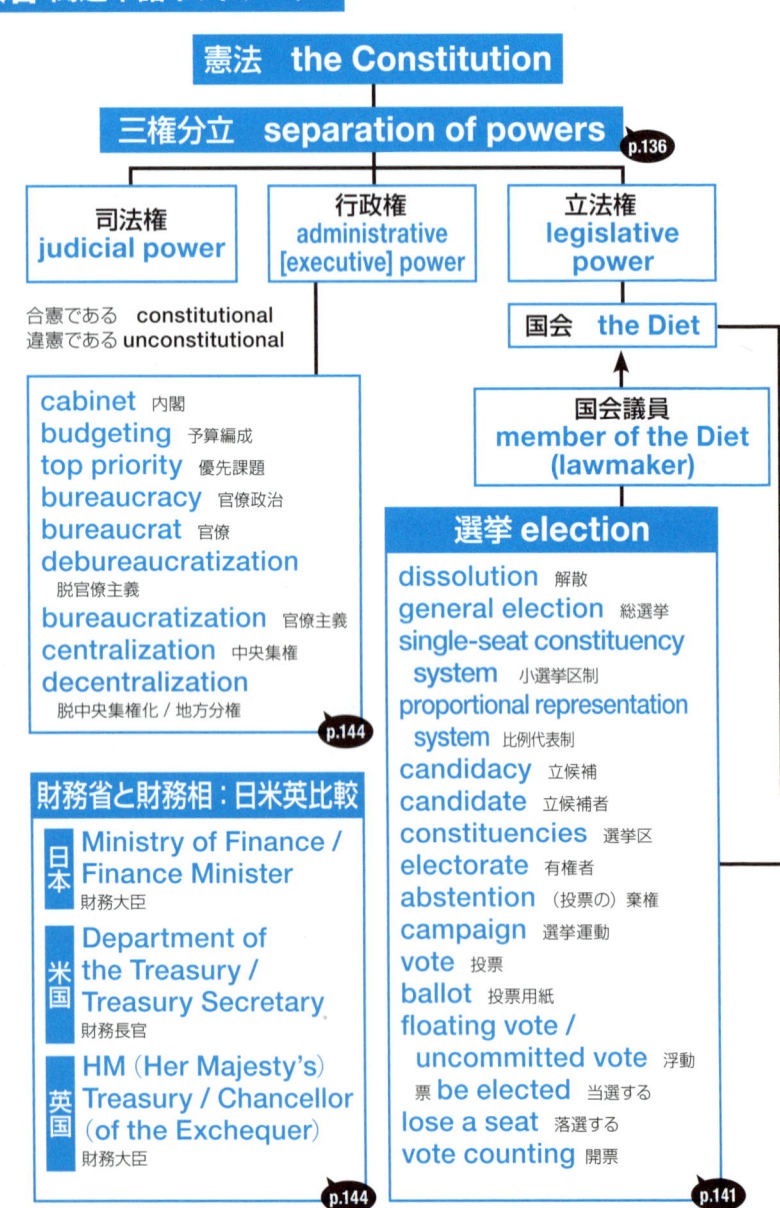

憲法 the Constitution

三権分立 separation of powers p.136

司法権 judicial power
行政権 administrative [executive] power
立法権 legislative power

合憲である constitutional
違憲である unconstitutional

- cabinet 内閣
- budgeting 予算編成
- top priority 優先課題
- bureaucracy 官僚政治
- bureaucrat 官僚
- debureaucratization 脱官僚主義
- bureaucratization 官僚主義
- centralization 中央集権
- decentralization 脱中央集権化/地方分権

p.144

国会 the Diet

国会議員 member of the Diet (lawmaker)

財務省と財務相:日米英比較

日本 Ministry of Finance / Finance Minister 財務大臣

米国 Department of the Treasury / Treasury Secretary 財務長官

英国 HM (Her Majesty's) Treasury / Chancellor (of the Exchequer) 財務大臣

p.144

選挙 election

- dissolution 解散
- general election 総選挙
- single-seat constituency system 小選挙区制
- proportional representation system 比例代表制
- candidacy 立候補
- candidate 立候補者
- constituencies 選挙区
- electorate 有権者
- abstention (投票の)棄権
- campaign 選挙運動
- vote 投票
- ballot 投票用紙
- floating vote / uncommitted vote 浮動票
- be elected 当選する
- lose a seat 落選する
- vote counting 開票

p.141

134

国会審議
Diet deliberations

- policy debate 政策論争
- agenda 議題
- political negotiation 政治折衝
- policy 政策
- bill 法案
- comfortable majority 安定多数
- plenary meeting 本会議
- ordinary session 通常国会
- extraordinary Diet session 臨時国会
- interpellation and answer 質疑応答
- steamrolling 強行採決
- booing 野次

p.137

政治的立場
political stance

- political party 政党
- faction 派閥
- ruling party 与党
- opposition party / out party 野党
- maverick 無党派
- middle-of-the-road party 中道政党
- rightwing 右派
- leftwing 左派
- dove ハト派 (の人)
- hawk タカ派 (の人)
- hard line 強硬路線
- soft line 柔軟路線
- party platform 政党綱領
- manifesto マニフェスト

p.148

日米英比較

日本
- 議院内閣制 parliamentary system (of government)
- 国会 the Diet
- 衆議院 the House of Representatives
- 参議院 the House of Councilors
- 国会議員 a Diet member / a member of the Diet

米国
- 大統領制 Presidential system (of government)
- 米国連邦議会 Congress
- 上院 the Senate
- 下院 the House of Representatives
- 下院議員 congressman [congresswoman]
- 上院議員 senator

英国
- 議院内閣制 parliamentary system (of government)
- 国会 the Parliament
- 貴族院（上院）the House of Lords
- 庶民院（下院）the House of Commons
- 国会議員 下院議員 a member of Parliament (MP)
- 上院議員 lord

p.140

国際政治
international politics

- conflict of interests 利害対立
- bilateral relations 2国間関係
- multilateral relations 多国間関係
- power 権力
- diplomatic negotiation 外交交渉
- bargaining power 交渉力
- conflict resolution 紛争解決
- brinkmanship 瀬戸際外交
- democratization movement 民主化運動

p.145

政治用語はどうも苦手で、という方が多いと思いますが、新聞をにぎわす言葉であり、英字新聞などを読む際には政治用語も整理しておく必要があると思います。

　「税負担」は **tax burden**、「税源」はどういうかといえば、**tax resources** です。「不公平税制」が問題になることがありますが、**uneven tax policy / unfair tax system** といいます。「抜本的改正」は **structural rectification** という言い方をします。「閣議」は大臣たちの会議ですが、**cabinet meeting** といいます。日本の「内閣府」は **Cabinet Office** です。

　日本語では聞いたことのある表現ばかりだと思いますが、いざ英語で表現しようとすれば、結構むずかしいですね。でも、専門用語は、覚えればすむ話です。ここでは、少し整理して政治関連用語をまとめてみたいと思います。

三権分立

　「三権分立」**separation of powers** はもちろん、「立法権」**legislative power**、「行政権」**administrative [executive] power**、「司法権」**judicial power** の、権力の分立を指す言葉です。「立法機関」は **legislature** ですが、「法律」のことを **legislation** ということがあります。立法を行う権能は国会にあるというのが日本の政治の基本です。**legitimacy** といえば、「(樹立された新政府などの) 正当性」といった意味合いで使います。「憲法」は **the Constitution** ですが、日本国憲法で、国会は唯一の立法機関であると定められております。国会議員は「法令、法規」**laws** を定立するのがその主たる役目だということですね。だから「国会議員」は **lawmaker** と呼ばれるわけです。

　法令は憲法との適合性が問われます。そこで、法令などが憲法

に適合しているかどうかの「合憲性」のことを **constitutionality** といい、「合憲である」**constitutional** か「違憲であるか」**unconstitutional** を審査し、判断する制度があります。

国会審議

政治では「政策論争」が大事ですが、これは **policy debate** といいます。「議題」は **agenda** です。「政治献金」と「政治倫理」はそれぞれ **political donation** と **political ethics** です。ちなみに「政治折衝」は **political negotiation** ですね。

「政策」**policy** を「法案」**bill** として通すには「安定多数」を与党が占めている必要がありますが、「安定多数」のことを **comfortable majority** といいます。**comfortable** とはおもしろい言い方ですね。「国会審議」は国会が **the Diet**（日

ミニコラム

In Shift, U.S. Says Marriage Act Blocks Gay Rights
WASHINGTON —
President Obama, in a striking legal and political shift, has determined that the Defense of Marriage Act — the 1996 law that bars federal recognition of same-sex marriages — is unconstitutional, and has directed the Justice Department to stop defending the law in court.

New York Times [2/23/2011]

変化する状況の中で、婚姻法はゲイの権利を侵すと米国政府が主張

ワシントン―オバマ大統領は、劇的な法的、政治的変化の中で、「婚姻擁護法（DOMA）」―同性の結婚を連邦政府が認めることを禁じた1996年の法律―は違憲であると明言し、司法省に裁判所がその法律に正当性を与えることを止めるように指示を出した。

本の場合の国会）なので、**Diet deliberations** といいます。**deliberative** は「熟議」にあたる言葉ですね。「議場」は **floor** といいます。「本会議」は **plenary meeting**、「通常国会」は **ordinary session**、「臨時国会」は **extraordinary Diet session** といいます。国会における「質疑応答」という場合、**interpellation and answer** という言い方をするようですね。「関連質問」は **follow-up questions** です。「強行採決」をする場面を TV などで見ることがありますが、**steamrolling** といいます。「白紙委任」は **carte blanche** という言い方をします。

よく国会審議などで「野次（やじ）」が飛びますが、「野次」は **booing** です。そして「議事妨害」に発展すれば、**filibuster** といいます。これが「議事妨害」ということです。「圧力団体」は **lobby** で、そこで働く人は **lobbyist** ですね。

「政策上の失敗」は政治につきものですが、それを **gaffe** といい、「大失策」は **fiasco** といいます。**Obama's Latest Fiasco** のように新聞の見出しになることがあります。失策は不信任の原因にもなります。

「不信任」は **no-confidence** といいます。日本では首相に不信任を突きつける場面が多々あるようですが、**no-confidence** と **confidence** に「信任」という意味があることに注目してください。「信任（投票）」は **vote of confidence**、「不信任の動議」は **a motion of no-confidence** あるいは **a no-confidence motion** といいます。「議会は現政権の不信任案を可決した」だと **The Diet has passed a vote of no-confidence in the current government.** といいます。

Topic 5 ▶ 政治

日・米・英の比較

　米国は「大統領制」**presidential system** を採用しており、立法権は議会、行政権は大統領、司法権は裁判所がもつ仕組みです。大統領は「陸軍」**the army**、「海軍」**the navy**、「空軍」**the air force** の「最高司令官」で、**Chief Executive** と呼ばれます。前述の不信任の話ですが、大統領は議会によってではなく、国民によって国民の支持を得て選ばれるところが「議院内閣制」**parliamentary system** と異なります。国民が直接選んだ首長であるため、議会は大統領に対して不信任決議を提出することはできません。逆に、大統領が議会を解散させることもできません。大統領は「議会議員」（**congressman / senator**）ではないんですね。議会に招かれてはじめて議会に出席することができるというところは、日本の首相とは大きくことなります。

　大統領制の米国と、議院内閣制の英国、日本の政治体制を次ページに比較しておきます。

アメリカのホワイトハウス全景

T 34-134

●アメリカ

大統領制　presidential system (of government)
米国連邦議会　Congress
上院　the Senate
下院　the House of Representatives
下院議員　congressman [congresswoman]
上院議員　senator

●イギリス

議院内閣制　parliamentary system (of government)
国会　the Parliament
貴族院（上院）　the House of Lords
庶民院（下院）　the House of Commons
下院議員　a member of Parliament (MP)
上院議員　lord

© iStockphoto.com/etel

●日本

議院内閣制　parliamentary system (of government)
国会　the Diet
衆議院　the House of Representatives
参議院　the House of Councilors
（衆議院、参議院を問わず）国会議員　a Diet member / a member of the Diet

選挙

　国会などの「解散」は **dissolution** といいます。解散すれば、「現職議員」**incumbent politician** も職を失います。そして解散があれば「選挙」**election** ですが、「総選挙」は **general election** といいます。「国政選挙」は **national election** で、地方自治に関する「地方選挙」は **local election** といいます。「統一地方選挙」は **unified local election** というようです。「小選挙区制」は **single-seat constituency system**、「比例代表制」は **proportional representation system** と表現されています。

　通常の選挙は「公選」**public election** ですが、「選挙管理委員会」**board of elections** の管理下で行われます。「立候補」は **candidacy** で「立候補者」は **candidate** です。「選挙区」は **constituencies** です。「一般投票」は **plebiscite** という言い方をしますが、米国では **popular vote** ともいいます。「有権者」は **electorate** です。**referendum** といえば「国民投票」のことです。**special election** といえば「補欠選挙」のこと。「不在者投票」という言葉もよく耳にします。これは **absentee ballot** です。「(投票の)棄権」は **abstention** という言葉を使います。「起立採決」や「互選」もありますが、「起立採決」は **standing vote** と英語でもそのままです。「互選」は **mutual vote** で「互選する」は **elect by mutual vote** となります。

　「選挙運動」は **campaign** といいます。「投票」あるいは「投票用紙」は **ballot** です。選挙には不正なものもあり「不正選挙」のことを **rigged election** といいます。**rig** は「着飾る」から「外見を装う」という意味に展開する動詞です。政治家が受

け取る「賄賂」は **bribe** ですが、「ソデの下」に近い英語だと **grease payment** という言い方があります。**grease** とは「油で汚れた」といった感じですね。「政治資金規正法」は **Political Funds Control Law** とそのままです。裏で糸を引く「黒幕」のことを **wire-puller** といいます。感じがでていますね。**He pulls strings behind the scenes.** という言い方もあります。これは、人形を操る際の言葉です。同じ、「裏で糸を引く人」ということですね。何か問題が起こると「調査委員会」**fact-finding committee** が立ち上げられます。

「世論」は **public opinion** で、「世論調査会社」**polltaker** が「世論調査」**public survey** を行います。「世論の反応を見るための探り」のことを **trial balloon** といいます。米国の世論調査で有名なのが **Gallup Poll**「ギャラップ世論調査」ですね。

政治家は世論調査に敏感で、「大衆迎合主義」**populism** に堕する政治家もいます。選挙には「アナウンス効果」がありますが、これはそのまま英語からきた表現で、**announcement effect** といいます。また、選挙で優勢とされた候補者が勝ち馬に乗ろうとする投票者によってより一層の勢いが出てくることを「バンドワゴン効果」**bandwagon effect** といいます。

「選挙権」は **suffrage** です。「投票率」は **voting rate** ですね。「浮動票」はそのまま **floating vote** と表現します。**uncommitted vote** という言い方もします。「同情票」は **sympathy vote** でそのままですね。日本でも「公開討論会」**forum** がすっかり定着しました。「地滑り的大勝利」という言い方がありますが、これは **landslide** という英語からきた表現でしょう。「過半数」は **majority** といいます。アメリカで **favorite son** といえば「地元で人気のある候補者」のことです。「（大統領などの）指名」は

nomination で、「指名された人」は **nominee** です。

選挙で「開票速報」がありますね。これは、**up-to-the-minute returns** といいます。**up-to-the-minute** はいい表現ですね。「決戦投票」は **decisive voting** あるいは **runoff** で、「開票」は **vote counting** といいます。**vote**「投票」を **counting**「数える」そのものですね。

大統領などの「就任式」は **inauguration** で「就任演説」は **inaugural address [speech]** といいます。「基調演説」は **keynote address** です。「中間選挙」は **off-year election** です。「党大会」のことは **convention** といいます。「再選」は **re-election** ですね。

ミニコラム

Greece to hold referendum on Europe debt deal

The prime minister will let voters decide on the painstakingly crafted bargain that aims to get the nation out of debt but would mean harsh austerity measures for the public.

Los Angeles Times [10/31/2011]

ギリシャ、ヨーロッパの財政支援策に関し国民投票を実施することに

ギリシャを借金状態(財政危機)から救うことを狙いとしながらも、国民にとっては厳しい緊縮政策を求めることになるこの入念に作成された取引(支援策)について、首相は有権者に投票で決めさせる意向である。

財務省と官僚政治

「財務省」って英語でどういうかご存じですか？　日本と、米国と、英国とでは言い方が違うようです。日本では「財務省」は **Ministry of Finance** が正式な英語のようです。米国では、**Department of the Treasury** という言い方をします。**Finance** ではなく、**Treasury** というのが興味深いですね。英国では、**HM Treasury** といいます。米国も英国も **Treasury** は同じですが、英国では **HM Treasury** といいます。**HM** とは何か。調べてみると、**Her Majesty** の略のようです。**Her Majesty's Treasury** ということですね。エリザベス女王のことを **Her Majesty** といいます。そして、財務省の長となる人の呼び方も3つの国で違います。日本の「財務大臣」は **Finance Minister** です。米国では「財務長官」がトップで、**Treasury Secretary** といいます。そして、イギリスでは **Chancellor (of the Exchequer)** という言い方をするようです。

「予算編成」は政府にとって最重要課題ですね。これは、**budgeting** といいます。**budgeting** が「優先課題」**top priority** になるのです。しかし、日本では「官僚政治」**bureaucracy** が話題になります。「官僚」**bureaucrat** の影響力が政治判断に及ぶということです。そこで、「脱官僚主義」という言葉がでてきます。英語では、**debureaucratization** といいます。**bureaucratization** が「官僚主義」で、この **de-** は「脱」という意味合いです、「中央集権」を **centralization** といい、**decentralization** といえば「脱中央集権化」、すなわち、「地方分権」ということです。

国際政治

　「国際政治」international politics では、「利害対立」conflict of interests の中でいかにして「世界秩序の形成」the making of world order を達成するかが中心課題です。今は、「2国間関係」bilateral relations だけでなく多国間関係 multilateral relations が注目されています。

　政治家には「交渉力」が求められます。国際政治といえば、「権力」power、「紛争」conflict、そして「交渉」negotiation が連想されます。「外交交渉」diplomatic negotiation においては、「交渉力」bargaining power は必須です。「紛争解決」は conflict resolution といい、そのために必要なのが「合意形成」ですが、これは consensus-making といいます。

　国際関係を良好に維持するには、「公式訪問」state call や「表敬訪問」courtesy visit は欠かせない行為です。政治にも「アメとムチ」は必要ですが、carrot and stick といいます。馬を連想する表現ですね。「札束外交」という政治表現もあります。checkbook diplomacy というようですね。money diplomacy

でも OK です。「善隣外交」というものもあります。これは **good neighbor diplomacy** といいます。文字通りの言い方ですね。

　時に、「瀬戸際外交」も必要ですが、英語では **brinkmanship** という言い方をします。「相手国との状況を崖の縁まで持っていく」**pushing a situation with the opponent to the brink**「戦術」**tactics** ということからこうした言い方がされます。外交政策で事態を有利にするため決裂寸前まで交渉を推し進め、相手からの「譲歩」**concession** を得るというやり方ですね。米ソで繰り広げた 1962 年の「キューバ危機」**The Cuban Missile Crisis** は典型例です。

　今では、「民主主義」**democracy** 対「共産主義」**communism** の 2 項対立の冷戦関係は終焉し、あちこちで「民主化」**democratization** が叫ばれていますね。**democratization** は、「独裁的な政治体制から民主的な政治体制への移行」**"the transition from an authoritarian regime to a democratic regime"** ということです。「民主化運動」は **democratization movement** ですね。

　結局、政治体制は、だれが「統治」**domination** し、「主権」**dominion** そして「覇権」**hegemony** がだれにあるのかが問題なのです。「帝国主義」**imperialism**、「封建主義」**feudalism** の世界では「専制政治」**despotism** が行われ、「独裁者」**dictator** あるいは「君主」**monarch** が「独裁」**dictatorship** をふるいます。こういう「体制」**regime** を「独裁体制」**authoritarian regime** といいます。

　国際問題を解決する機関といえば「国際連合（国連）」**the United Nations** がすぐに連想され、そこでは、**peace and security**「平和と安全保障」、**development**「開発」、**human rights**「人権」、**humanitarian affairs**「人道問題」、**international law**「国際法」が主たる課題として取り上げられて

います。公式ページを見ると、**peace and security** において問題となる「課題」**thematic issues** は以下のようになっています。

T 32-132

Peacemaking and Preventive Action 和平調停と紛争防止活動、Peacekeeping 平和維持、Peacebuilding 平和構築、Disarmament 武装解除、Countering Terrorism テロ対策、Electoral Assistance 選挙支援、Decolonization 脱植民地化、Children and Armed Conflict 子どもと武力衝突、Women, Peace and Security 女性、平和、安全、Mine Action 地雷活動、Sport for Development and Peace 開発と平和のためのスポーツ、Protection from Sexual Exploitation and Abuse 性的虐待防止、Organized Crime 組織犯罪

「平和」といっても **peacemaking**、**peacekeeping**、それに **peacebuilding** が課題として取り上げられています。このように国際機関での活動などを調べていくことは、語彙力をつけるうえでも有効だと思います。

大使館

「大使館」**embassy** は、「国交」**diplomatic relations** のある国に特命全権大使を駐在させ公務を行う場で、「領事館」**consulate** とともに「在外公館」**overseas agencies of the Ministry of Foreign Affairs** とよばれます。大使館には「大使」**ambassador** だけでなく、大使館員がおり、「大使館員」のことを **embassy staff** あるいは **attaché** といいます。大使館は「治外法権」**extraterritorial rights** によって守られています。**extra + territorial** です。**territorial** は **territory**「領土」の形容詞形

ですね。先ほど出てきた「特命全権大使」ですが、それを正式な英語では、**Ambassador Extraordinary and Plenipotentiary** という表現を使います。「特使、使節」は **envoy**、「公使」は **minister** という言い方をするようです。「平和使節」は **peace envoy** です。「派遣先国」**dispatched country** での「外交活動」**diplomatic activities** の拠点となるのが大使館ですが、「ビザの発給」**issuance of visa** や「滞在先での自国民の保護」**protection of its citizens residing abroad** も重要な業務です。

亡命希望者、「亡命者」**exile** や「政治亡命者」**émigré** が一時的避難場所として選ぶのが大使館です。場合によっては「強制送還」**forced repatriation** されることもあります。国家間の関係が悪化した場合、「国家間の親善回復、関係改善」**rapprochement** に大きな役割を果たすのも大使館の重要な役目です。

政治的立場

政治家にはいろいろな「政治的立場」**political stance** の人がいます。「政党」は **political party** で、「派閥」は **faction** といいます。

元々、「2大政党制」**two-party system** といえば英国を連想しますが、現在、英国では「自由民主党」**the Liberal Democrats**

などの第3の勢力の台頭が目覚しいようです。しかし、英国で2大政党といえば「労働党」**the Labour Party** と「保守党」**the Conservative Party** です。

米国でも「2大政党制」が確立しています。「民主党」は **the Democratic Party** で、「共和党」は **the Republican Party** と呼ばれます。シンボル的には民主党は「ロバ」**donkey** で、共和党は「ゾウ」**elephant** です。そして「民主党員」は **Democrat**、「共和党員」は **Republican** といいます。

以下のリストのように、第1次世界大戦の頃のウィルソン大統領からオバマ大統領までをみても民主党（**D**）と共和党（**R**）の間で大統領が交代していることがわかりますね。

Woodrow Wilson [D] / Warren Harding [R] / Calvin Coolidge [R] / Herbert Hoover [R] / Franklin Roosevelt [D] / Harry Truman [D] / Dwight Eisenhower [R] / John Kennedy D] / Lyndon Johnson [D] / Richard Nixon [R] / Gerald Ford [R] / Jimmy Carter [D] / Ronald Reagan [R] / George H. W. Bush [R] / Bill Clinton [D] / George W. Bush

[R] / Barack Obama [D]

　「与党」は **ruling party** で「野党」は **opposition party** あるいは **out party** といいます。「無党派」の政治家は **maverick** と呼ばれることがあります。

　立場を明らかにしない「日和見主義者」のことを **fence-sitter** といいますが、**fence** のどちらかに落ちるのではなく、フェンス上にいる人ということですね。「右へならえ主義」は **me-tooism** です。「中道政党」は **middle-of-the-road party** といい、「中道主義者」は **middle-of-the-roader** といいます。「右派」は **rightwing** で「右翼主義者」は **rightist**、「左派」は **leftwing** で、「左翼主義者」は **leftist** です。「連合」は **coalition** です。「共産主義」は **communism** です。「ハト派（の人）」は **dove**、「タカ派（の人）」は **hawk** とそのままです。そして「強硬路線」は **hard line** で「強硬論者」は **hard liner**、「柔軟路線」は **soft line** で「柔軟論者」は **soft liner** です。

　最後に、政党、組織の大綱を記したものに「綱領」がありますが、それを英語では **platform** といいます。「政党綱領」のことを **party platform** といい、「マニフェスト」**manifesto** とほぼ同義で使われます。そして、**platform** を構成する個々の項目のことを **plank** といいます。**plank** は「厚板」というのが基本的意味です。公共の場で演説をする際に立つ「台」を **platform** といい、それは「木の厚板」**planks of wood** を重ねて作られていますね。**platform** は駅のプラットフォームだけでなく、演壇や教壇という意味でもよく使います。個々の「政治的見解」**plank** を示すのに **platform** の上に立って話すという状況を想定するといいですね。

政治 関連語彙リスト

*本リストは、リストの項目の流れを優先させたため、一部、本文とリストの項目の順番が異なります。

政治関連用語の導入　T 31-131

税負担　tax burden
税源　tax resources
不公平税制　uneven tax policy、unfair tax system
抜本的改正　structural rectification
閣議　cabinet meeting
内閣府　Cabinet Office

三権分立　T 32-132

三権分立　separation of powers
立法権　legislative power
行政権　administrative [executive] power
司法権　judicial power
立法機関　legislature
法律　legislation
正当性　legitimacy
憲法　the Constitution
法令、法規　laws
国会議員　lawmaker、a member of the Diet
合憲性　constitutionality
合憲の　constitutional
違憲の　unconstitutional

国会審議　T 33-133

政策論争　policy debate
議題　agenda

政治献金　political donation
政治倫理　political ethics
政治折衝　political negotiation
政策　policy
法案　bill
安定多数　comfortable majority
国会（日本）　the Diet
国会審議　Diet deliberations
熟議　deliberative
議場　floor
本会議　plenary meeting
通常国会　ordinary session
臨時国会　extraordinary Diet session
質疑応答　interpellation and answer
関連質問　follow-up questions
強行採決　steamrolling
白紙委任　carte blanche
野次　booing
議事妨害　filibuster
圧力団体　lobby
ロビイスト　lobbyist
政策上の失敗　gaffe
大失策　fiasco
不信任　no-confidence
信任　confidence
信任（投票）　vote of confidence
不信任動議

a motion of no-confidence
a no-confidence motion

T 34-134 日・米・英の比較 *p.*140

選挙　　　　　　　　　　　T 35-135

解散　dissolution
現職議員　incumbent politician
選挙　election
総選挙　general election
国政選挙　national election
地方選挙　local election
統一地方選挙　unified local election
小選挙区制　single-seat constituency system
比例代表制　proportional representation system
公選　public election
選挙管理委員会　board of elections
立候補　candidacy
立候補者　candidate
選挙区　constituencies
一般投票　plebiscite、popular vote
有権者　electorate
国民投票　referendum
補欠選挙　special election
不在者投票　absentee ballot
（投票の）棄権　abstention
起立採決　standing vote
互選　mutual vote
互選する　elect by mutual vote
選挙運動　campaign
投票、投票用紙　ballot
不正選挙　rigged election

賄賂　bribe
ソデの下　grease payment
油で汚れた　grease
政治資金規正法　Political Funds Control Law
調査委員会　fact-finding committee
世論　public opinion
世論調査会社　polltaker
世論調査　public survey
世論の反応を見るための探り
　trial balloon
大衆迎合主義　populism
アナウンス効果
　announcement effect
バンドワゴン効果
　bandwagon effect
選挙権　suffrage
投票率　voting rate
浮動票　floating vote、uncommitted vote
同情票　sympathy vote
公開討論会　forum
地滑り的大勝利　landslide
過半数　majority
地元で人気のある候補者　favorite son
（大統領などの）指名　nomination
指名された人　nominee
開票速報
　up-to-the-minute returns
決戦投票　decisive voting、runoff
開票　vote counting
投票　vote
就任式　inauguration
就任演説　inaugural address

[speech]
基調演説 keynote address
中間選挙 off-year election
党大会 convention
再選 re-election

財務省と官僚政治　T 36-136

財務省 (日) Ministry of Finance、(米) Department of the Treasury、(英) HM Treasury
財務大臣 (日) Finance Minister、(英) Chancellor (of the Exchequer)
財務長官 (米) Treasury Secretary
予算編成 budgeting
優先課題 top priority
官僚政治 bureaucracy
官僚 bureaucrat
官僚主義 bureaucratization
脱官僚主義 debureaucratization
中央集権 centralization
脱中央集権化、地方分権 decentralization

国際政治　T 37-137

利害対立 conflict of interests
世界秩序の形成 the making of world order
国際政治 international politics
２国間関係 bilateral relations
多国間関係 multilateral relations
権力 power
紛争 conflict
交渉 negotiation
外交交渉 diplomatic negotiation
交渉力 bargaining power
紛争解決 conflict resolution
合意形成 consensus-making
公式訪問 state call
表敬訪問 courtesy visit
アメとムチ carrot and stick
札束外交 checkbook diplomacy、money diplomacy
善隣外交 good neighbor diplomacy
瀬戸際外交 brinkmanship
譲歩 concession
キューバ危機 the Cuban Missile Crisis
民主主義 democracy
共産主義 communism
民主化 democratization
民主化運動 democratization movement
統治 domination
主権 dominion
覇権 hegemony
帝国主義 imperialism
封建主義 feudalism
専制政治 despotism
独裁者 dictator
君主 monarch
独裁 dictatorship
体制 regime
独裁体制 authoritarian regime
国連 the United Nations
平和と安全保障 peace and security
開発 development
人権 human rights

人道問題　humanitarian affairs
国際法　international law
課題　thematic issues

T 38-138 国連の課題　*p.147*

大使館　　　　　　　　T 39-139

大使館　embassy
国交　diplomatic relations
領事館　consulate
大使　ambassador
大使館員　embassy staff、attaché
治外法権　extraterritorial rights
領土　territory
領土の　territorial
特命全権大使　Ambassador Extraordinary and Plenipotentiary
特使、使節　envoy
公使　minister
平和使節　peace envoy
派遣先国　dispatched country
外交活動　diplomatic activities
ビザの発給　issuance of visa
亡命者　exile
政治亡命者　émigré
強制送還　forced repatriation
国家間の親善回復、関係改善　rapprochement

政治的立場　　　　　　T 40-140

政治的立場　political stance
政党　political party
派閥　faction

労働党　the Labour Party
保守党　the Conservative Party
2大政党制　two-party system
民主党　the Democratic Party
共和党　the Republican Party
民主党員　Democrat
共和党員　Republican
与党　ruling party
野党　opposition party、out party
無党派の政治家　maverick
日和見主義者　fence-sitter
右へならえ主義　me-tooism
中道政党　middle-of-the-road party
中道主義者　middle-of-the-roader
右派　rightwing
右翼主義者　rightist
左派　leftwing
左翼主義者　leftist
連合　coalition
共産主義　communism
ハト派（の人）　dove
タカ派（の人）　hawk
強硬路線　hard line
強硬論者　hard liner
柔軟路線　soft line
柔軟論者　soft liner
綱領　platform
政党綱領　party platform
マニフェスト　manifesto
政治的見解　plank

Topic 6
経済・金融

主として「景気と株」「企業の活動」というふたつの側面から、経済・金融を語るときに必要になる語句をネットワーク化してみよう。

経済・金融 関連単語ネットワーク① 景気と株

財政政策 fiscal policy

flotation of national (government) bond
国債の発行

public investment 公共投資
social security 社会保障
structural reform 構造改革
nationalization 国営化
government grants 助成金
government subsidies
補助金
tax cut 減税
tax hike 増税

p.163

金融政策 monetary policy

money supply
マネーサプライ
easy money policy
金融緩和策
tight monetary policy / monetary tightening
金融引き締め政策
deregulation 規制緩和
intervention 為替相場への介入
official reserves 外貨準備
interest rate policy 金利政策
rate cut 利下げ
rate hike 利上げ
official discount rate
基準割引利率
key interest rate
基準貸付利率

p.166

景気対策

景気上昇 business upturn / upward trend

景気 business cycle

景気後退 business setback / recession

depression 不景気
crash
景気が過度に落ち込む状態
the Crash / the Great Depression
大恐慌
debacle
（株価などの暴落）
deflation デフレ
deflationary spiral
デフレスパイラル
inflation インフレ
inflationary spiral
インフレスパイラル
inflationary trend
インフレ傾向
structural recession 構造不況

p.166

Topic 6 ▶ 経済・金融

投資 investment

- fund 資金
- listed stock 上場株
- blue chip 優良銘柄
- profitability ratio 利益率
- unlisted stock 未公開株
- bellwether 指標銘柄
- buy order 買い注文
- sell order 売り注文
- derivatives デリバティブ／金融派生商品
- futures 先物取引／先物
- hedge ヘッジ
- hedge fund ヘッジファンド
- venture business ベンチャー企業
- venture capital ベンチャー資本
- investor 投資家
- institutional investor 機関投資家
- on-line trading オンライン取引
- insider trading インサイダー取引
- speculation 投機
- TOB (takeover bid) 株式公開買い付け

p.164

株 stock / share

- stockholder / shareholder 株主
- stock price 株価
- equity 企業資産の持ち分
- the owner's equity 自己資産
- stock option ストックオプション（新株予約券）
- dividend 配当金
- the Dow Jones Industrial Average ダウ平均株価
- stock market index 株式市場指数

p.162

証券取引所 the stock exchange

- bull market 強気市場
- bear market 弱気市場
- transaction 取引
- turnover 株式売買の出来高 / 取引高
- record high / record high stock price 最高値
- rock-bottom price 底値
- advancing issues 値上がり株
- declining issues 値下がり株
- issue 債権などの発行 / 発行された債券・証券

p.163

経済・金融 関連単語ネットワーク② 企業

課税

- taxation 課税
- income tax 所得税
- corporate tax 法人税
- estate tax 固定資産税
- sales tax 消費税
- withholding tax 源泉課税（米）
- pay-as-you-earn 源泉課税（英）
- the final (income tax) return 確定申告

p.173

企業の種類

- incorporation 法人
- Ltd (limited) / Inc. (incorporated) 株式会社
- corporation (co.) 企業／株式会社
- conglomerate コングロマリット
- leading company 一流企業
- small business 零細企業
- big company 大企業

p.167

企業 corporation / company

企業の業績

●決算関係
- annual report 年次報告書
- assets 資産
- audit 会計監査
- auditor 監査役
- accountant 会計士
- certified public accountant 公認会計士
- basic financial statements 基本財務諸表
- bottom line 純利益
- operating profit 営業利益
- ordinary income 経常利益
- break-even point 損益分岐点

- fixed assets 固定資産
- floating assets 流動資産
- operating cost 営業経費
- operating fund 運転資金
- deduction 控除

●業績悪化
- default 債務不履行
- deficit 赤字額
- insolvency 支払い不能
- liabilities 負債
- curtailment 操業短縮
- workforce reduction 人員整理
- bankruptcy 破産

p.170

企業で働く人について

●企業で働く人
- employment 雇用
- employer 雇用者
- employee 雇用される人
- worker / laborer 労働者
- manpower 労働力、人手
- human resources 人的資源

●労働条件
- working conditions 労働条件
- pay raise / wage hike 賃上げ
- AWL (absence with leave) / paid holiday 有給休暇
- collective bargaining 団体交渉

●失業・転職・求職
- dismissal disemploy 解雇
- pink slip 解雇通知書
- strike / walkout ストライキ
- unemployment rate / jobless rate 失業率
- unemployed person / jobless person 失業者
- job seeker / job hunter 求職者
- job opening 求人
- job-hopping 転職
- resumé 履歴書

●その他
- seniority system 年功序列
- merit system 実力主義
- lifetime employment 終身雇用

p.171

貨幣

- international currency 国際通貨
- monetarism 通貨供給管理
- foreign currency 外貨
- foreign exchange 外国為替
- exchange rate 為替レート
- strong yen 円高
- revaluation of the Japanese yen 円の切り上げ
- devaluation of the Japanese yen 円の切り下げ
- bilateral trade 二国間貿易
- multilateral trade 多国間貿易
- developed countries / advanced countries 先進国

p.174

国際貿易

- developing countries 発展途上国
- trade surplus 貿易黒字
- trade deficit 貿易赤字
- tariff 関税
- trade tariff 貿易関税
- protectionism 保護貿易主義
- liberalization 自由化
- free trade 自由貿易
- import quota 輸入割当
- Trans-Pacific Partnership (TPP) 環太平洋経済[連携]協定

p.174

時事英語には経済・金融関連の情報が大きな位置を占めています。英字新聞を読む際に、この分野は絶対にはずせないですね。日本語でなら聞いたことがあってもそれを英語でどう表現するのかわからないことがよくあります。

　たとえば「定年制」「急落銘柄」「不良債権」「固定資産」「粉飾決算」は英語でどう表現するのか、ちょっと考えてみてください。

　それぞれ英語でいえば、**age-limit system**、**airpocket stock**、**bad loan**、**fixed assets**、**window dressing** となります。表現をみればなるほどね、という感じで納得できると思います。「急落銘柄」を **airpocket stock** と表現するのはおもしろいですね。エアポケットでは飛行機が突然落下しますが、それを株価になぞらえた表現です。

　また「粉飾決算」を **window dressing** と表現するところにもユーモアが感じられます。**accounts rigging** という言い方もします。グーグル検索してみると **window dressing** の説明に **"The deceptive practice of using tricks to make a company's balance sheet and income statement appear better."** とありました。

　「不良債権」も英語でいえば **bad loan** で、簡単な言い方ですね。「不渡り手形」も **bad check** といいます。一度、おさえておけば、専門用語というのは覚えやすいものばかりです。

組織名

　少し整理しながら経済・金融関連の用語を紹介していきます。まずは組織名です。「世界貿易機関」だとか「アジア開発銀行」などです。これらは、**WTO**、**ADB** のように省略形で使われることが多いようです。日本語か略語のいずれかで、みなさんが耳にしたことがあるであろう組織名を右ページに表にまとめました。

Topic 6 ▶ 経済・金融

T 42-142

ADB（Asian Development Bank）アジア開発銀行

AMEX（American Stock Exchange）アメリカ証券取引所

AMF（Asian Monetary Fund）アジア通貨基金

APEC（Asia-Pacific Economic Cooperation）アジア太平洋経済協力（エイペック）

BOJ（Bank of Japan）日本銀行

ECB（European Central Bank）欧州中央銀行

FTC（Federal Trade Commission）アメリカ連邦取引委員会

GATT（General Agreement on Tariffs and Trade）関税および貿易に関する一般協定（ガット）

ILO（International Labour Organization）国際労働機関

IMF（International Monetary Fund）国際通貨基金

ISO（International Organization for Standardization）国際標準化機構

JETRO（Japan External Trade Organization）日本貿易振興機構

NASD（National Association of Securities Dealers）全米証券業協会

NASDAQ（National Association of Securities Dealers Automated Quotation System）ナスダック

NYSE（New York Stock Exchange）ニューヨーク証券取引所

OECD（Organisation for Economic Co-operation and Development）経済協力開発機構

OPEC（Organization of the Petroleum Exporting Countries）石油輸出国機構

WTO（World Trade Organization）世界貿易機関

　以上は略語ですが、元となる表現を確認すると、表現の仕方と意味がよくわかりますね。必要に応じてリストを長くしていってください。

景気と株

●景気と株価

さて、「景気上昇」**business upturn** や「景気後退」**business setback** に応じて「価格変動」**price fluctuation** が起こります。**upturn**、**setback**、**fluctuation** はわかりやすい表現ですね。そうした景気の動向を「景気動向指数」で示しますが、**diffusion index** という言い方をします。**diffusion** はむずかしい単語ですが、動詞は **diffuse** で「拡散する（させる）」という意味です。つまり、景気の拡大を示す指標のひとつが **diffusion index** というわけです。

価格変動に「株価」**stock price** も当然影響を受けます。「株」は **stock** ですが、**share** という言い方もしますね。両者には違いがあるようです。**stock** は「1社全体の株」、**share** は「売買の単位としての株」という意味合いです。**stock** には「在庫」「蓄え」などの意味もありますが、もともとは、「木の幹」あるいは「切り株」という意味です。「幹」から「もととなる」という意味が生まれ、そこから「在庫」「**stock**」などの意味が派生したのですね。**share** は「元の株」から分配していく何かというイメージです。「企業資産の持ち分、正味資産」は **equity**、**net accets** という言い方をします。そこで「自己資本」は **the owner's equity** と表現するわけですね。**equity** の基本義は「公正」ですが、負の部分を引いた公正な価値といった意味合いがあります。

ニューヨークの「ダウ平均株価」は **the Dow Jones Industrial Average** ですが、**the Dow Jones** とも **the Industrial Average**

あるいは **the Dow** という言い方もします。「株式市場のインデックス」**stock market index** ですね。「株価の上昇傾向」**upward market trend** の「強気市場」は **bull market** で、「株価の下落傾向」の **downward market trend** の「弱気市場」は **bear market** という言い方をします。語源は不明ですが、雄牛と熊の「戦い方」**fighting style** と関係があるという説があります。雄牛は角を突き上げるようにして攻撃し、熊は手で相手を押さえ込むようにして攻撃するという違いです。**bear** がどうして弱気市場なのかについての別の説は、**a bear in the morning** とあるように、熊は朝の動きが鈍いとのこと、それが景気に転用されたというものです。

●証券取引所

「証券取引所」**stock exchange** での「取引」は **transaction**、「株式売買の出来高」は **turnover** といいます。**turn over** には「回転する」という意味があり、**turnover** と名詞にした場合、「回転率」あるいは「取引高、出来高」の意味になります。「最高値」は **record high** で、「底値」は **rock-bottom price** です。**record high** は名詞としても使いますが、正式には **record high stock price** ということです。**Apple's stock price hit a record high.** だと「アップル社の株価、最高値をつける」といった感じですね。**tempting stocks at rock-bottom prices** だと「今が底値で買い時の株」といった意味です。「値上がり株」は **advancing issues**、「値下がり株」は **declining issues** ということがあります。この **issue** は「債権などの発行」から展開して「株の発行数」あるいは「発行された債券、証券」という意味になります。

●景気対策

景気が悪化すれば、景気対策が必要となります。政府の行う「景気対策」のことを **stimulus package** という言い方をすることが

あります。景気を刺激するという意味の **stimulus** ですね。政府からの「助成金」**government grants** や「補助金」**government subsidies** の投入が必要となりますが、「国債の発行」**national bond flotation / flotation of national (government) bonds** によってその費用をまかなうことがあります。「くず債権」は **junk bond** といいます。まさに、**junk** ですね。報道では、埋蔵金の利用や構造改革の必要性も語られます。「埋蔵金」は直訳すれば **buried money (treasure)** ですが、政府埋蔵金は裏金的な意味合いもあり **slush fund** が近いかもしれません。「構造改革」は **structural reform** そのままです。

投資

株関連の話を続けます。「上場株」は **listed stock** といい、その中でも **blue chip** といえば、値上がり確実な「優良銘柄」のことです。評判が高く、「利益率」**profitability ratio** が高い会社の株のことです。**blue chip** は **the Dow Jones Industrial Average** とともに語られることが多いですね。**blue chip** は **poker** の賭けで使われる **poker chips** からきており、**white chips**、**red chips**、**blue chips** がある中で一番価値が高いのが **blue chips** です。では、**listed stock** に対して **unlisted stock** といえばどういう意味になるでしょうか。そうです。「未公開株」ということですね。

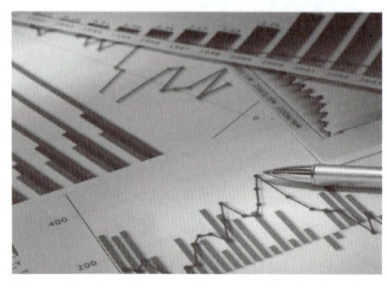

おもしろい表現として、「（ある産業内での）主要株」のこと

を **bellwether**「指標銘柄」といいます。もともと「羊の群れの先頭に立つ鈴をつけた羊」のことで、「銘柄」をおもしろく表現したものです。もうひとつおもしろい表現といえば **margin trading** というのがあります。日本語では「（一般）信用取引／証拠金取引」に当たります。しかし、英語では、投資家が証券会社に現金で頭金を払い、支払い額の２倍の価値の株を購入できる仕組みのようですが、「現金で払う頭金」**cash down payment** のことを **margin** と呼ぶとのことです。「信用」か「現金による頭金」かでは表現の仕方がずいぶん違いますね。なお、「証拠金取引」という言い方は英語に近い感覚です。

「買い注文」は **buy order** で「売り注文」は **sell order** です。「デリバティブ」はそのまま英語でも **derivatives** です。これも「なるほど」と思う表現ですが、「先物取引」や「先物」は **futures** といいます。**in the future** の **future** の複数形です。「将来の可能性を見越して取引する商品」ということです。

「ヘッジ」や「ヘッジファンド」などもよく使われますが、これは英語の **hedge** と **hedge fund** からきた言葉です。「ベンチャー企業」「ベンチャー資本」もそれぞれ **venture business**、**venture capital** で、英語そのままです。

「投資家」は **investor** で、「投資」は **investment** です。「機関投資家」は **institutional investor** と呼ばれます。「オンライン取引」もはやっていますが、英語では **on-line trading** です。「インサイダー取引」は **insider trading** とそのままです。「投機」は **speculation** という言葉を使います。**TOB**（**takeover bid**）という用語も英字新聞に出てきますが、「株式公開買い付け」の意味ですね。「資金」は **fund** ですが、「つなぎ資金」は **stopgap fund** という言い方をします。

「株主」は **stockholder** あるいは **shareholder** といいます。「ストックオプション」もそのまま英語で **stock option**「新株予

約券」といいます。この **option** は「特定株や債権を一定期間内に一定の価格で購入できる権利」という意味です。「配当金」は **dividend** といいます。

会社は信用格付けによって評価されそれによって株価も変動しますが、この「評価」は **rating** で、「(信用)格付け機関」は **credit rating agency** といいます。**Moody's [Moody's Corporation]** は米国の有名な **credit rating agency** です。

インフレとデフレ

景気と株価は連動しますが、景気が過度に落ち込む状態を **crash** ということがあります。**the Crash** といえば1929年に米国屈指の金融の街 **Wall Street** を発信源とした **the Great Depression**「大恐慌」のことをいいます。**the Great Depression** の **depression** は「不景気」の意味です。「景気」**business cycle** ではインフレ基調かデフレ基調かで上下の変動は常です。「忍び寄るインフレ」という言い方がありますが、英語でも **creeping inflation** といいます。「株価などの暴落」は **debacle** ともいいます。「デフレ」は **deflation** で、「デフレスパイラル」は **deflationary spiral** です。「悪性インフレ」こと「インフレスパイラル」は **inflationary spiral** といいます。「超インフレ」は **hyperinflation** といい、「構造不況」「インフレ傾向」はそれぞれ **structural recession**、**inflationary trend** です。「成長」**growth** でも「ゼロ成長」は **zero growth** です。

これに対する対策として「金融緩和策」「金融引き締め政策」「輸出制限」「数値目標」「国営化」などがありますが、それぞれ、**easy money policy**、**tight money policy**、**embargo**、**numerical target**、**nationalization** といいます。「規制緩和」は **deregulation** です「為替相場への介入」「外貨準備」は それぞれ **intervention**、**official reserves** です。

日銀が民間銀行に貸し出しを行う際の基準金利である「公定歩合」は「金利政策」**interest rate policy** としての意味合いがある用語ですが、金融の自由化により、公定歩合の上げ下げが預金金利に及ぼす影響が弱くなったことから、2006年に日銀は「公定歩合」という用語を「基準割引率及び基準貸付利率」に変更しました。「基準割引率」に相当するのが **basic discount rate**、「基準貸付利率」に相当するのが **basic loan rate** です。

企業の種類

「法人」は **incorporation**、「関連会社」のことは **affiliate** といいます。「企業」（**corporation, company**）では「吸収合併」（**merger and acquisition: M&A**）が起こります。「大型合併」は **mega-merger** といいます。**amalgamation** も「合併」という意味で使われます。なお、**conglomerate** といえば「コングロマリット、巨大な複合企業」のことです。

「株式会社」に相当する表記として **Ltd.** と **Inc.** のふたつがあります。それぞれ、**limited** と **incorporated** ということです。ここでいう **limited** は「（債務に関しての）構成員の責任」**liability** が「制限付き」ということです。株式会社の形をとっていなければ、債権者に対してどこまでも責任を負う「無限責任」**unlimited liability** が発生しますが、**Ltd.** の場合は「有限責任」

limited liability ですむということです。一方、**Inc.** は、会社を「法人化する」**incorporate** ことで「法人企業」**corporation** になっているということを表します。つまり、株式に上場している会社法人は **corporation** と呼ばれ、株式会社としての身分を **incorporated (Inc.)** で表しています。そこで、**corporation** といえば、通常「株式会社」ということです。

有名会社の中にも **Nathan's Famous, Inc.** のように **Inc.** をつける会社もありますが、傾向としては **Company** を好む会社が多くあります。**Ford Motor** の正式名は **Ford Motor Company** で、**General Electric** も **General Electric Company** です。ただ、**General Electric** あるいは **GE** で **Company** をつけない表記のほうが一般的に知られています。**ConocoPhillips** も **ConocoPhillips Company** が正式名です。

ちなみに、日本の企業では「東芝電気」の英語表記は **Toshiba Corporation**、「ソニー」も **Sony Corporation**、「トヨタ自動車」も **Toyota Motor Corporation** と **Corporation** を正式名に使う場合が多いようですね。**Benesse Corporation**「ベネッセ」もそうです。「三井物産」の場合は、**Mitsui & Company, Ltd.** と表記するようです。もちろん、米国でも **Corporation** をつける有名企業も多数あります。**Chevron Corporation** はその例ですね。

「一流企業」は **leading company** で、「零細企業」は **small business** あるいは **minute company** といい、「大企業」は **big company** というのが普通ですね。「幽霊会社」は **dummy company** といいます。「共同出資会社」は **jointly owned company** といいます。**holding company** は「持ち株会社」ということですね。**JV** という言葉を見かけることがありますが、それは **joint venture** の略で、複数の企業が共同で事業を行う「共同事業体」のことです。

corporate をめぐって

「企業」は **corporation** ですが、形容詞の **corporate** を使ったさまざまな表現があります。

まず、**corporate identity**（**CI**）ですが、日本語では「社風」に当たる英語です。**corporate slogan** や **logo** などに反映され、「企業文化」**corporate culture** が生まれます。

corporate governance もよく耳にする言葉です。これは「企業統治、コーポレートガバナンス」、つまり企業行動の健全さを監視する行為及びその仕組みのことをいいます。ちなみに、**corporate governance** は「説明責任」**accountability** などといっしょによく使われています。**governance** は現代社会の鍵概念で **public governance** といえば「政府部門が統治機能を持つ状況」を指しますが、**social governance** になると「市民による統治」で、**corporate governance** は（解釈は一様ではありませんが）一般に「株主による統治」のことをいいます。

話を戻しますが、企業は「法人」**coporate body** であり、「人権」**human rights** のように権利を有します。それを **corporate rights**「法人権」といいます。**corporate reorganization** は「企業再編成」ですが、事実上、「会社更生」を意味します。**corporate racketeer** といえば「総会屋」で、**corporate raider** といえば「会社の乗っ取り屋」の意味になります。次ページのような整理の仕方をしておくとよいですね。

corporate + [identity, slogan, culture, governance, body, rights, reorganization, racketeer, raider]

企業の業績

　企業が株主に送付する「年次報告書」は **annual report** といい、**assets**「資産」の健全な状態が求められます。「会計監査」は **audit** といい、「監査役」は **auditor** です。通常の会計士は **accountant** です。「公認会計士」のことを **certified public accountant** といいます。「基本財務諸表」は **basic financial statements** といいます。**bottom line** という言葉が会計で使われると、決算表の最終行を指すことから、そこに記される「(計上された) 純利益 (損失)」のことです。**break-even point** という表現もありますが、「損益分岐点」ということです。「連結決算書」に当たる英語は **consolidated statements** です。

　「法人税」は **corporate tax**、「事業税」は **enterprise tax** です。「福利厚生給付」は **fringe benefits** といいます。「固定資産」は **fixed assets** で「流動資産」は **floating assets** です。**intangibles** で「無形資産」となり、**tangibles** で「有形資産」ということ。なお「労働力」は **manpower** で、「人的資源」は **human resources** です。

　「営業費」「運転資金」「営業利益」はそれぞれ **operating cost**、**operating fund**、**operating profit** といいます。「経常利益」は **ordinary income** といいます。「控除」は **deduction** です。**overhead** は日本語でも使いますが「間接費」のことです。

　「債務不履行」は **default**、「財政的損失」は **deficit**、「架空口座」は **fictitious bank account** といいます。「支払い不能」は **insolvency** で、「負債、債務」は **liabilities** と呼ばれ、「操業短

縮」curtailment や「人員整理」workforce reduction などの処置をしても、「破産」すれば bankruptcy になります。企業倒産を避けるための「救済貸付」は bailout loan といいます。「主要取引銀行」は main bank です。「貸し渋り」は、文字通りには a banker's reluctance to lend money でしょうが、credit crunch という言い方があります。金融市場で資金供給が細る「信用収縮」ということですね。「計画倒産」は calculated bankruptcy といいます。米国では「破産の申し立て」は Chapter 11 という表現を使います。これは「連邦改正破産法第11章」というのが正式な意味です。

労働条件

「雇用」employment は「雇用者」employer と「被雇用者」employee の関係で決まります。被雇用者は労働に対しての対価を支払われます (get paid)。「労働者」は worker あるいは laborer といいますが、worker がふつうで「建設作業員」は construction worker といいます。「労働条件」は working conditions で、「賃上げ」は pay raise あるいは wage hike といいます。AWL (absence with leave) といえば「有給休暇」のことです。「団体交渉」は collective bargaining といいます。「解雇」は disemployment、dismissal で、日常的には I got fired.「解雇された」という言い方をします。米国では pink slip は「解雇通知書」のことです。仕事を失えば、jobless「仕事のない」の状態になり、「人材銀行」job bank が頼りになります。「ストライキ」は strike とも walkout ともいいます。最近では、個人の労働時間を短縮してでもより多くの人で仕事を分け合うという「ワークシェアリング」work sharing もよく耳にする言葉です。

「失業率」は **the unemployment rate** あるいは **the jobless rate** といいます。「失業者」は **unemployed person / jobless person** で、「求職者」は **job seeker** あるいは **job hunter** です。「求人」は **job opening** で「求人倍率」は **the ratio of job openings to job seekers** となります。新聞記事などでは、次のような表現が見られます。

U.S. Job Seekers Exceed Openings by Record Ratio

[*New York Times*, 9/28/2009]

「転職」を英語で表現する場合、**career change**、**job change**、**switching jobs** などがありますが、少し否定的な意味合いのある表現ということになると、一番ぴったりあっているのは **job-hopping** です。日本でもそうですが、「履歴書」**résumé** に **job-hopping** が目立つことはマイナスだとアメリカでも考えられています。

ひと昔前の「年功序列」は **seniority system** で、最近の「実力主義」は **merit system** です。「終身雇用」は **lifetime employment** といいます。そして「定年」は **retirement age** ですね。

「手当て」は **allowance** で「交通費」は **transportation allowance** です。「年収」は **annual income**、「普通預金通帳」のことを **passbook**、「定期預金」のことを **term account**、あるいは **time deposit** といいます。「給与支払い小切手」は **paycheck** です。「給与支払い表」は **payroll**、「日当」だと **per diem** といいます。「個人所得」は **personal income** で OK です。

moonlighting という表現がありますが、どういう意味だと思いますか。これは「副業」ということです。「月夜に仕事をする」(正業の後の仕事) という感じがよくでた表現です。

「年金」は **pension** で、「年金制度」は **pension plan / system** です。「年金の一元化」という場合は、複数の年金制度の一元化なので **consolidation of pension systems** と表現することができるでしょう。なお、「保険料」のことを **premium** という言い方をします。

課税

「課税」**taxation** は「政府の歳入」**government revenue** の中心となる制度です。「所得税」**income tax**、「法人税」**corporate tax**、「相続税」**inheritance tax**、「贈与税」**gift tax**、「固定資産税」**estate tax** など「直接税」**direct tax** と、「消費税」**sales tax** や「タバコ税」**tobacco tax** のような「間接税」**indirect tax** があります。それ以外にも現住所のある市町村に納める「住民税」**inhabitant's (residence) tax** もあります。福祉を目的とした「福祉税」だと **welfare tax** になりますね。税は「経済インフラ」**economic infrastructure**、「公共事業」**public works**、「福祉」**welfare**、「公共サービス」**public services**、「教育制度」**educational systems**、「健康医療制度」**health care systems**、「失業保険」**unemployment benefits** などに使用されます。

所得税の場合には「源泉課税」**withholding tax** で、**pay-as-you-earn**「源泉徴収」のやり方で徴収されます。ほかに「申告所得」**taxable income** があれば、確定申告を行います。「確定申告」に相当する英語表現は、**final income tax return** あるいは **final return** です。「必要経費」は **legitimate business expenses** がぴたりです。

ちなみに「納税者」は **taxpayer** で、税のかけ方には所得税や住民税のように所得が多い人に税負担が高くなる「累進課税」

progressive tax、所得が少ない人ほど税の負担が高くなる「逆進税」**regressive tax**、そして同じ税率で課税を行う「比例税」**proportional tax** があります。**consumption tax**「消費税」は形式的には比例税ですが、それが同時に逆進税であるかどうかは議論があるようです。

貨幣

　世界の経済は、大方において貨幣を通して商品の交換を行う制度に依存しています。「国際通貨」は **international currency**、「通貨供給管理」は **monetarism** です。

　「外貨」**foreign currency** との交換比率のことを「為替レート」**exchange rate** といい、近年、円高が問題視されています。「円高」は **strong yen** といい、**The Japanese yen is strong against the U.S. dollar.** で「米国ドルに対して円が高い」という意味です。貨幣の切り下げ、切り上げという用語も使われます。「円の切り上げ」は **revaluation of the Japanese yen**、「円の切り下げ」は **devaluation of the Japanese yen** といいます。通貨の単位としての「デノミネーション」は **denomination** からきたものです。「変動為替相場」は **floating exchange rate**、「変動為替制度」は **floating rate system** といいます。

国と国の関係

「先進国」は **developed countries** あるいは **advanced countries**、「発展途上国」は **developing countries**、「持てる国」は **have nation**、「持たざる国」は **have-not nation**、「最恵国」は **most favored nation(s) (MFN)** といいます。工業国は **industrialized countries**、農業国は **agricultural countries**、「産油国」は **oil producing nations**、「石油消費国」は **oil consuming nations**、「脱産業化社会」は **post-industrial society** といいます。

「貿易」**trade** で「2国間貿易」は **bilateral trade** といい、「多国間貿易」は **multilateral trade** です。「2国間での相互自由主義」は **bilateralism**、「多国間での相互自由主義」は **multilateralism** といいます。これは、「関税」**tariff** の「自由化」**liberalization** を伴い、「保護貿易主義」**protectionism** と対立する考え方です。「輸入割り当て」は **import quota** といい、「貿易黒字」と「貿易赤字」はそれぞれ **trade surplus** と **trade deficit** といいます。

話題になっている **TPP** は「環太平洋経済［連携］協定」と訳されますが、それは **Trans-Pacific Partnership** の略です。正確には、**Trans-Pacific Strategic Economic Partnership Agreement** と呼ばれ「環太平洋戦略的経済連携協定」がその訳語です。「貿易関税」**trade tariffs** を撤廃し、その際に例外品目を認めないという「自由貿易」**free trade** を目指すものですね。

ここで紹介したのは経済・金融用語の一部にすぎませんが、この章の冒頭に提示した英単語ネットワークを必要に応じて充実させ、独自のネットワークを作り上げてください。

経済・金融 関連語彙リスト

＊本リストは、リストの項目の流れを優先させたため、一部、本文とリストの項目の順番が異なります。

経済・金融用語の導入　T 41-141

定年制　age-limit system
急落銘柄　airpocket stock
不良債権　bad loan
不渡り手形　bad check
固定資産　fixed assets
粉飾決算　window dressing、accounts rigging

T 42-142　組織名　p.161

景気と株　T 43-143

景気上昇　business upturn
景気後退　business setback
価格変動　price fluctuation
景気動向指数　diffusion index
拡散する（させる）　diffuse
株価　stock price
（1社全体の）株　stock
（売買の単位としての）株　share
企業資産の持ち分　equity
正味資産　net accets
自己資本　the owner's equity
ダウ平均株価　the Dow Jones Industrial Average、the Dow Jones、the Industrial Average、the Dow
株式市場のインデックス
　stock market index
株価の上昇傾向
　upward market trend
強気市場　bull market
株価の下落傾向
　downward market trend
弱気市場　bear market

●証券取引所

証券取引所　stock exchange
取引　transaction
株式売買の出来高
　turnover（回転率、取引高、出来高）
最高値　record high (stock price)
底値　rock-bottom price
今が底値で買い時の株　tempting stocks at rock-bottom prices
値上がり株　advancing issues
値下がり株　declining issues（issueは「債権などの発行」から展開して「株の発行数」あるいは「発行された債券、証券」）

景気対策　T 44-144

景気対策　stimulus package
助成金　government grants
補助金　government subsidies
国債の発行
　national bond flotation、flotation of national (government) bonds
くず債権　junk bond
政府埋蔵金　slush fund
構造改革　structural reform

Topic 6 ▶ 経済・金融

投資 T 45-145

上場株　listed stock
優良銘柄　blue chip
利益率　profitability ratio
未公開株　unlisted stock
指標銘柄（ある産業内での主要株）
　bellwether
（一般）信用取引／証拠金取引
　margin trading
頭金　(cash) down payment
買い注文　buy order
売り注文　sell order
デリバティブ　derivatives
先物取引、先物　futures
ヘッジファンド　hedge fund
ベンチャー企業　venture business
ベンチャー資本　venture capital
投資家　investor
投資　investment
機関投資家　institutional investor
オンライン取引　on-line trading
インサイダー取引　insider trading
投機　speculation
株式公開買い付け (TOB)
　TOB (takeover bid)
資金　fund
つなぎ資金　stopgap fund
株主　stockholder、shareholder
ストックオプション（新株予約券）
　stock option
配当金　dividend
評価　rating
（信用）格付け機関
　credit rating agency

インフレとデフレ T 46-146

景気が過度に落ち込む状態　crash
大恐慌　the Crash、
　the Great Depression
不景気　depression
景気　business cycle
インフレ　inflation
忍び寄るインフレ　creeping inflation
株価などの暴落　debacle
デフレ　deflation
デフレスパイラル　deflationary spiral
悪性インフレ、インフレスパイラル
　inflationary spiral
超インフレ　hyperinflation
構造不況　structural recession
インフレ傾向　inflationary trend
ゼロ成長　zero growth

●対策
金融緩和策　easy money policy
金融引き締め政策
　tight money policy
輸出制限　embargo
数値目標　numerical target
国営化　nationalization
規制緩和　deregulation
為替相場への介入　intervention
外貨準備　official reserves
金利政策　interest rate policy
基準割引率　basic discount rate
基準貸付利率　basic loan rate

企業の種類 T 47-147

法人　incorporation
関連会社　affiliate
企業　corporation、company
吸収合併　merger and acquisition:
　M&A
大型合併　mega-merger

合併	merger、amalgamation
コングロマリット	conglomerate
株式会社表記	Ltd (limited)、Inc. (incorporated)
無限責任	unlimited liability
有限責任	limited liability
法人化する	incorporate
法人企業	corporation
一流企業	leading company
零細企業	small business、minute company
大企業	big company
幽霊会社	dummy company
共同出資会社	jointly owned company
持ち株会社	holding company
共同事業体	joint venture

corporate をめぐって　T 48-148

CI、社風	corporate identity (CI)
スローガン	slogan
ロゴ	logo
企業文化	corporate culture
企業統治、コーポレートガバナンス	corporate governance
説明責任	accountability
政府による統治機能を持つ状況	public governance
市民による統治	social governance
法人権	corporate right
企業再編成、会社更生	corporate reorganization
総会屋	corporate racketeer
会社の乗っ取り屋	corporate raider

企業業績　T 49-149

年次報告書	annual report
資産	assets
会計監査	audit
監査役	auditor
会計士	accountant
公認会計士	certified public accountant
基本財務諸表	basic financial statements
純利益	bottom line
損益分岐点	break-even point
連結決算書	consolidated statements
法人税	corporate tax
事業税	enterprise tax
福利厚生給付	fringe benefits
固定資産	fixed assets
流動資産	floating assets
無形資産	intangibles
有形資産	tangibles
労働力	manpower
人的資源	human resources
営業費	operating cost
運転資金	operating fund
営業利益	operating profit
経常利益	ordinary income
控除	deduction
間接費	overhead
債務不履行	default
財政的損失	deficit
架空口座	fictitious bank account
支払い不能	insolvency
負債	liabilities
操業短縮	curtailment
人員整理	workforce reduction
破産	bankruptcy
救済貸付	bailout loan

主要取引銀行　main bank
信用収縮　credit crunch
計画倒産　calculated bankruptcy
破産の申し立て（米国）　Chapter 11（連邦改正破産法第11章）

労働条件　T 50-150

雇用　employment
雇用者　employer
被雇用者　employee
労働者　worker、laborer
労働条件　working conditions
賃上げ　pay raise、wage hike
有給休暇　AWL (absence with leave)
団体交渉　collective bargaining
解雇　disemployment、dismissal
解雇通知書（米）　pink slip
仕事のない　jobless
人材銀行　job bank
ストライキ　strike、walkout
ワークシェアリング　work sharing
失業率　the unemployment rate、the jobless rate
失業者　unemployed person、jobless person
求職者　job seeker、job hunter
求人　job opening
求人倍率　the ratio of job openings to job seekers
転職　career change、job change、switching jobs、job-hopping
履歴書　résumé
年功序列　seniority system
実力主義　merit system
終身雇用　lifetime employment

定年　retirement age
手当て　allowance
交通費　transportation allowance
年収　annual income
普通預金通帳　passbook
定期預金　term account、time deposit
給与支払い小切手　paycheck
給与支払い表　payroll
日当　per diem
個人所得　personal income
副業　moonlighting
年金　pension
年金制度　pension plan / system
年金の一元化　consolidation of pension systems
保険料　premium

課税　T 51-151

課税　taxation
政府の歳入　government revenue
所得税　income tax
法人税　corporate tax
相続税　inheritance tax
贈与税　gift tax
固定資産税　estate tax
直接税　direct tax
消費税　sales tax、consumption tax
タバコ税　tobacco tax
間接税　indirect tax
住民税　inhabitant's (residence) tax
福祉税　welfare tax
経済インフラ　economic infrastructure

公共事業　public works
福祉　welfare
公共サービス　public services
教育制度　educational systems
健康医療制度　health care systems
失業保険　unemployment benefits
源泉課税　withholding tax
源泉徴収　pay-as-you-earn
申告所得　taxable income
確定申告　final income tax return、final return
必要経費　legitimate business expenses
納税者　taxpayer
累進課税　progressive tax
逆進税　regressive tax
比例税　proportional tax

貨幣　T 52-152

国際通貨　international currency
通貨供給管理　monetarism
外貨　foreign currency
為替レート　exchange rate
円高　strong yen
円の切り上げ　revaluation of the Japanese yen
円の切り下げ　devaluation of the Japanese yen
デノミネーション　denomination
変動為替相場　floating exchange rate
変動為替制度　floating rate system

国と国の関係　T 53-153

先進国　developed countries、advanced countries
発展途上国　developing countries
持てる国　have nation
持たざる国　have-not nation
最恵国　most favored nation(s) (MFN)
工業国　industrialized countries
農業国　agricultural countries
産油国　oil producing nations
石油消費国　oil consuming nations
脱産業化社会　post-industrial society
貿易　trade
2国間貿易　bilateral trade
多国間貿易　multilateral trade
2国間での相互自由主義　bilateralism
多国間での相互自由主義　multilateralism
関税　tariff
自由化　liberalization
保護貿易主義　protectionism
輸入割り当て　import quota
貿易黒字　trade surplus
貿易赤字　trade deficit
TPP 環太平洋経済［連携］協定 (TPP) Trans-Pacific Partnership（正確には Trans-Pacific Strategic Economic Partnership Agreement（環太平洋戦略的経済連携協定）
貿易関税　trade tariffs
自由貿易　free trade

Topic 7
大学教育

応募の手続き、大学の学部の種類、入学後の履修の手続き、成績、卒業論文にかかわる表現を、大学の選択から卒業にいたるまでの時系列に沿って整理し、ネットワーク化してみよう。

大学教育 関連単語ネットワーク

大学に応募する

【選択】
- undergraduate school 学部
- graduate school 大学院
- professional school プロフェッショナルスクール
- medical school 医学部
- law school 法科大学院
- business school ビジネススクール／経営学大学院

p.184

【応募の手続き】
- apply for admission to... 〜に応募する
- personal statement 志望書
- school record 学校での成績
- admissions test 入学試験
- Admissions Office 入学担当事務局

p.185

【学力審査】
学部 Undergraduate School
- Scholastic Assessment Test (SAT)
- American College Test (ACT)

大学院 Graduate School
- Graduate Record Examinations (GRE)
- Graduate Management Admission Test (GMAT)
など

p.185

入学する

【学部と研究分野】
- liberal arts リベラルアーツ
- department プログラムより規模の大きい学部、学科
- faculty 学部、学科、教授陣
- graduate program 大学院プログラム
- core courses 共通科目
- electives 選択科目
- courses of related interest 関連科目
- seminar ゼミ
- American Studies アメリカ研究
- Women Studies 女性研究
- discipline 研究領域
- interdisciplinary 領域横断的な

p.189

【事務手続き】
- Academic Affairs 教務、学事
- Academic Affairs Office 教務部
- Student Affairs Office / Registrar's Office 教務課
- Office of Student Life 学生課
- Housing Office 住宅を斡旋してくれる課
- residence hall / dormitory 寮

p.195

Topic 7 ▶ 大学教育

大学での授業

【科目履修】

- credit / unit / point 単位
- registration 履修登録
- sign in for (a course) 登録をする
- school year 学年度
- semester 2学期制
- orientation オリエンテーション
- syllabus シラバス
- prerequisite 履修条件
- registered courses 履修科目

p.196

【成績】

- class attendance 出席
- Mickey Mouse 楽勝科目
- final exam 最終試験
- final paper 学期末レポート
- paper レポート
- evaluation 評価
- blue book 記述試験の解答用紙
- excellent 優
- good 良
- fair 可
- P / F 合格、不合格
- F (failure) 不合格
- incomplete 未終了
- W (withdrawn) 履修の取り下げ
- GPA (grade point average) 成績評価の平均値

p.200

卒業

- senior essay / senior thesis 学部レベルでの卒業論文
- master's thesis 修士論文
- (doctoral) dissertation 博士論文
- ABD (all but dissertation) 論文以外はすべてクリアした人

p.204

★教授陣

- the faculty 大学の教授陣
- professor 正規教授
- associate professor 准教授
- assistant professor 助教授
- instructor 講師
- adjunct professor 非常勤教授
- tenure 終身在職権
- publish or perish 論文を出版するか滅ぶか
- sabbatical / study leave 長期研究休暇

p.202

★不正行為

- academic dishonesty 不正行為
- cheating カンニング
- plagiarism 剽窃、盗用
- citation / quotation 引用
- falsification 改ざん、歪曲

p.203

ここで取り上げたいのは「教育に関係した表現」、**Terms in Education** です。まず、「読み書きそろばん」のことを英語では **3R's** といいます。3つのRですが、**Reading**、**wRiting**、**aRithmetic** のRです。**arithmetic** は「算数」ということです。

　アメリカなどでは成績は **A、B、C、D、F** で評価され、**all A's** の優等生は **A student** といいます。「成績が最優秀で卒業する学生」は **honor student** といいます。**dean's list** という言い方もありますが、これは「優秀者名簿」のことです。**dean** とは「学部長」の意味です。ぼくも体育会系の学生からよく提出されることがある「欠席届け」は **absence report** といいます。

　「母校」は、**alma mater** といいます。これはラテン語由来の表現で、**nourishing mother**「栄養を与える母」の意味です。「大学の卒業生」は **alumni**（単数形は **alumnus**）です。

　ここで紹介する用語は、主に大学におけるものです。ぼく自身、米国の大学は、学部では **American Studies**、大学院では修士課程も博士課程も **applied linguistics** を専攻しました。そこでここでは、ぼくが体験的に学んだ米国の大学についての用語解説ということになります。

大学の選択

●大学と大学院

　米国では、「学部課程の大学」のことを **undergraduate school** といい、「修士課程・博士課程の大学院」のことを **graduate school** といいます。いずれも **school** にはちがいありません。もちろん、**college** だとか **university** という大学名も使います。**graduate school** の中にも **professional school**「プロフェッショナルスクール」があります。**medical school**「医学部」

や **law school**「法科大学院」や **business school**「ビジネススクール／経営学大学院」は代表的な **professional school** です。

●応募する

さて大学への入学には **apply for admission to Columbia University**「コロンビア大学への入学に応募する」のように応募する必要があります。そのためには「学校での成績」**school records**、「〜への志望動機」**reason for applying for...** などを記した「志望書」**personal statement** を書く必要があります。

入学できるようになることを、**My application has been accepted.**「私の提出した入学願書が受け入れられた」あるいは **I've been admitted to Harvard.**「ハーバードに行くことが認められた」といいます。日本の「入試」は **entrance exam** とか **admissions test** といいますが、それを受けて、「受かるか落ちる」 **pass or fail** というのが日本の大学での慣行ですが、米国では、「入学担当事務局」**Admissions Office** に書類を提出してそれが **accept** されるか **reject** されるという発想です。

●学力審査

学力審査のための「共通テスト」としては **SAT**（**Scholastic Assessment Test**）や **ACT**（**American College Test**）が

あります。**SAT** は **The College Board** が実施するテストで、**reasoning test (SAT I)**「推論テスト」と **subject tests (SAT II)**「教科テスト」のふたつからなります。**SAT I** は、従来の **SAT** の内容で、英語と数学の2科目から構成されます。**SAT II** は **Achievement Tests** と呼ばれたもので、20種類ほどの科目テストです。

●大学院のテスト

米国の「大学院」graduate school を受験する場合には **GRE（Graduate Record Examination）**＊を受けるのが一般的ですが、心理学の分野だと **MAT（Miller Analogies Test）**、経営学の分野だと **GMAT（Graduate Management Admission Test）** を受けることになります。

大学のランキング

●認可された大学

米国には大学が多く、ちゃんと認可された大学かどうかを確認するのは留学する際に大切なことです。「認可」のことを **accreditation** といい、「認可された大学」は **accredited college [university]** といいます。

●大学のランク

大学はランクされ、「一流大学」は **top-notch university** だとか **blue chip university** といわれます。「三流大学」は、時に、**cow college** という侮蔑的な呼ばれ方をします。「州立大学」**state university** と「私立大学」**private university** がありますが、いわゆる国立大学はありません。これは教育制度が州政府の管轄内にあるということの反映です。

＊2011年8月1日から GRE Revised General Test に変わった。

Topic 7 ▶ 大学教育

● Ivy League の実力

東部にある有名8大学を **Ivy League** と呼ぶことがあります。**Harvard**、**Yale**、**Princeton**、**Columbia**、**Pennsylvania**、**Cornell**、**Dartmouth**、**Brown** の8校です。**Dartmouth** だけが **Dartmouth College** で、小規模の大学ですが、**Tuck School of Business** という全米でも指折りの大学院を抱えています。

© iStockphoto.com/DenisTangneyJr

以下のように、研究、教育、国際性など、総合的な観点から評価をする **National University Rankings**（**U.S. News, 2011**）でも、**Ivy League** の5校が Top Ten に入っています。

1　Harvard University
2　Princeton University
3　Yale University
4　Columbia University
5　California Institute of Technology
6　Massachusetts Institute of Technology
7　Stanford University
8　University of Chicago
9　University of Pennsylvania
10　Duke University

ちなみに **Dartmouth** は11位、**Brown** は15位、**Cornell** も15位と高い評価を得ています。第1位の評価を得ている

Harvard の学生数は 6,600 名ぐらいで、ほかのトップテンの大学も 4,000 人から 9,000 人といったところです。授業料は、Harvard で 40,000 ドル、ノースカロライナ州にある Duke University で 42,000 ドルといった感じです。

● Liberal Arts College は別評価

上記のリストは総合大学としての評価で、学部や分野による評価となるとさらに変動します。たとえば、liberal arts colleges の米国ランキングになると、米国事情に詳しい方でないと聞いたことのないような大学がランキングされています。Top Five (2011) は以下の通りです。

1　Williams College (Williamstown, MA)
2　Amherst College (Amherst, MA)
3　Swarthmore College (Swarthmore, PA)
4　Pomona College (Claremont, CA)
5　Middlebury College (Middlebury, VT)

授業料はいずれもだいたい 40,000 ドルぐらいと高く、学生数も 2,000 人以下がほとんどです。

なお、この liberal arts ですが、日本の辞書では「一般教養科目」と訳しているものがほとんどです。これは誤訳の再生産で、昔、だれかが誤訳したものが、今でも辞書に載せられている例です。本来は「リベラルアーツ」とカタカナで表記するしかありません。Williams College や Amherst College のような liberal arts college や、大学院でも liberal arts 専門の学校があり、「一般教養」では捉えることができません。liberal arts は、大学における、知識人としての学芸・教養を高めることを目的とした科目群およびそうした目的を追究する教育（理念）を指す言葉だと

いえるでしょう。

学部と研究分野

　入学に際しては学部を決める必要があります。日本では、経済学部、医学部、社会学部、農学部、工学部、理工学部、文学部、教育学部、経営学部、薬学部、海洋学部などが従来からあるもので、最近は、環境情報学部や総合政策学部など多様化していますね。

　「学部」に相当する英語は **department** ですが、この **department** という用語は、総合病院の「科」を表すように、日本の大学でいう「学科」に相当する場合にも使われます。

　関連した表現としては **faculty** もあります。「経済学部」のことを **the Department of Economics** とも **the Faculty of Economics** ともいいます。ぼくが現在所属する「環境情報学部」は **the Faculty of Environment and Information studies** が英語名です。ただ、大学の仕組みは、各大学によって異なるため、一般化することはできません。

　「総合大学」は **university** で「単科大学」は **college** という分

け方がよく見られますが、**university** が複数の **college** や **school** から構成されているということがあります。また、大学院にも **college** はあります。たとえば、**Columbia University** は、学部レベルでは、**Columbia College**、**The Fu Foundation School of Engineering and Applied Science**「工学部」、**School of General Studies**（もともと帰還兵に大学教育を提供するために学校として設立）の3つの学校があり、それぞれが独立した入学基準を持っています。

　Columbia College も **School of General Studies** も「リベラルアーツの4年生大学」ですが、前者は通常、高校卒の受験生を受け入れ、後者は他大学に在籍したことのある受験生を受け入れる大学とされています。

　また、大学院レベルでは、**College of Physicians and Surgeons**「内科・外科医大学院」、**School of Law**「ロースクール」、**Graduate School of Arts and Sciences**「文芸と科学系大学院」、**School of Nursing**「看護大学院」などがあります。

　コロンビア大学を例にすれば、**department** の数は 2012 年現在で 70 近くあります。

Topic 7 ▶ 大学教育

Columbia University の department の例

Anatomy and Cell Biology Department…解剖学と細胞生物学
Anesthesiology Department…麻酔学
Anthropology Department…人類学
Applied Physics and Applied Mathematics Department…応用物理学と応用数学
Architecture Department…建築学
Art History and Archaeology Department…芸術史と考古学
Astronomy and Astrophysics Department…天文学と天文物理学
Biochemistry and Molecular Biophysics Department
　…生化学と分子生物物理学
Biological Sciences Department…生物科学
Biomedical Engineering Department…生物医学工学
Biomedical Informatics Department…生物医学情報学
Biostatistics Department…生物統計学
Chemical Engineering Department…化学工学
Classics Department…古典学
Computer Science Department…コンピュータ科学
Earth and Environmental Engineering Department
　…地球と環境工学
Earth and Environmental Sciences Department
　…地球と環境科学
East Asian Languages and Cultures Department
　…東アジアの言語と文化
Ecology, Evolution and Environmental Biology Department…生態学、進化、環境生物学

ここでの **department** は日本の大学の「学部」と「学科」の両方にまたがるもので、学生が研究領域として専攻する分野だと考えるとよいかもしれません。

　それぞれの **department** にはさらに多彩な授業科目があります。**core courses**「共通科目」と **electives**「選択科目」、さらに **courses of related interest**「関連科目」があり、**seminar**「ゼミ」があります。**The Department of Economics**〔経済学部〕だと、たとえば **The Economics of Gender**「ジェンダー経済学」、**Poverty and Inequality**「貧困と不平等」といった科目名があります。

　ぼくは **undergraduate** で「アメリカ研究」を学びました。これは **American Studies** といいます。**Liberal Arts College** の中にある分野です。複数の **studies** がポイントです。「アジア研究」だと **Asian Studies**、「アフリカ研究」だと **African Studies** といいます。「女性研究」も盛んで、**Women's Studies** といいます。大きな大学だと **Asian Studies** や **Women's Studies** という学部があります。「地域研究」だと **Area Studies** といいます。

　最近は「生化学」や「生命情報科学」が人気で、それぞれ **Biochemistry** と **Bioinformatics** といいます。「生物学」はもちろん、**Biology** ですね。「都市工学」は **Landscape Architecture** といいます。「研究領域」は **discipline** といいますが、「領域横断的な」**interdisciplinary** なスタンスの研究分野が増えています。

　ちなみに、**department** は「学部」と訳され、日本では大学での学部を指し、大学院になると **program** といった言い方をするというふうに理解していますね。ところが、米国では大学院でも **department** という用語を使うのです。**department** は **program** よりも大きな単位です。**Columbia University, Teachers College** には、現在、以下のような **department** があります。

Topic 7 ▶ 大学教育

Columbia University, Teachers College の例
Graduate Departments　大学院研究部門
(the Department of... と表される)

Arts and Humanities…文芸と人文

Biobehavioral Sciences…生物行動科学

Counseling and Clinical Psychology…カウンセリングと臨床心理学

Curriculum and Teaching…カリキュラムと教授法

Education Policy and Social Analysis…教育政策と社会分析

Health and Behavior Studies…健康と行動研究

Human Development…人間発達

たとえば the Department of Curriculum and Teaching は Teachers College のなかでも伝統ある大学院研究科のひとつですが、以下のような説明が行われています。

The Department of Curriculum and Teaching, established in 1938, was the first department in the U.S. devoted to the scholarly study of problems of curriculum and teaching across all subjects and all levels of schooling, from early childhood through the education of teachers …

本学部 [カリキュラムと教授法] は 1938 年に設立され、幼少期教育から教師の教育にいたるまで、学校教育のすべての段階におけるカリキュラムと教授法の問題を学問的に研究することに専念してきた米国最初の学部である。

そして、それぞれの department 内に複数の program があり、学生はそれぞれの関心に応じて program に所属することになります。教育関連だと以下のようなプログラムがあります。

Graduate Program(大学院プログラム)の例

> Administration of Special Education…特別教育行政
> Anthropology and Education…人類学と教育
> Applied Educational Psychology…応用教育心理学
> Art and Art Education…芸術と芸術教育
> Developmental Psychology…発達心理学
> Early Childhood Special Education…幼児の特別教育
> Economics and Education…経済学と教育学

　もちろん、大学院研究科の分類の仕方はアメリカでも大学によって異なります。**Harvard University** では **Faculty of Arts and Sciences**「文芸と科学部」があり、そこに **College of Arts and Sciences**「文芸と科学カレッジ」と **Graduate School of Arts and Sciences**「文芸と科学大学院スクール」が属するという構成になっています。そして、以下の説明にあるように、**faculty** は大学の **division** のひとつと見なされています。

　Founded in 1890, Harvard's Faculty of Arts and Sciences (FAS) is the largest division of the University and comprises Harvard College and the Graduate School of Arts and Sciences.
　1890年に設立されたFAS「アーツ&サイエンス学部」は、本学において最大の部門であり、ハーバード・カレッジとアーツ&サイエンス大学院から構成されるものである。

事務手続き

　大学入学後は、大学当局の事務とのやりとりが大切です。「教務、学事」は **Academic Affairs** といい、教務部のことを **Academic Affairs Office** といいます。また、教務課は主に科目履修の登録にかかわるということから **Registrar's Office** ともいいます。「学生課」は **Student Affairs Office** あるいは **Office of Student Life** といいます。住宅斡旋をしてくれる課として **Housing Office** があります。「寮」のことを **residence hall** や **domitory** といいます。

　留学生のためには「外国人留学生課」**International Student Office** があり、そこには **foreign (international) student advisor** がいます。

　また就職のためには「就職課」**Placement Office** があります。学生が引き起こす種々の問題などを取り扱う場としては、「学生委員会」**Committee on Students** のような各種委員会があります。

　Student Services for Gender-based and Sexual Misconduct という部局もあり、「セクハラ」**sexual harassment**、「パワハラ」**power harassment**、「アカハラ」**academic harassment** などの問題に対処するための「不正行為に対する方針」**misconduct policies** が設けられています。

科目履修

授業を「履修」registration するには「登録する」sign up for (a course) する必要があります。「履修期間」のことを registration period、あるいはそれがたいてい1週間ぐらいであるため registration week ともいいます。「学年度」は school year といいますが、学校によっては、「2学期制」semester と「4学期制」quarter があります。semester が主流で、spring semester と fall semester に分かれ、その間に「夏期講座」summer session もあり、その期間でも単位を履修することが可能です。

学生は「オリエンテーション」orientation の期間は、自由に授業に参加し、「授業シラバス」syllabus や「履修条件」prerequisite を見ながら、「履修科目」registered course を決めますが、それ以降もある期間であれば、「科目追加をする」add や「科目取り下げをする」drop が可能です。drop and add といえば「履修科目の変更」という意味の名詞です。Drop and Add Card というのが以前はありましたが、今では、registration は web 上で行われます。学生の履修記録は Registrar's Office「教務課（学籍担当事務を行う係）」に保管されます。履修決定後にも興味を失ったり、授業についていけず drop out することがあります。「途中で受講を止めること」を withdrawal ともいいます。

学生には「正規の学生」full-time student と「パートタイムの学生」part-time student がおり、full-time student の身分を得る

には、通常、「1学期」**one semester** で **12 points**「12単位」の履修が必要です。だいたい4科目に相当し、学部の場合は週に2回の授業があります。「大学の聴講生」は **auditor** といいます。

コース概要

履修の際には、教授が授業紹介した「受講案内」**course description** を参考にします。以下は、コロンビア大学での **American Studies** のコースの一例です。

> **AMST W1010y**—Introduction to American Studies: major themes in the American experience 3 pts. Required for American Studies majors and concentrators. Inquiry into the values and cultural expressions of the people of the United States. Through an examination of literature, history, social thought, and the arts—with a special emphasis on film—we will explore how modern Americans have understood and argued about their country's promise and perils. Lecture, discussion sections, and weekly film screenings. Discussion section required.

アメリカ研究への入門——アメリカの経験における主要なテーマ 3単位。アメリカ研究専攻者あるいはそれを重点領域にする者には必修の授業。米国の人々の価値観、文化表現を探索する。文学、歴史、社会思想、芸術、特に映画を通して、現代のアメリカ人が自国が掲げた約束と直面した危機についてどう理解し、議論してきたかを探究する。授業では、講義、ディスカッションの時間、毎週の映画視聴を行い、ディスカッションは重視する。

情報としては、以下の6項目が含まれています。

1 **コース番号**：AMST W1010y
2 **タイトル**：Introduction to American Studies: major themes in the American experience
3 **取得可能単位**：3 pts.
4 **履修要件**：Required for American Studies majors and concentrators
5 **目　的**：Inquiry into the values and cultural expressions of the people of the United States. Through an examination of literature, history, social thought, and the arts–with a special emphasis on film–we will explore how modern Americans have understood and argued about their country's promise and perils.
6 **授業形態**：Lecture, discussion sections, and weekly film screenings.
7 **付記**：Discussion section required.

なお、目的については、以下のような詳細な書き方をする先生もいます。

> The course is designed to help students clarify their research agenda, sharpen their questions, and locate their primary and secondary sources. Through class discussions and a "workshop" peer review process, each member of the course will enter spring semester with a completed 5-8 page prospectus and bibliography that will provide an excellent foundation for the work of actually writing the senior essay.

Topic 7 ▶ 大学教育

　この授業では、学生たちがリサーチとは何であるかを理解し、自らが研究する問題を絞り込み、その問題についての主要文献あるいは関連文献を見つけることができるようすることを狙いとする。授業内での議論とワークショップ形式による学生同士の評価を通して、個々の学生は、5〜8ページの研究計画書と文献目録を完成させ、春学期に入って、実際に卒業論文を書く際にはしっかりとした基盤ができているようにする。

　授業が始まれば、初回に、「シラバス」course syllabus とよばれるものが配布され、それを見れば授業の流れがわかります。**Columbia University** の **English and Comparative Literature**「英語と比較文学」には **syllabus archive**「シラバスアーカイブ」というものがあり、次のような説明が加えられています。

　This archive is by no means comprehensive; this collection attempts, rather, to give some idea of the range of courses the department offers as well as to offer representative reading lists and requirements for courses regularly offered. The syllabi may also suggest individual instructors' emphases or serve as reading and research guides (some syllabi provide extensive bibliographies, occasionally including useful websites).

　このアーカイブは網羅的とはいえないが、学部が提供する授業科目の広がりについて、そして通常求められる授業科目での代表的な参考文献リストと必須要項がどういうものであるかを示すものである。シラバスでは各講師が何を強調しているかを知る参考になるだろうし、(シラバスには広範な文献を示したり、中には有用なウエブサイト情報を含めており) リサーチのガイドとして利用するのもよいだろう。

成績

　さて、1年生、2年生、3年生、4年生はそれぞれ、**freshman**、**sophomore**、**junior**、**senior** といいます。成績次第で先に進めるかどうかが決まります。1学期に **full-time student** であるためには12単位だとか16単位といった具合に学校で定められた「単位」**credit** をとる必要があります。授業は **tough class** もあれば **easy class** もあり、「楽勝科目」のことを **Mickey Mouse** ということもあります。

　通常、「出席」**class attendance**、「積極的参加」**participation**、「中間試験」**mid-term exam**、「最終試験」**final exam**、「最終レポート」**final paper** が「評価」**evaluation** の中心です。そのほかにも「授業についての感想」**reaction paper** や **pop quiz** といって「予告なく行う小テスト」などもあります。

　中間試験や最終試験では **blue book** と呼ばれる青色の表紙のノートが渡されます。それは、記述試験の解答用紙にあたります。**Blue Examination Booklet** が正式名ですが、**blue book** といえば、学生の間では理解できるはずです。限られた時間の中で意見を書くというのがねらいで、**Be specific and detailed.**「具体的かつ詳細」が評価の重要な基準です。

　「成績」**grade** は **A**、**B**、**C** が合格で、**D** は通常不可です。**P / F** の評語は、**Pass / Fail** で「合格 / 不合格」に相当します。

　もちろん、大学によってバリエーションがあり、ぼくがいた学部（**Temple University, Liberal Arts**）では以下のような「評価システム」**grading key** が設けられていました。

Topic 7 ▶ 大学教育

```
A, A⁻ ············ excellent  優
B⁺, B, B⁻ ········ good  良
C⁺, C, C⁻ ········ fair  可
D⁺, D, D⁻ ········ passing – not acceptable
                  for graduate credit
F ················ failure  不合格
I ················ incomplete  未終了
W ··············· withdrawn  履修の取り下げ
P ················ passed  合格
```

D⁺, D, D⁻ は、授業は合格とするが、卒業単位としては認めないというものです。**withdrawn** は履修したものの、中間試験などの成績が悪かった場合、よい成績を期待できないため履修を取り下げた場合につけられます。

「学業成績」を **GPA**（**grade point average**：成績評価の平均値）で示しますが、**C** などで合格になった場合、その平均値が下がるという理由で履修を取り止める学生がいます。**I** の **incomplete** は 1 年のうちに再履修して、必要要件を修めることで成績を受けることができる状態です。

「大学」**undergraduate school** では、中間、期末試験がありますが、「大学院」**graduate school** の場合には、「文献を読んでの感想文」**reaction paper** や「学期末レポート」**final paper** で成績がつけられることが多いようです。なお、日本では「レポート」という言い方をしますが、米国の大学では **paper** といいます。

無事に単位を修得すると学位が授けられます。

成績について、学生が不満を申し立てることもあり、

negotiate という言い方をします。**How to negotiate a better grade from your professor**「よりよい成績をとるための教授との交渉の仕方」の類のマニュアル本があるぐらいです。

最近は日本の大学でも増えてきましたが、学生は成績をつけられる立場であるだけでなく、「授業の評価」**course evaluation** を行います。米国では、これが教授の学校側での評価に反映されます。

教授陣

「大学の教授陣」は **the faculty** といいます。

  professor「正規教授」
  associate professor「准教授」
  assistant professor「助教授」
  instructor「講師」

といった職位があり、米国では実力主義で職位は決まります。正規の**full-time**で教えている先生もいれば、非常勤で教えている先生もいます。

非常勤の先生の場合 **adjunct professor** のようにいうことがあります。ただ日本の非常勤制度とは異なり、**adjunct professor** が博士論文の指導を行うということがあります。**full time** でも **tenure**「終身在職権」を取るまでは、安心できません。それまでは **publish or perish**「論文を出版するか滅ぶか」の状況が続くわけです。**tenure** があれば **sabbatical**「長期研究休暇」の権利もあり、かなり自由度は高いといえます。**sabbatical** は **study leave** ともいいます。また、**tenure** を取れば、いわゆる「退職」**retirement** は自分で決めることができ、80歳でも大学の **full-time professor** として教えている人もいます。

不正行為

「カンニング」は **cheating**、「剽窃」は **plagiarism** といい、特に、「レポート」**paper** における剽窃は、**the Internet** からの記事の無断流用という形でアメリカでも大きな社会問題になっています。「論文の書き方」**how to write academic papers** で「引用」**citation / quotation** などの徹底的な指導が必要になっています。不正といえばそれだけではありません。同じ内容のレポートを別のコースに提出する、データなどを故意に加工する、他人に文章を必要以上に訂正してもらう、図書館の資料を破損するなどが含まれます。

Columbia University では学生の不正について以下のように内規が設けられています。

T 63-163

Statement on Academic Dishonesty

The following behaviors constitute academic dishonesty:
- **Plagiarism**
- **Submission of the same work for more than one course**
- **Falsification or misrepresentation of data or facts in any coursework**
- **Exceeding the limits of allowable collaboration in coursework as specified by the instructor**
- **Altering, defacing, or concealing library materials**
- **Participating in the academic dishonesty of another student**
- **Falsification or misrepresentation of grades, honors, or any aspect of one's academic achievement**
- **Cheating on examinations or tests**

上から順に、
「剽窃すること」「同じレポートを別の授業に提出すること」「データや事実を曲げること」「限度を超した他人からの援助を受けてレポートなどを仕上げること」「図書室の資料を差し替えたり、汚したり、隠したりすること」「不正に加担をすること」「成績表を偽造すること」「カンニングをすること」が **academic dishonesty** の項目として取り上げられています。

　そして、そうした不正があった場合は、「学生委員会」**the committee on students** が調査をし、対処を行うという流れになります。

卒業論文

　卒業論文や博士論文などの「論文」をどう英語で表現するかについては、ちょっと注意が必要です。「(学部レベルでの) 卒業論文」は **senior essay** だとか **senior thesis** といいます。「修士論文」は **master's thesis** と **thesis** を使います。「博士論文」の場合も **thesis** という言い方もできますが、**dissertation** が博士論文には使われます。正式には、**doctoral dissertation** といいます。

　昔、ぼくが大学院に行っていたころ、40代や50代の学生がかなりの数いました。彼らは

course work はすべて修了し、博士論文だけが残っているという状態でした。そうした学生のことを **ABD** といいます。**all but dissertation**「論文以外はすべてクリアした人」の略で、**ABD** という言葉が流通するほど、そうした学生の数も多いということです。

小中高では

最後に、義務教育制度について少しふれておきましょう。

アメリカの義務教育制度は州によって決められており、小中高の年数の振り分け方も州によって違いがあります。以前は、小学校と中学校をあわせて8年、高校4年の「8・4制」が広く採用されていましたが、今は、何種類かのパターンがあるようです。日本と同じ「6・3・3制」もあれば、小学校が5年、中学校が3年、そして高校が4年の「5・3・4制」のところ、さらには小学校6年と中学・高校を合わせて6年の「6・6制」などがあります。

小学校は elementary school、中学校は middle school あるいは junior high school、高校は high school と呼び、中高一貫校の場合は secondary school と呼びます。

4年制の高校の場合には、大学と同じく、「1年生」は freshman、「2年生」は sophomore、「3年生」は junior、「4年生」は senior と呼びます。それ以外の場合には、小学校1年から高校3年までを通して grade で表し、「1学年」の first grade から「12学年」の twelfth grade まであります。高校1年生は He is in the tenth grade. というわけです。高校生になると、自分の学年をいう場合、I'm a third-year high school student. という表現がよく使われます。

K-12（K-twelve / K to twelve / K through twelve と発音）という表現が使われることがあります。この K は kindergarten「幼稚園」のKで、幼稚園から高校3年まで、「初等教育」primary education と「中等教育」secondary education を通した言葉です。

大学教育 関連語彙リスト

*本リストは、リストの項目の流れを優先させたため、一部、本文とリストの項目の順番が異なります。

大学教育関連用語の導入 　T 54-154

教育に関係した表現
  Terms in Education
読み書きそろばん　3R's
算数　arithmetic
優等生　A student
成績が最優秀で卒業する学生
  honor student
優秀者名簿　dean's list
学部長　dean
欠席届け　absence report
母校　alma mater
大学の卒業生
  alumni（単数形は alumnus）

大学の選択 　T 55-155

●大学と大学院

学部課程の大学
  undergraduate school
修士課程・博士課程の大学院
  graduate school
プロフェッショナルスクール
  professional school
医学部　medical school
法科大学院　law school
ビジネススクール、経営学大学院
  business school

●応募する

～への入学に応募する
  apply for admission to...
学校での成績　school records

～への志望動機
  reason for applying for...
志望書　personal statement
入試　entrance exam、admissions test
受かるか落ちる　pass or fail
入学担当事務局　Admissions Office

●学力審査

SAT / Scholastic Assessment Test
推論テスト　reasoning test (SAT I)
教科テスト　subject tests (SAT II)
ACT / American College Test

●大学院のテスト

GRE / Graduate Record Examination
MAT / Miller Analogies Test
GMAT / Graduate Management Admission Test

大学のランキング 　T 56-156

認可　accreditation
認可された大学
  accredited college [university]
一流大学　top-notch university、blue chip university
三流大学　cow college
州立大学　state university
私立大学　private university
リベラルアーツ　liberal arts

Topic 7 ▶ 大学教育

学部と研究分野　T 57-157

学部、学科　department
学部　faculty（division のひとつ）
総合大学　university
単科大学　college
共通科目　core courses
選択科目　electives
関連科目
　courses of related interest
ゼミ　seminar
研究領域　discipline
領域横断的な　interdisciplinary

事務手続き　T 58-158

教務、学事　Academic Affairs
教務部　Academic Affairs Office
教務課　Registrar's Office
学生課　Student Affairs Office、Office of Student Life
住宅課　Housing Office
寮　residence hall、dormitory
外国人留学生課
　International Student Office
留学生アドバイザー　foreign [international] student advisor
就職課　Placement Office
学生委員会
　Committee on Students
セクハラ　sexual harassment
パワハラ　power harassment
アカハラ　academic harassment
不正行為に対する方針
　misconduct policies

履修科目　T 59-159

履修　registration

登録する　sign up for (a course)
履修期間　registration period、registration week
学年度　school year
2学期制の学期　semester
4学期制の学期　quarter
1学期　one semester
春学期　spring semester
秋学期　fall semester
夏期講座　summer session
オリエンテーション　orientation
授業シラバス　syllabus
履修条件　prerequisite
履修科目　registered courses
(科目を) 追加する　add
(科目を) 取り下げる　drop
履修科目の変更　drop and add
登録　registration
教務課（学籍担当事務を行う係）
　Registrar's Office
途中で受講を止めること　withdrawal
正規の学生　full-time student
パートタイムの学生
　part-time student
大学の聴講生　auditor
受講案内　course description
1年生　freshman
2年生　sophomore
3年生　junior
4年生　senior

成績　T 60-160

単位　credit、point
楽勝科目　Mickey Mouse
出席　class attendance
積極的参加　participation

207

中間試験　mid-term exam
最終試験　final exam
最終レポート　final paper
評価　evaluation
授業についての感想　reaction paper
予告なく行う小テスト　pop quiz
記述試験の解答用紙　blue book、
　Blue Examination Booklet
成績　grade
合格　Pass
不合格　Fail
評価システム　grading key
優　excellent
良　good
可　fair
不合格　failure
未修了　incomplete
履修の取り下げ　withdrawn
成績評価の平均値
　GPA / grade point average
文献を読んでの感想文　reaction paper
学期末レポート　final paper
レポート　paper
成績について不満の申し立てをする
　negotiate
授業の評価　course evaluation

教授陣　T 6-161

大学の教授陣　the faculty
正規教授　professor
准教授　associate professor
助教授　assistant professor
講師　instructor
常勤の、正規の　full-time
常勤教授　full-time professor
非常勤の先生　adjunct professor

終身在職権　tenure
論文を出版するか滅ぶか
　publish or perish
長期研究休暇
　sabbatical、study leave

不正行為　T 62-162

カンニング　cheating
剽窃　plagiarism
論文の書き方　how to write
　academic papers
引用　citation、quotation
不正　academic dishonesty

卒業論文　T 63-163

学部レベルでの卒業論文
　senior essay、senior thesis
修士論文　master's thesis
博士論文　doctoral dissertation
博士論文だけが残っている学生
　ABD / all but dissertation

Topic 8
料理

人生の大きな楽しみでもある「食」。食の素材、料理の名前、調理の方法などに関わる語句の整理をしてみよう。

料理 関連単語ネットワーク

材料

- **meat and poultry** 肉類
  - beef 牛肉
  - pork 豚肉
  - lamb 子羊の肉
  - poultry 鳥肉
- **deli** 惣菜
- **fish** 魚類
- **shellfish** 甲殻類
- **vegetables** 野菜

p.222

調理器具

- **blender** ミキサー
- **bottle opener** せんぬき
- **casserole** 蓋つき鍋
- **cutting board** まな板
- **dish drainer** 水切りかご
- **electric mixer** 電気ミキサー
- **flying pan** フライパン
- **food processor** フードプロセッサー
- **ladle** 玉じゃくし
- **measuring cup** 計量カップ
- **measuring spoon** 計量スプーン
- **microwave oven** 電子レンジ
- **oven** オーブン
- **pot** 平鍋 / なべ

p.217

調理法

●焼く、揚げる
- **roast** 火で肉などをやく、あぶる
- **bake** パンをオーブンで焼く
- **grill** 肉などを網で焼く
- **broil** 肉などを焼く、あぶる
- **toast** パンなどをきつね色に焼く
- **fry** 油で揚げる

●煮る
- **boil** 煮る、ゆでる、沸かす
- **stew** とろ火でぐつぐつ煮る
- **braise** 肉を油で表面を焦がし、少量の水でとろ火で煮る
- **simmer** ぐつぐつ煮る

- **poach** 卵を割って熱湯に落として煮る
- **cut** 切る
- **dice** さいの目に切る
- **slice** 薄く切る
- **chop** ぶつ切りにする、細切れにする
- **carve** 食卓に出すように肉を切り分ける
- **peel** 皮をむく

●混ぜる
- **mix** 混ぜる
- **stir** かき混ぜる、かき回す
- **beat** 卵などをかき混ぜる
- **whip** クリームなどをあわ立てる

p.226

Topic 8 ▶ 料理

食べる

- eat 食べる
- chew 噛む、噛み砕く
- bite かじる
- nibble そっとかじる、少しずつかじる
- munch むしゃむしゃ食う、口をもぐもぐさせる
- crunch ぼりぼりかむ
- devour むさぼり食う、がつがつ食う
- feast ご馳走を楽しんで食べる
- gobble がつがつ食う
- swallow 飲み込む

p.231

料理の評価 ★★★

- good、delicious、wonderful、great おいしい
- appetizing 食欲をそそる
- crunchy パリッとした
- scrumptious めちゃうまい
- mellow まろやかな
- rancid かび臭い
- bad 悪くなった
- tasteless 味がなくまずい
- bland 薄味すぎて味がない
- flat 気の抜けた
- biting ツーンとくる
- hot 辛い
- strong 刺激が強い

p.219

食器など

- tableware 食器
- coffee cup コーヒーカップ
- mug マグカップ
- fork フォーク
- knife ナイフ
- spoon スプーン
- glass グラス
- bowl ボウル
- dish 皿
- platter 大皿
- serving dish 大皿
- teapot ティーポット

p.218

料理名

- curry and rice カレーライス
- sandwich サンドウィッチ
- fried chicken フライドチキン
- hotdog ホットドッグ
- pancake ホットケーキ
- omelet オムレツ
- baked potato ベークドポテト
- mashed potatoes マッシュポテト
- meat pie ミートパイ
- meatloaf ミートローフ
- scrambled egg スクランブルエッグ
- sunny-side up 目玉焼き

p.212

dishes は「皿」だけでなく「料理」という意味にもなります。日本語でも「どんぶりを食べる」という言い方があり、「どんぶりもの（天丼、うな丼、カツ丼など）」のことを意味するように、英語でも「皿」**dishes** といって「皿に載っている料理」という意味で使われます。

　「食品」一般は **food** ですが、具体的な「料理」は **dishes** というのがふつうです。「肉料理」だったら **meat dishes** で、「魚料理」なら **fish / seafood dishes** といいます。コースの「メイン料理」は **the main dish** という言い方です。

　ただし「タイの食べ物」という意味で「タイ料理」という際には **Thai food** のように **food** を使います。しかし、具体的な一品一品が意図されていれば **Thai dishes** といいます。

　これで **Japanese food** と **Japanese dishes** の違いもおわかりですね。

料理名

　料理名は、フレンチ、イタリアン、中華、和食以外にもトルコ料理、タイ料理、ロシア料理、インド料理、ベトナム料理など無数にあるためここで整理することはできません。

　アメリカで代表的な料理といっても地方によって異なりますが、ぼくが連想するのは次のような料理です。**hamburger**、**meatloaf**、**pizza**、**taco** などはもちろんですが、アメリカ的といえば、豆と塩漬けの豚肉を入れて煮込んだ **bean soup**、ボストンで有名な **clam chowder**（ボストンではクラムチャウダーのコンテストが行われる）、ペンシルバニア州のアーミッシュ地方の **apple pie**、元々ネイティブアメリカンの料理で開拓者が好んで食したといわれる **succotash**（サコタッシュ：ライ豆やトウモ

ロコシやベーコンを鍋で煮込んだ食べ物)、感謝祭に欠かせない **turkey**(中に詰め物をしてオーブンで焼き、クランベリーソースを添えて食べる七面鳥)、などではないでしょうか。

サコタッシュ

ロースト・ターキー

また、ハーレムなどにはアフリカ系アメリカ人の料理を総称した「ソウルフード」**soul food** のレストランが多数あります。内容は、典型的には、コーンブレッド、チーズグラタンのようなもの、オクラなど青菜の炒め物、それにフライドチキンがセットになっている料理です。

以下では、日本語でもすぐに思いつく料理名をランダムに挙げておきます。

●料理名

T 65-165

curry and rice	カレーライス
sandwich	サンドウィッチ
grilled cheese sandwich	グリルドチーズサンドウィッチ
fried chicken	フライドチキン
hot dog	ホットドッグ
pancake	ホットケーキ
omelet	オムレツ

baked potato	ベークドポテト
mashed potatoes	マッシュポテト
meat pie	ミートパイ
meatloaf	ミートローフ
taco	タコス
scrambled egg (s)	スクランブルエッグ
sunny-side up	目玉焼き(下側からだけ火に通したもの)
hamburger	ハンバーガー
sirloin steak	サーロインステーキ
fried fish	魚のフライ
smoked salmon	スモークサーモン
charcoal grilled salmon	サケの炭火焼
Caesar salad	シーザーサラダ
asparagus salad	アスパラガスサラダ
seafood salad	シーフードサラダ
coleslaw	コールスロー
roast chicken	チキンの丸焼き
spaghetti with meat sauce	スパゲッティ・ミートソース
corn soup	コーンスープ
tomato soup	トマトスープ
clam chowder	クラムチャウダー
onion gratin soup	オニオングラタンスープ
vegetable soup	野菜スープ
chicken pot pie	チキングラタン
rice pilaf	ピラフ
beef stew	ビーフシチュー
barbecue	バーベキュー
French fries	ポテトフライ
pizza	ピザ

Topic 8 ▶ 料理

★ドレッシング　　　　　　　　　　　　T 66-166

French dressing フレンチ・ドレッシング　Italian dressing イタリアン・ドレッシング　olive oil オリーブオイル　Ranch dressing ランチ・ドレッシング　thousand island dressing サウザン（アイランド）ドレッシング　vinaigrette ビネグレット　vinegar 酢

★パン　　　　　　　　　　　　　　　T 67-167

bread 食パン　bagel ベーグル　croissant クロワッサン　baguette バゲット　garlic bread ガーリックブレッド　roll ロールパン

★デザート　　　　　　　　　　　　　T 68-168

chocolate チョコレート　cookie クッキー　ice cream アイスクリーム　pudding プリン　parfait パフェ

★飲み物　　　　　　　　　　　　　　T 69-169

● alcoholic beverage アルコール飲料
beer ビール　brandy ブランデー　rum ラム酒　wine ワイン
● non-alcoholic beverage ノンアルコール飲料
café latte カフェラテ　carbonated water 炭酸水　coffee 珈琲　fruit juice フルーツジュース　ginger ale ジンジャーエール　iced coffee アイスコーヒー　iced tea アイスティー　lemonade レモネード　oolong tea ウーロン茶　tea 紅茶

　余談ですが、アメリカなどでは料理の量が多いので、どうしても「食べ残し」**leftovers** をしてしまうことがありますが、残った物の「持ち帰り」**take out** をする人もいます。「持ち帰り用の袋」は **doggy bag** などといいます。「家の犬のえさにしたいので……」といった意味合いをこめた、気の利いた表現ですね。

ダイニングルーム

さて、「ダイニングルーム」**dining room** で連想する語を考えてみてください。リストはいくらでも長くすることができるでしょう。以下は、3名の英語を母語とする人に自由連想をしてもらってふたりあるいは3人が共通して挙げた連想項目です。アルファベット順に並べていますが、「食堂にあるもの」ということで日本人に対して自由連想を求めても似たような結果になるのではないでしょうか。もちろん、**chopsticks** のような日本固有のものは別ですが。

●ダイニングルームにあるもの　T 70-170

candle	ろうそく	cupboard	食器棚(キャビネットの類)
candlestick	ろうそく立て	dining room chair	食堂の椅子
ceiling fan	天井扇風機	dining room table	ダイニングテーブル／食卓
china cabinet	食器棚	light fixture	電燈

●食器と食卓に置くもの　T 71-171

coffee cup	コーヒーカップ	napkin	ナプキン
cream pitcher	クリーム入れ	pepper shaker	コショウ入れ
fork	フォーク	place mat	ランチョンマット
glass	グラス	plate	皿
knife	ナイフ	platter	大皿
mug	マグカップ	salt shaker	塩入れ

serving dish	大皿	tablecloth	テーブルクロス
set of dishes	食器一式	teapot	ティーポット
spoon	スプーン	tray	盆
sugar bowl	砂糖入れ		

　日本では **candle**、**candlestick**、**cream pitcher** などは連想されにくいでしょうが、だいたい、類似している感じですね。「塩入れ」を **salt shaker**、「コショウ入れ」を **pepper shaker** というのはおもしろい表現ですね。

料理作りの道具

　さて、以下では「道具」や「材料」など少し体系的に見ていくことにしましょう。

●調理に使う道具

　料理作りには道具が必要ですが、「料理道具」のことは **cooking utensils** といいますが、最近では **cookware**「調理器具」を使う人が増えています。鍋は「フライパン」**frying pan**、「シチュー鍋」**saucepan** ともに **pan** を使います。「深めの鍋」のことを **pot** ということもあり、「鍋類」のことを総称して **pots and pans** といいます。調理器具一式については以下にリストします。

T 73-173

blender	ミキサー	counter	調理台
bottle opener	せん抜き	cutting board	まな板
bowl	ボウル	dish drainer	水切りかご
burner	ガスレンジ	dishwasher	食洗機
carving knife	肉切り包丁	electric mixer	電気ミキサー
casserole	蓋つき鍋	frying pan	フライパン

food processor	フードプロセッサー	pot	平鍋／なべ
freezer	冷凍庫	rice cooker	炊飯器
fridge / refrigerator	冷蔵庫	rolling pin	めん棒
garbage disposal	ディスポーザー	saucepan	鍋
(tea) kettle	やかん	sink	流し（台）
ladle	玉じゃくし	skillet	フライパン
measuring cup	計量カップ	spatula	へら、フライ返し
measuring spoon	計量スプーン	spice(s)	香辛料
microwave oven	電子レンジ	toaster	トースター
oven	オーブン	toaster oven	オーブントースター
paper towel	ペーパータオル	whisk	泡立て器
plastic bag	ビニール袋		

　「食器」は集合的には **tableware** といい、その中でも「陶器」は **pottery**、「磁器」は **porcelain**、「漆器」は **lacquerware** といいます。**dish** はふつう「（食卓まで運ぶ）皿」を意味し、「（食卓に盛られている料理を各自よそって食べる）皿」は **plate** といいます。ほかに、「（肉や魚を盛る楕円形の）大皿」は **platter** といいます。なお、**wash the dishes** で「皿を洗う」というように、「食器全般」を指す場合には **dishes** です。

　なお、「塩」**salt**、「コショウ」**pepper**、「スパイス」**spice**、「ハーブ」**herb** などの「調味料で味つけすること」を **seasoning** といいます。この **season** は「四季、季節」の意味の **season** と同じ語です。1年の味つけが四季を表すと考えれば **season** にどうして「味つけする」という意味が生まれたのかを想像することはむずかしくないでしょう。なお、「旬」を表すにも **watermelon in season**「旬のスイカ」のように **season** が使われます。

Topic 8 ▶ 料理

料理の評価

　料理を評価する表現も気になりますね。**It is...**「おいしい」/ **It looks...**「おいしそう」の表現を使って、**good**、**delicious**、**wonderful**、**great** などを使うのが日常表現です。「いい匂い」だと **It smells good.** で OK です。

　「食欲をそそる」だと **It's appetizing.** といい、「おいしそうでよだれがでそう」だと **It makes my mouth water.** が定番です。幼い子どもが「おいしい」というときによく使う表現に **yummy** があります。

ミニコラム

Good Food Festival Links Cooks, Growers, workers

The idea of "good food" means many things, depending on your perspective. It could be delicious food, or food that's good for your health. The term has been adopted by policymakers to mean food that's good for the economy, or good for the workers who grow or process it.

Los Angeles Times [9/19/2011]

よい食べ物フェスティバルで料理人、生産者、労働者がつながる

　「よい食べ物」とは視点によっていろいろなことを意味する。それはおいしい食べ物だったり、健康によい食べ物だったりするだろう。「よい食べ物」という表現が政策立案者に使われた場合は、経済にとってよい食べ物だとかそれを生産し、加工する労働者にとってよい食べ物という意味になるだろう。

しかし、「おいしい」というだけでは漠然としていて感想としては貧弱ですね。そこで、**bitter**「にがい」、**sweet**「甘い」、**moist**「しっとりした」、**spicy**「スパイシーな」、**savory**「風味のある」、**salty**「しょっぱい」、**sugary**「甘ったるい」、**greasy**「油っぽい」、**sour**「すっぱい」、**hot**「辛い」、**crunchy**「パリッとした」、**juicy**「ジューシーな」、**fruity**「フルーティーな」、**scrumptious**「めちゃうまい」などの形容詞が使われるのです。ほかにも、次のような形容詞が料理の評価に使われます。

「美味である」ことについての最上級のほめ言葉に **divine** があります。これは「神の」ということから「神の食事にふさわしい」という意味で、**marvelous**「感動的な」なども関連語です。**ambrosia** はまさに「神たちの食べ物」**the food of the gods** ですね。

「やさしい味」は **mild**、**comforting**「ほっとする」、**mellow**「まろやかな」という形容詞も使うことができます。**mellow** は **smooth, rich, soft**「なめらかで、豊潤で、やわらかい」という感覚ですね。逆に、「刺激性の強い味」は **sharp** 以外にも、**stinging**「刺すような」、**biting**「ツーンとくる」、**harsh**「どぎつい」なども関連語です。

「すっぱい」の **sour** に近い形容詞は **tart**「痛烈にすっぱい」、**acidic**「酸性の」でしょう。においだけでおいしそうなときには **savory**「香りがよくて食欲をそそる」、**flavorful**「風味に富む」といいますが **mouthwatering**「よだれがでそうな」という形容詞もあります。ジューシーな食べ物の場合は **juicy** に加えて、**succulent**「(果実・肉などの) 汁が多い」が使われます。スパイスが効いた味の場合には **spicy** 以外にも **pungent**「味覚・嗅覚を刺激する」、**strong**「刺激が強い」、**hot**「辛い」が使われます。

「食べられる」だと **eatable** か **edible** でしょう。**edible** は「(毒性はなく) 食べられる」の意で使います。「まあまあ悪くない」

だと **palatable**「まずまず口に合う」がピッタリです。

「味がなく、まずい」は **tasteless** ですが、**bland**「薄味すぎて味がない」、**flat**「気の抜けた」、**insipid**「風味のない」、**dull**「退屈な」といった形容詞も使われます。

「腐っている」という最悪の場合には **rotten** ですが、他には **rancid**「かび臭い」、**bad**「悪くなった」、**stale**「新鮮でなく古くなった」、**completely off**「(牛乳などが) 古くなった」といった表現が並びます。

最後に **zest food** という言い方があります。「情熱の料理」ということですが、その形容詞 **zesty** は、「スパイスが効いて元気がでそうでおいしい」といった意味合いで、**zesty flavor** のような使い方をします。**zest** には「大喜び」「情熱」といった意味がありますが、もともと **zest** には「香辛料としてのレモンの皮」の意味もあります。

ミニコラム

Welcome to Zest Food Tours

Experience gourmet walking tours in Wellington and Auckland with the highly regarded Zest Food Tours of New Zealand. Sightseeing with great food and a friendly, knowledgeable tour guide, Zest tours are a great introduction to the food, culture and sights of each city.　　　　　http://www.zestfoodtours.co.nz/

情熱の料理ツアーにようこそ

　高い評価を受けているニュージーランドの情熱料理ツアーで、ウエリントンとオークランドのグルメの散歩を経験してみませんか。やさしい、知識の豊富なガイドとすばらしい食事付きの観光をしながら、情熱ツアーでそれぞれの町の料理、文化、名所を味わってみませんか。

食材

●肉類

ぼくはアメリカで **supermarket** に初めて入ったとき、肉類の多さにびっくりしました。今では、日本でもおなじみのものばかりですが、何年も前にメモしたものに以下がありました。

Meat and Poultry 肉類 　　　　　　　　　　　T 76-176

★ Beef 牛肉
beef rib 骨付きのあばら肉、ground beef 牛ひき肉、liver レバー、roast beef ローストビーフ、steak ステーキ用肉、stewing beef シチュー用牛肉、beef tripe 第一胃と第二胃の食用部分、veal 子牛の肉

★ Pork 豚肉
bacon ベーコン、ground pork 豚ひき肉、ham ハム、pork chop 豚肉の厚切り、sausage ソーセージ

★ lamb 子羊の肉
lamb chop 子羊肉の厚切り、lamb shank 子羊のすね肉、leg of lamb 子羊の足

★ Poultry 鳥肉
breast 胸肉、chicken 鶏肉、cooked chicken 調理ずみの鶏肉、drumstick 鶏の骨付脚肉、gizzard (鶏の) 砂嚢、raw chicken 生の鶏肉、thigh もも肉、wings 手羽、duck 鴨肉、turkey 七面鳥

●チーズや肉を加工した惣菜

肉コーナーの近くに **deli**「惣菜」があり、ここでもチーズ類や調理ずみの肉が売っていました。

American cheese アメリカンチーズ、cheddar cheese チェダーチーズ、coleslaw コールスロー、corned beef コーンビーフ、jack cheese ジャックチーズ、pasta salad パスタサラダ、pastrami 牛の肩肉のくん製または塩漬け肉、potato salad ポテトサラダ、salami サラミ、smoked turkey 七面鳥の薫製、Swiss cheese スイスチーズ

●魚介類

魚介類は、スーパーなどでは分類上、fish と shellfish に分かれています。

アメリカで見かけた魚は、「冷凍の魚」frozen fish はわかりませんが、「生の魚」raw fish だと、「マス」trout、「サケ」salmon、「舌ビラメ」filet of sole、南部では「ナマズ」catfish でした。もちろん、「マグロ」tuna は人気で、「スズキ」sea bass、「カレイ」flounder、「サバ」mackerel、「タイ」sea bream、「タラ」cod、「ニシン」herring をよく目にしました。「イワシ」sardine は缶詰がほとんどでした。「イカ」squid や「タコ」octopus はあまり人気がなかったように思います。

「海苔」laver は「鮨」sushi の人気で好む米国人が増えましたが、以前は苦手な人が多かったようです。「アオサ」green laver、「ワカメ」「ヒジキ」「コンブ」は seaweed と呼ばれ、以

前は食用の材料とは見なされていませんでした。**weed** も **grass** 同様に「草」ですが、**weed** は「雑草」ということで、**seaweed** は「海の雑草」ですね。しかし、健康食品への人気から **seaweed** も **sea vegetables** になり、さらに **sea salad / seaweed salad** という料理が生まれています。

　甲殻類・貝類の代表的なものは、以下の通りでした。
clam ハマグリ、**crab** カニ、**lobster** ロブスター、**mussel** ムール貝、**oyster** カキ、**scallop** ホタテ貝、**shrimp** 小エビ

　ちなみに、野田総理の言及ですっかり有名になった「ドジョウ」は **loach** といいますが、それを使っても通じないでしょう。

　The Washington Post (8/29/2011) でも **"… comparing himself to the loach, an unattractive, bottom-feeding fish"** と「自分自身をどじょう、魅力のない、水底で生息している魚にたとえて」と説明を加えています。日本人なら「泥臭い」「地味な」から「堅実な」といった好意的な意味を連想するでしょうが、欧米人は **an unattractive, bottom-feeding fish** を読めば、否定的な意味合いしか思い浮かべることはできないでしょう。

●野菜類

　日本の「スーパー」**supermarket** に行けば外国の野菜も入ってきており、アメリカで見かける野菜はかなり入手できると思います。右に、野菜をリストをしておきます。

Topic 8 ▶ 料理

T 79-179

asparagus	アスパラガス	kidney bean	いんげん豆
avocado	アボカド	leek	ニラネギ
bamboo shoot	たけのこ	lettuce	レタス
bean sprout	もやし	lotus root	れんこん
beet	ビート	mushroom	マッシュルーム
bok choy	チンゲン菜	onion	玉ねぎ
broccoli	ブロッコリー	parsley	パセリ
brussels sprout	芽キャベツ	pea	えんどう豆
burdock	ごぼう	potato	じゃがいも
cabbage	キャベツ	pumpkin	かぼちゃ
carrot	にんじん	radish	はつか大根
cauliflower	カリフラワー	scallion	エシャロット
celery	セロリ	spinach	ほうれん草
chili pepper	とうがらし	squash	スクワッシュ
chinese cabbage	白菜	string bean	さやいんげん
corn	とうもろこし	sweet potato	さつまいも
cucumber	きゅうり	taro	さといも
eggplant	なす	tomato	トマト
garlic	にんにく	turnip	かぶ
ginger	しょうが	yam	ヤムいも
green onion	長ねぎ	zucchini	ズッキーニ
green pepper	ピーマン		

日本食の流行だと食品の流通拡大によって、日本の「しいたけ」**shiitake mushroom**、「大根」**daikon / Japanese radish** なども英語圏で売られているということです。

余談ですが、梅の木は、英和辞典などでは **plum tree** と訳されることがあるようですが、**plum** は文字通りプラムなので、梅の木は **"ume"** という表記しかないようですね。「梅干」も **"umeboshi"** と以外、表現のしようがありません。

料理関連の動詞

ここでは料理に関する動詞表現をカバーしていきたいと思います。料理動詞の多くは比喩的にも使われます。そこで、料理表現と比喩表現をできるだけ紹介するようにします。

●「煮る、ゆでる、わかす」に使える重宝な boil

まずは、**boil** です。これは「煮る、ゆでる、沸かす」にあたる動詞ですね。たとえば、**If you boil the vegetables too long, you'll lose most of the vitamins.** は「野菜を長くゆですぎると、ビタミンがなくなる」ということですね。

日本語では、「煮る」、「ゆでる」、「沸かす」は異なった動詞ですが、英語では、**boil** の1語で表現します。

比喩的にもこんな使い方があります。**His attitude made my blood boil.** は「はらわたが煮えくり返るぐらいに怒らせた」ということですね。こんな成句もあります。**A watched pot never boils.**「鍋は見ているとなかなか煮え立たない」というのが直訳ですが、「辛抱が肝心」という成句です。もちろん **hard-boiled detective stories**「ハードボイルド探偵小説」もありますね。

●焼く、揚げる
★ roast

roast は「火で肉などを焼く、あぶる」という感じです。

I love the smell of meat roasting over an open fire.
「屋外で肉を焼いているときのにおいが好きだ」はキャン

プか何かを連想しますね。

「(コーヒーを)いる」「ほうじる」などもこの roast を使います。比喩的には、「暑くてたまらない」という状況で、**I'm roasting. Why don't we turn on the air conditioner?** のように使います。**I'm roasting.** は「暑くてうだりそうだ」ということですね。

★ bake

bake は「パンをオーブンで焼く」ということですね。**She often bakes her own bread.**「彼女はときどき自分のパンを焼く」のように使います。

日本語では「考えが生煮えだ」という言い方をしますが、英語では **half-baked ideas** という言い方があります。**He always comes up with half-baked ideas.** だと「彼の思いつく考えはいつも生煮えだ」といった感じですね。

★ grill

grill は日本語でも使います。グリルですね。これは「(肉などを) 網で焼く」という意味の動詞です。**You grill the fish and meat while I prepare the vegetables.** のような使い方をします。比喩的には「きびしく尋問する」という意味になり、**The police grilled him relentlessly.** だと「警察は容赦なく彼を尋問した」ということです。

★ broil

broil も「(肉などを) 焼く、あぶる」の意味で使います。**The meat was broiled on a hibachi.** がその例です。**broiling** は「焼けつくように暑い」という意味になります。

★ toast

toast はおなじみですね。「(パンなどを) きつね色に焼く」ということです。**She toasted the bread lightly on both sides.**「パンの両面をこんがり焼いた」ということです。toast には「よく暖める」という意味もあります。**He toasted his feet under the**

kotatsu. のような使い方です。

★ fry / saute

fry は、もちろん「油で揚げる」ですね。**She avoids (eating) fried food.** だと「油ものを避ける」ということです。深鍋で十分に油をかぶせるようにして揚げることを **deep fry** といいます。「油で炒める」は、**saute** ですね。

なお、熱したものを「冷やす」にあたる動詞は **chill** です。

●焼く、揚げる

★ stew

stew は「とろ火でぐつぐつ煮る」、つまり「シチューにする」という動詞です。**The pork should be stewed.** だと「豚肉はとろ火でぐつぐつ煮るのにかぎる」といった意味合いです。

比喩的には「気をもむ」という意味で使います。**He is stewing over the rejection of his work.** だと「彼は自分の作品が否定されたことで気にしている」といった感じですね。**in a stew** は「困った状態に」という意味です。とても熱そうですよね。**She promised the same thing to both of them, and now she is in a stew.** だと「ふたりの男性に同じ約束をして、今、困った状態にいる」女性のことが連想されます。

★ braise

braise は「油で肉の表面を焦がし、少量の水でとろ火で煮る」という料理の仕方を表す動詞です。**The best way to cook the meat is to braise it.**「肉を油で表面をきつね色にして、少量の水を加えてとろ火で煮る」ということです。**fry** と **simmer** がひとつになったような動詞です。

★ simmer

その **simmer** ですが、「ぐつぐつ煮る」という意味。**The sauce should be left to simmer.** だと「ソースはとろ火でぐつぐつ煮るのがよい」ということ。今にも爆発しそうな状態を **simmer** で表すことがあります。**Revolt was simmering in the province.** だと「その地区では反乱が今にも起こりそうだった」ということですね。**simmer down** は「気を静める」という熟語で、よく使います。**Simmer down! This problem calls for a cool head.** のような感じですね。

★ poach

さて、**poach** はどうでしょう？ **poach** は「卵を割って熱湯に落として煮る」という料理法を表現する動詞です。「落とし卵」ですね。**She liked her eggs poached.** だと「彼女は卵を落とし卵にするのが好きだった」ということです。

●切る
★ cut

今度は「切る」にあたる動詞です。**cut** が代表的ですが、ほかにも料理用語としていろいろあります。

★ dice

dice だと「さいの目に切る、みじん切りにする」ということです。**She diced the vegetables for the salad.** だと「サラダを作るのに野菜をみじん切りにした」ということです。**dice** はもともと「さいころ」「小立方体」のことです。

★ slice

slice もおなじみですね。「薄く切る」ということです。**He**

sliced the salami extra thin. といえば、「サラミをものすごく薄く切った」ということ。

★ chop

chop といえば「たたき切る」ということで料理では「ぶつ切り」「こま切れにする」という意味合いで使います。**She chopped the meat into small pieces.** だと「肉を細切れにした」という感じです。**a chopping knife** というものもあります。

★ carve

carve だと「食卓に出すように肉を切り分ける」といった感じです。**Dad carves the turkey every Thanksgiving.** など典型例です。「彫刻する、刻む」の **carve** と同じです。

★ peel

peel は「果物の皮をむく」ですね。**You should peel the apple before eating it.** のように使います。

●混ぜる

★ mix

今度は「混ぜる」に関する動詞です。**mix** が代表的です。**Mix the ingredients well before freezing.**「凍らせる前に、材料をよく混ぜなさい」ということです。

★ stir

stir だと「かき混ぜる、かき回す」ということですね。**Keep stirring the soup or it might stick to the pan.**「スープをかき混ぜて続けないと、鍋にくっつくよ」という状況の表現です。

問題を引き起こすときにも、**stir up** を使います。**He likes to stir up trouble.** だと「ごだごだと問題を起こすのが好きだ」という感じです。

★ beat

beat は「(卵などを) かき混ぜる」ということですね。「卵を

割る」は **break an egg** あるいは **crack an egg** といい、割れた卵を **beat it** といえば「かき混ぜる」ということです。**Beat the eggs well before pouring them into the pan.**「フライパンに入れる前に卵をよくかき混ぜなさい」ということですね。

★ whip

whip もお馴染みですね。「クリームなどをあわ立てる」という意味です。**She whipped the cream until it was a thick consistency.**「どろっとした感じになるまでクリープを泡立てた」ということです。

食べることを表す動詞

★ eat

最後に「食べる」に関する動詞です。もちろん、**eat** が典型ですね。ちなみに、「昼食を食べる」には **eat lunch**、**have lunch**、**do lunch** があります。**do lunch** は「外食」に限った言い方で、比較的最近の言い方のようです。**eat** の例として、**You shouldn't eat between meals.** だと「間食はだめだよ」といった感じですね。**What's eating him?** これは口語で「彼、どうしちゃったんだろう？」ということです。**He had to his words.**「彼は自分の言葉を取り消さなければならなかった」ということです。

★ chew

さて、**chew** は「噛む、噛み砕く」という動詞ですね。ある少年が鉛筆をかじっている状況は、**He is chewing on a pencil.** と **on** が必要です。もし、**chew a pencil** といえば「口の中に鉛筆を入れてガムを噛むように噛んでいる」ということになります。**The meat was too tough to chew.** は「その肉はかたくて噛み切れない」ですね。

★ bite

bite off more than one can chew という有名な成句があります。「手にあまる仕事をしようとする」ということで、**Don't bite off more than you can chew.** のように使います。

ちなみに、リンゴを食べるさいに、**bite on an apple** といえば、毒でもついていないかびくびくしながらちょっとかじる感じですね。思い切りがぶっとかじる場合は、**bite into an apple** といいます。**bite on an apple** と **bite into an apple**——感じが出ていますね。

★ nibble

nibble だと「そっとかじる、少しずつかじる」ということです。**The patient nibbled at her food.** 手術のあとなどで思い切り食べられない患者さんを想像してみてください。

★ munch

munch は「むしゃくしゃ食う、口をもぐもぐさせる」という意味合いです。**The boy munched his food without relish.** といえば、「味をあじわうこともなく食べ物をむしゃむしゃ食べた」ということです。

★ crunch

音の似ている動詞として **crunch** もありますね。「ぽりぽりかむ」という動詞です。

★ devour

「むさぼり食う、がつがつ食う」だと **devour** という動詞を使います。**The hungry children devoured their food and asked for seconds.** のように「むさぼり食べて、2杯目をおかわりした」という状況ですね。

Topic 8 ▶ 料理

★ feast

「ごちそうを楽しんで食べる」だと feast がピッタリです。

昔、ある新聞に写真が載っており、その説明書きとして、**The homeless man feasts on the leftovers from the banquet.** というのがありました。宴会の残り物をおいしそうに食べている男性が写真に写っていました。

★ gobble

gobble は「がつがつ食う」という意味です。音がそんな感じがしますね。**He gobbled down his first meal in two days.**「彼は2日ぶりにありつけた食事をがつがつ食った」という感じですね。

★ swallow

swallow だと「飲み込む」ということです。**I swallowed a bone and it stuck in my throat.** だと「魚などの骨を飲み込んで、喉にひっかかってしまった」ということです。

ここでは、料理に関する動詞を中心にみてきました。みなさんのレパートリーに加えるようにしてください。

くだもの　T 82-182

apple りんご／apricot あんず／banana バナナ／blueberry ブルーベリー／cherry さくらんぼ／chestnut くり／coconut ココナッツ／date ナツメヤシの実／durian ドリアン／fig いちじく／grape ぶどう／grapefruit グレープフルーツ／green apple 青りんご／kiwi キウィ／lemon レモン／lime ライム／mandarin orange みかん／mango マンゴー／melon メロン／muscat マスカット／musk melon マスクメロン／orange オレンジ／papaya パパイヤ／peach もも／pear なし／persimmon かき／pineapple パイナップル／plum プラム／prune プルーン／raisin レーズン／raspberry ラズベリー／strawberry いちご／watermelon すいか

料理 関連語彙リスト

＊本リストは、リストの項目の流れを優先させたため、一部、本文とリストの項目の順番が異なります。

料理関連用語の導入　T 64-164

料理　dishes
皿　dishes
食品　food
肉料理　meat dishes
魚料理　fish [seafood] dishes
メイン料理　the main dish
タイ料理　Thai food
食べ残し　leftovers
持ち帰り　take out
持ち帰り用の袋　doggy bag

T 65-165	料理名	p.213
T 66-166	ドレッシング	p.215
T 67-167	パン	p.215
T 68-168	デザート	p.217
T 69-169	飲み物	p.215
T 70-170	ダイニングルーム	p.216
T 71-171	食器と食卓に置くもの	p.216

料理作りの道具　T 72-172

●調理に使う道具や食器など
料理道具　cooking utensils
フライパン　frying pan
シチュー鍋　saucepan
深めの鍋　pot
鍋類の総称　pots and pans
調理器具　cookware
卓上食器類　tableware
陶器　pottery
磁器　porcelain
漆器　lacquerware
（食卓に盛られている料理を各自よそって食べる）皿　plate
（肉や魚を盛る楕円形の）大皿　platter
箸　chopsticks

| T 73-173 | 調理道具一式 | p.217 |

●スパイス　T 74-174
塩　salt
コショウ　pepper
スパイス　spice
ハーブ　herb
調味料で味つけすること　seasoning
旬のスイカ　watermelon in season

料理の評価　T 75-175

いいにおい　It smells good.
食欲をそそる　It's appetizing.
おいしそうでよだれがでそう
　It makes my mouth water.
おいしい　yummy
にがい　bitter
甘い　sweet

Topic 8 ▶ 料理

しっとりした moist
スパイシーな spicy
風味のある savory
しょっぱい salty
甘ったるい sugary
油っぽい greasy
すっぱい sour
辛い hot
パリッとした crunchy
ジューシーな juicy
フルーティーな fruity
めちゃうまい scrumptious
神の食事にふさわしい divine
感動的な marvelous
神たちの食べ物 ambrosia、
　the food of the gods
やさしい味の mild
ほっとする comforting
まろやかな mellow
なめらかで smooth
豊潤な rich
やわらかい soft
刺激性の強い sharp
刺すような stinging
ツーンとくる biting
どぎつい harsh
すっぱい sour
痛烈にすっぱい tart
酸性の acidic
香りがよくて食欲をそそる savory
風味に富む flavorful
よだれがでそうな mouthwatering
（果実・肉などの）汁が多い succulent
スパイスが効いた spicy
味覚・嗅覚を刺激する pungent
刺激が強い strong

辛い hot
食べられる eatable
（毒性はなく）食べられる edible
まあまあ悪くない palatable
味がなくまずい tasteless
薄味すぎて味がない bland
気の抜けた flat
風味のない insipid
退屈な dull
腐っている rotten
かび臭い rancid
悪くなった bad
新鮮でなく古くなった stale
（牛乳などが）古くなった
　completely off
情熱の料理 zest food
スパイスが効いて元気がでそうでおいしい
　zesty
大喜び、情熱 zest

| T 76-176 | 肉類 | p.222 |
| T 77-177 | 惣菜 | p.223 |

魚介類　　　　　　　　　T 78-178

冷凍の魚 frozen fish
生の魚 raw fish
マス trout
サケ salmon
舌ビラメ filet of sole
ナマズ catfish
マグロ tuna
スズキ sea bass
カレイ flounder
サバ mackerel
タイ sea bream
タラ cod

ニシン　herring
イワシ　sardine
イカ　squid
タコ　octopus
海苔　laver
アオサ　green laver
海藻　seaweed
雑草　weed
ハマグリ　clam
カニ　crab
ロブスター　lobster
ムール貝　mussel
カキ　oyster
ホタテ貝　scallop
小エビ　shrimp
ドジョウ　loach

T 79-179　野菜　*p.225*

調理法を表す動詞　T 80-180

煮る、ゆでる、沸かす　boil
火で肉などを焼く、あぶる、コーヒー豆をいる　roast
パンをオーブンで焼く　bake
考えが生煮えだ　half-baked ideas
（肉などを）網で焼く　grill
（肉などを）焼く、あぶる　broil
（パンなどを）きつね色に焼く　toast
油で揚げる　fry
深鍋で十分に油をかぶせるようにして揚げる　deep fry
油で炒める　saute
冷やす　chill
とろ火でぐつぐつ煮る　stew
困った状態に　in a stew
油で肉の表面を焦がし、少量の水でとろ火で煮る　braise
ぐつぐつ煮る　simmer

気を静める　simmer down
卵を割って熱湯に落として煮る　poach
切る　cut
さいの目に切る　dice
薄く切る　slice
ぶつ切り、こま切れにする　chop
食卓に出すように肉を切り分ける　carve
果物の皮をむく　peel
混ぜる　mix
かき混ぜる、かき回す　stir
問題を引き起こす　stir up
（卵などを）かき混ぜる　beat
卵を割る　break an egg、crack an egg
かき混ぜる　beat
クリームなどをあわ立てる　whip

食べることを表す動詞　T 81-181

食べる　eat
昼食を食べる　eat lunch、have lunch、do lunch
噛む、噛み砕く　chew
かじる　bite
そっとかじる、少しずつかじる　nibble
むしゃむしゃ食う、口をもぐもぐさせる　munch
ぼりぼりかむ　crunch
むさぼり食う、がつがつ食う　devour
ごちそうを楽しんで食べる　feast
がつがつ食う　gobble
飲み込む　swallow

T 82-182　くだもの　*p.233*

Topic 9
医療

病気になったときに必要な語彙はなるべくおさえておきたいもの。症状を表す表現、病名を詳細なリストで示すとともに、医者と患者の会話例も掲載した。

医療 関連単語ネットワーク

病院にかかる

first visit　初診
follow-up visit　再診
diagnosis　診断
patient　患者
health insurance　健康保険

p.240

病院の科

internal medicine (physician)　内科（医）
surgery (surgeon)　外科（医）
dentistry (dentist)　歯科（医）
pediatrics (pediatrician)
小児科（医）
ophthalmology (ophthalmologist)　眼科（医）

p.242

症状

●症状の伝え方

I have...
・a fever.　熱があります
・a chill.　寒気がします
・a crampy pain.
　しくしく痛みます
・a heartburn.
　胸焼けがします

I'm.../ I feel...
・sick.　気分が悪い
・nauseous.　吐き気がする

●症状

allergy　アレルギー
anemia　貧血
bleeding　出血
coughing　咳
diarrhea / runs　下痢
dizziness　めまい
fatigue /
　feeling of malaise　倦怠感
headache　頭痛
nausea / vomiting　はきけ
palpitation　動悸
puffiness / swelling　腫れ
stiff shoulders　肩のこり
rash　発疹
whoop　ぜいぜいいう咳

p.243

Topic 9 ▶ 医療

病名

Alzheimer's disease アルツハイマー病
appendicitis 虫垂炎
arrhythmia 不整脈
arteriosclerosis 動脈硬化
bronchial asthma 気管支喘息
depression うつ病
hay fever 花粉症
heatstroke 熱中症
leukemia 白血病
osteoporosis 骨粗しょう症
pneumonia 肺炎
pollinosis 花粉症
polyp ポリープ
stroke 脳卒中
subarachnoid hemorrhage くも膜下出血

p.248

医療処置

diagnosis 診断
prescription 処方箋
pharmacy 薬局
medicine 薬
pharmacist 薬剤師
external medicine 外用薬
oral medicine / medicine
for internal use 内服薬
antibiotic 抗生物質
injection 注射
drip infusion 点滴
immunization 予防接種
vaccine ワクチン
operation 手術

p.252

医療器具

absorbent cotton 脱脂綿
blood pressure gauge 血圧計
cast ギブス
endoscope 内視鏡
gastrocamera 胃カメラ
injector / syringe 注射器
life-support system 生命維持装置
stethoscope 聴診器
thermometer 体温計
tweezers ピンセット
examination table 診察台
vital signs monitaor 生存徴候モニター

p.254

病院にかかる

●診断と保険

「初診」**first visit** の場合、「初診料」**first visit fee** がかかります。病気によっては「再診」**follow-up visit** があります。「外来患者」は **outpatient** といいます。「患者」**patient** の「病歴」は **case history** といいます。医者の「診断」は **diagnosis** ですね。医者にかかるには「健康保険」**health insurance** が必要ですが、**health insurance patient** という言い方を聞くことがあります。これは「保険（を持っている）患者」のことです。「被保険者」は **the insured** といいます。

日頃から健康診断を行うことが求められますが、「健康診断」は **regular check-up**、「人間ドック」は **thorough medical check-up** と表現します。健康診断では「レントゲン」**X-ray**、「バリウム」**barium**、「胃カメラ」**gastrocamera** などが連想されますね。「心電図検査」は **electrocardiography** といいます。

●手術

病気が重くなれば入院して「手術」**operation** をすることになるかもしれませんね。それには **informed consent** が必要です。手術に関する「患者の同意」ということです。もちろん、患者は「セカンドオピニオン」**second opinion** を聞くためにほかの医師に相談することもあります。「輸血」**blood transfusion** をする際には、「血液型」**blood type** を調べ、「血液銀行」**blood bank** から血液を取り寄せるのがふつうです。そのために「献血」**blood donation** が大切なんですね。

●薬

「薬」は **drug** あるいは **medicine** といい、「錠剤」は **pill** で、「内

服薬」は **oral medicine** あるいは **medicine for internal use** といいます。

●お産

病院は人が生まれ、死ぬ場所でもあります。「お産」**childbirth** に関連した表現としては「陣痛」**labor pains**、「分娩室」**delivery room**、「帝王切開手術」**Caesarean operation**、「流産」**miscarriage**、「早産」**premature birth** などがあります。「人工授精」は **artificial insemination** といいます。

●遺伝子

最近は「遺伝子」**gene** に関する話題がホットです。「遺伝学」は **genetics** といい、「遺伝子治療」は **gene therapy**、「遺伝子組み換え」は **gene recombination**、「遺伝子操作」は **gene manipulation** といいます。「血液銀行」**blood bank** があるように「遺伝子銀行」**gene bank** もあるようです。

ミニコラム

Gene therapy research may expand lung transplants
SPOTLIGHT: GENE THERAPY

A new gene therapy procedure to restore function in lungs damaged during harvesting from donors could make more of the organs available for transplanting, Canadian researchers say. *Chicago Tribune* [10/30/2009]

遺伝子治療研究が肺移植の拡大に貢献の可能性
スポットライト：遺伝子治療

臓器提供者から取り出す間に損傷した肺の機能を回復させる新しい遺伝子治療の方法が移植に使える臓器の数を増やすことにつながるかもしれない、とカナダ人研究者たちは述べている。

病院の科

　病気になったら病院にかかります。「総合病院」は **general hospital** で、町の「診療所」は **clinic** といいます。「救急病院」は **emergency hospital** です。病状によっていく病院が異なりますが、総合病院には以下のような「科」があります。

日本語	科	医者
歯科	dentistry	dentist
眼科	ophthalmology	ophthalmologist
耳鼻咽喉科	otolaryngology	otolaryngologist
皮膚科	dermatology	dermatologist
泌尿器科	urology	urologist
内科	internal medicine	physician
婦人科	gynecology	gynecologist
小児科	pediatrics	pediatrician
産科	obstetrics	obstetrician
外科	surgery	surgeon
精神科	psychiatry	psychiatrist
整形外科	orthopedics	orthopedist

　むずかしい言い方ばかりですね。たとえば、「眼科」**ophthalmology**、「眼科医」**ophthalmologist** といってもにわかには通じない可能性があります。**ophthalmology**「オフサルマ

ラジー」は正式な言い方ですが、アメリカ人にとってもこれはむずかしく、ふつうは **eye doctor** ですませます。**I have to go to the eye doctor.** で「眼科医に行かなくちゃ」ということです。

「耳鼻咽喉科」にあたる **otolaryngology** もカタカナ読みすれば「オゥトゥラランゴラジー」といった感じです。これも **ear, nose and throat** の頭文字をとって **ENT** というのがふつうです。「耳鼻咽喉科の先生」は **an ear, nose and throat doctor** あるいは **an ENT doctor** です。

「皮膚科」は **dermatology** でカタカナ読みだと「ダーマ**タ**ラジー」となります。「皮膚科医」は **dermatologist** あるいは **skin specialist** といいます。他はそのまま上のような表現をします。「産科」は **obstetrics** で、その医師も **obstetrician** と呼ぶのがふつうです。「整形外科」も **orthopedics** でその医師は **orthopedist** あるいは **orthopedic surgeon** です。「形成外科」は **plastic surgery** といいます。ということは、**ophthalmology** と **otolaryngology** のふたつは難易度が特に高いため英語圏でも別の呼び方が使われますが、それ以外は、一般的に使われる用語ということです。

もちろん、何を専門にしても **doctor** は **doctor** で、病院内で **physician** とか **surgeon** と患者が呼ぶことはあまり想像できませんね。日本語でも「先生」というコトバを広く使いますが、同じですね。

病気の症状

さて病気、医療関係の用語は豊富にあります。以下では、症状、病名、検査・診断、処置、医療機器などに分けて用語を整理してみたいと思います。

●症状の伝えかた　T 85-185

I have a fever.「熱があります」
I have a chill.「寒気がします」
I have a cramp.「しくしく痛みます」
I have heartburn.「胸焼けがします」
I have a stuffy nose.「鼻が詰まります」
I have hearing difficulties.「聴覚障害があります」

　このように have を使って表現することが圧倒的によく見られます。
　それ以外にも、**I'm sick. / I feel sick.**「気分が悪い」、**I'm nauseous. / I feel nauseous.**「吐き気がする」のように be あるいは feel を使うことも多いようです。

　症状の起こり方については、**It started suddenly.**「突然起こりました」、**It started gradually.**「徐々に起こりました」、**It's intermittent.**「波があります」のように表現するといいですね。病院に行けば「問診表」に記入することがありますが、英語では **questionnaire** といいます。

●症状名リスト

症状名をまとめると以下のようになります。

T 86-186

[症状]
「腹部の痛み」	abdominal pain / stomachache
「すり傷」	abrasion
「アレルギー」	allergy
「貧血」	anemia
「出血」	bleeding
「できもの」	boil
「打撲」	bruise
「便秘」	constipation
「ひきつけ」	convulsion
「脱臼」	dislocation
「めまい」	dizziness
「呼吸困難」	dyspnea
「湿疹」	eczema
「骨折」	fracture
「歯肉炎」	gingivitis
「吐血」	hematemesis
「出血」	hemorrhage
「充血」	hyperemia
「不眠症」	insomnia
「しこり」	lump
「つわり」	morning sickness
「じんましん」	hives
「動悸」	palpitation
「しびれ」	palsy
「発疹」	rash
「腫れ」	puffiness / swelling
「肩こり」	stiff shoulders
「首のこり」	stiff neck
「腰痛」	back problem / backache
「けん怠感」	fatigue
「咳」	coughing
「ぜいぜいいう咳」	wheezing
「頭痛」	headache
「偏頭痛」	migraine
「下痢」	diarrhea
「胸やけ」	heartburn
「血尿」	hematuria
「はきけ」	nausea / vomiting

診療例 医者と患者の会話から

　日本の病院で、医者と患者がどういう会話を交わすかは、わりと想像しやすいですね。それは、英語圏でも同じです。About.com English as 2nd Language というサイトの中に掲載された Kenneth Beare 氏による English for medical purposes–a physical examination という記事を許可を得て転載します。医者と患者の典型的な会話例のひとつだといえます。

Doctor: When did you last come in for a physical exam? 健康診断を最後に受けたのはいつでしたか。

Patient: I had my last physical two years ago.
2年前が最後です。

D: Have you had any other exams recently? Blood work, an EKG or an ultra-sound?
最近何か検査はしていますか。血液検査だとか心電図だとか超音波といった。

P: Well, I had a few X-rays at the dentist's.
歯科医で数回エックス線を撮りました。

D: How have you been feeling in general?
全体的に調子はどうですか。

P: Pretty well. No complaints, really.
とてもいいです。これといった問題はありません。

D: Could you roll up your left sleeve? I'd like to take your blood pressure. 左腕の袖をまくってもらえますか。血圧を測りましょう。

P: Certainly. ええ。

D: 120 over 80. That's fine. You don't seem to be overweight, that's good. Do you exercise regularly?
上が120で、下が80。いいですね。肥満ということもなさそうですね。いいですね。定期的に運動はしてますか。

Topic 9 ▶ 医療

P: No, not really. If I run up a flight of stairs, it takes me a while to get my breath back. I need to get out more.
いや、これといったものは。階段を走って昇ると、息が切れて元に戻るのに時間がかかりますね。もっと外に出るようにしなくちゃ。

D: That would be a good idea. How about your diet?
それはいい考えですね。食事のほうはどうですか。

P: I think I eat a pretty balanced diet. You know, I'll have a hamburger from time to time, but generally I have well-balanced meals.
かなりバランスのよい食事をしていると思います。まあ、時にはハンバーガーなんかも食べますが、総じてバランスのよい食事をしています。

D: That's good. Now, I'm going to listen to your heart.
それはいいですね。さて、心臓に聴診器をあてますよ。

P: Ooh, that's cold!
おお、冷たい!

D: Don't worry it's just my stethoscope. Now, breathe in and hold your breath. Please pull up your shirt, and breathe deeply... Everything sounds good. Let's take a look at your throat. Please open wide and say 'ah'.
ただの聴診器ですから心配しないでください。さあ、息を吸って、はい、息を止めて。シャツをまくってください、深く息を吸って……問題ないようですね。喉を見てみましょう。口を大きく開けて、「あー」といって。

P: 'Ah.'
あー。

D: OK. Everything looks ship shape. I'm going to order some blood work and that's about it. Take this slip to the front desk and they'll arrange an appointment for the tests.
はい。すべて調子がいいようですね。血液検査をやっておきましょう。それでおしまいです。この用紙を受付に持っていってください、検査日の予約をしてくれるはずです。

P: Thank you, doctor. Have a nice day.
先生、ありがとう。じゃあ・

この会話にも以下のようにいくつかの医療関連用語が含まれていますね。

physical examination (regular check-up) 健康診断、blood work 血液検査、EKG 心電図、ultrasound 超音波、X-ray エックス線、overweight 肥満、stethoscope 聴診器、slip 用紙、front desk 受付

「血液検査」のことを **blood work** と表現しているのはおもしろいですね。なお、「検尿」は **UA**（**urine analysis / urinanalysis**）といいます。これらは名詞表現ですが、動詞表現としても、「ソデをまくる」**roll up one's sleeve**、「定期的に運動する」**exercise regularly**、「息を吸い込む」**breathe in**、「息を止める」**hold one's breath**、「シャツをめくる」**pull up one's shirt**、「深呼吸する」**breathe deeply**、「口を大きく開ける」**open wide**、「予約をとる」**arrange an appointment** などがありますね。

病名

診察の目的は病気が何であるかを明らかにすることですが、ここでは日本語でも日常的に使われるような病名を取り上げます。英語にすれば専門的な響きの表現が多々あります。右ページからは、英語表現をアルファベット順に並べたリストです。

[病名など]

T 88-188

「中毒」	addiction
「生活習慣病」	adult disease
「エイズ」	AIDS
「空気感染する病気」	airborne disease
「消化器系疾患」	alimentary disease
「アルツハイマー病」	Alzheimer's disease
「健忘症」	amnesia
「痔ろう」	anal fistula
「動脈瘤」	aneurism
「狭心症」	angina (pectoris)
「脳卒中」	apoplexy
「虫垂炎」	appendicitis
「不整脈」	arrhythmia
「動脈硬化」	arteriosclerosis
「喘息」	asthma
「水虫」	athlete's foot
「アトピー性皮膚炎」	atopic dermatitis
「自閉症」	autism
「脚気」	beriberi
「気管支喘息」	bronchial asthma
「過食症」	bulimia
「白内障」	cataract
「水ぼうそう」	chicken pox
「慢性疲労症候群」	chronic fatigue syndrome
「色覚異常」	color blindness
「伝染病」	communicable disease
「合併症」	complication
「結膜炎」	conjunctivitis
「膀胱炎」	cystitis
「脱水症」	dehydration

「うつ病」	depression
「皮膚炎」	dermatitis
「糖尿病」	diabetes
「ジフテリア」	diphtheria
「ダウン症」	Down syndrome
「赤痢」	dysentery
「子宮内膜症」	endometriosis
「前立腺肥大症」	enlarged prostate (gland)
「扁桃腺肥大」	enlarged tonsils
「腸炎」	enteritis
「てんかん」	epilepsy
「仮性近視」	false nearsightedness
「遠視」	farsightedness
「不治の病」	fatal disease / incurable disease
「食中毒」	food poisoning
「胃炎」	gastritis
「消化器系疾患」	gastrointestinal disease
「胃下垂」	gastroptosis
「風疹」	German measles
「歯肉炎」	gingivitis
「緑内障」	glaucoma
「淋病」	gonorrhea
「痛風」	gout
「ハンセン病」	Hansen's disease
「花粉症」	hay fever
「鼻かぜ」	head cold
「心臓発作」	heart attack
「熱中症」	heatstroke
「痔」	hemorrhoid
「肝炎」	hepatitis
「高血圧症」	hypertension / high blood pressure
「低血圧症」	hypotension / low blood pressure

「医原病」	iatrogenic disease
「感染症」	infectious disease
「不妊症」	infertility
「白血病」	leukemia
「肝障害」	liver damage
「記憶喪失」	memory loss
「更年期障害」	menopausal disorder
「精神障害」	mental disorder
「流産」	miscarriage
「おたふくかぜ」	mumps
「近眼」	myopia
「神経痛」	neuralgia
「O-157 病原性大腸菌」	O-157 E. coli bacillus
「骨粗しょう症」	osteoporosis
「耳炎」	otitis
「肺炎」	pneumonia
「花粉症」	pollinosis
「ポリープ」	polyp
「歯槽膿漏」	pyorrhea alveolaris
「老人性痴呆症」	senile dementia
「性感染症」	sexually transmitted disease (STD)
「乳幼児突然死症候群」	SIDS
「皮膚がん」	skin cancer
「死産」	stillbirth
「脳卒中」	stroke
「くも膜下出血」	subarachnoid hemorrhage
「日射病」	sunstroke
「破傷風」	tetanus
「結核」	tuberculosis
「子宮筋腫」	uterine fibroids
「鞭打ち症」	whiplash (syndrome)
「百日咳」	whooping cough
「黄熱病」	yellow fever

「虫垂炎」「不整脈」「動脈硬化」は、日本語でもよく耳にする言葉ですが、英語ではそれぞれ **appendicitis**、**arrhythmia**、**arteriosclerosis** といいます。むずかしい響きの言葉ですね。こういうむずかしい言葉は一度カタカナ読みをしておくと覚えやすくなります。「アペンディ**サィ**ティス」「ア**リ**スミア」「アーテイリオウスクラ**ロ**ゥシス」のようにです。なお、**arteriosclerosis** は **arterio + sclerosis** で、**sclerosis** はラテン語で **hardening**「硬化」の意味、**arterio** は「動脈」という意味のラテン語です。**arrhythmia** は **a- + rrhythmia** で **a-** は **not** という意味、**rrhythmia** は "**rhythm**" と関連あるラテン語です。**arrhythmic** は **not rhythmic** ということで、**arrhythmia** は "**irregularity of pulse**"「脈拍の不規則性」ということから、日本語では「不整脈」の意です。このように語源を探ってみるのもよい方法ですね。

医療処置

●薬の処方

　病気が判明すれば、その「処置」**medical treatment** が必要になります。医者が行う処置の典型的なものとして「薬物療法」**medication** があります。医師が「診断」**diagnosis** を行い、薬の「処方箋」**prescription** を書き、「薬局」**pharmacy** で「薬」**medicine** を「薬剤師」**pharmacist** から受け取るわけです。「外用薬」は **external medicine** で、「内服薬」は **oral medicine / medicine for internal use** といいます。「抗生物質」は **antibiotic** で、「服用量」**dosage** と、「成分」**ingredients** や「副作用」**adverse effect / side effect** について書かれた紙を薬とともに受け取ります。「鎮痛剤」は **analgesic / anodyne**、「下剤」

Topic 9 ▶ 医療

は **cathartic**、「消化剤」は **digestive (medicine)**、「消毒薬」は **disinfectant**、「うがい薬」は **gargle / mouthwash**、「風邪薬」は **cold medicine**、「睡眠薬」は **sleeping pills**、「抗うつ剤」は **antidepressant** といいます。なお、「漢方薬」は **Chinese medicine** ですね。

●注射

病院での処置といえば「注射」**injection** もすぐに連想します。注射針に関連した事柄としては、「静脈注射」**intravenous injection**、「点滴」**drip infusion**、「透析」**dialysis**、「麻酔」**anesthesia**、「予防接種」**immunization** などがあります。「ワクチン」は **vaccine** で「ワクチンを接種する」は **vaccinate** といいます。なお、「インシュリン」は **insulin**、「検疫」は **quarantine** といいます。「カイロプラクティック」**chiropractic** などでの「ハリ治療」は **acupuncture** といいます。

●手術

「手術」は外科医が行いますが、英語では **surgery** といいます。「外科医」のことを **surgeon** ということと関連がありますね。「手術」の行為に注目した表現として **operation** があります。**operation** は可算名詞ですが、**surgery** は不可算名詞として使います。そこで「左ひざを手術しました」だと **I had an operation [surgery] on my left knee.** の2通りの表現が可能です。「帝王切開」は **Caesarean operation** が決まった言い方で、ここで **surgery** は使いません。「輸血」は **transfusion** で、

「交換輸血」は **exchange transfusion** といいます。手術後の「絶対安静」は **absolute rest** で、日本語の「絶対」と英語の **absolute** はピッタリ対応しています。場合によっては、「電気療法」**electrotherapy** や「化学療法」**chemotherapy** が行われることもあります。

「治療計画」「リハビリ」「食事療法」「カルテ」はそれぞれ **therapeutic plan**、**rehabilitation**、**dietary cure**、**medical chart** といいます。**medical chart** と同義で **medical record**、**health record** という言い方もします。「個人の病歴や治療」**a patient's medical history and care** に関する「記録」**documentation** ですね。

Emerger 医療器具など

医療器具の名前も、日本語ではおなじみでも英語ではどう表現するかわからないものが少なくありません。そのいくつかをアルファベット順に並べてみます。

Topic 9 ▶ 医療

[器具]
T 91-191

「脱脂綿」	……………	absorbent cotton
「吸引器」	……………	aspirator
「血圧計」	……………	blood pressure gauge
「呼吸装置」	…………	breathing aid
「心電図」	……………	(electro)cardiogram
「ギプス」	……………	cast
「内視鏡」	……………	endoscope
「診察台」	……………	examination table
「胃カメラ」	…………	gastrocamera
「保育器」	……………	incubator
「注射器」	………………	injector / syringe
「ゴム製手袋」	………	latex gloves
「生命維持装置」	……	life-support system
「手術台」	……………	operating table
「聴診器」	……………	stethoscope
「手術帽」	……………	surgical cap
「手術衣」	……………	surgical gown
「体温計」	………………	thermometer
「ピンセット」	………	tweezers

「(呼吸数・脈拍を示す) 生存徴候モニター」
………………………… vital signs monitor

[その他]

「救急救命室」	………	ER
「診察室」	……………	examination room
「CTスキャン」	……	CT scan
「集中治療室」	………	intensive care unit
「MRI (磁気共鳴映像法)」	…	MRI (magnetic resonance imaging)
「予防対策」	…………	precautionary measures

医療関係のドラマでは、**vital signs** だとか **ICU (intensive care unit)** あるいは **ER (emergency room)** などの言葉が飛び交っています。

　略語も多く使われ、「血圧」のことを **BP (blood pressure)**、「心電図」を **EKG（electrocardiogram）**、「死亡時刻」のことを **TOD (time of death)**、「到着時既に死亡」のことを **DOA (death on arrival)** といいます。医療ドラマを楽しむための用語ということでネットワークを作成していくのもいいですね。

生と死

　最後に、「生」 **life / living / existence** に対するのは「死」 **death** であり、「病死」は **death from disease**、「自然死」は **natural death** といいます。「脳死」 **brain death** の結果、「植物人間」 **person in a vegetative state** になると、「安楽死」 **euthanasia** や「尊厳死」 **death with dignity** の問題が浮上することがあります。「延命装置」 **life support system** をつけるかどうかが問題となるのです。人の最後には、「葬式」 **funeral** があります。そこでは、「お棺」 **casket / coffin**、「霊柩車」 **hearse**、「火葬場」 **crematorium**、「埋葬」 **burial**、「お墓」 **grave**、「法事」 **memorial service** など一連の葬祭があります。いずれにせよ、病院は「生老病死」 **birth, old age, illness and death** のかかわる場所ということです。

医療 関連語彙リスト

*本リストは、リストの項目の流れを優先させたため、一部、本文とリストの項目の順番が異なります。

病院にかかる　T 83-183

●診断と保険
初診　first visit
初診料　first visit fee
再診　follow-up visit
外来患者　outpatient
患者　patient
病歴　case history
診断　diagnosis
健康保険　health insurance
保険（を持っている）患者
　health insurance patient
被保険者　the insured
健康診断　regular check-up、
　physical examination
人間ドック　thorough
　medical check-up
レントゲン　X-ray
バリウム　barium
胃カメラ　gastrocamera
心電図検査
　electrocardiography

●手術
手術　operation
患者の同意
　informed consent

セカンドオピニオン
　second opinion
輸血　blood transfusion
血液型　blood type
血液銀行　blood bank
献血　blood donation

●お産
お産　childbirth
陣痛　labor pains
分娩室　delivery room
帝王切開手術
　Caesarean operation
流産　miscarriage
早産　premature birth
人工授精
　artificial insemination

●遺伝子
遺伝子　gene
遺伝学　genetics
遺伝子治療　gene therapy
遺伝子組み換え
　gene recombination
遺伝子操作
　gene manipulation
遺伝子銀行　gene bank

病院の科　T 84-184

総合病院　general hospital
診療所　clinic
救急病院　emergency hospital
歯科　dentistry
歯科医　dentist
眼科　ophthalmology
眼科医　ophthalmologist、eye doctor
耳鼻咽喉科　otolaryngology、ENT
耳鼻咽喉科の先生　an ear、nose and throat doctor、an ENT doctor
皮膚科　dermatology
皮膚科医　dermatologist、skin specialist
泌尿器科　urology
泌尿器科医　urologist
内科　internal medicine
内科医　physician
婦人科　gynecology
婦人科医　gynecologist
小児科　pediatrics
小児科医　pediatrician
産科　obstetrics
産科医　obstetrician
外科　surgery
外科医　surgeon
精神科　psychiatry
精神科医　psychiatrist
整形外科　orthopedics
整形外科医　orthopedist、orthopedic surgeon
形成外科　plastic surgery

T 85-185　症状の伝え方　*p.244*

T 86-186　症状名リスト　*p.245*

診療例から　T 87-187

血液検査　blood work
心電図　EKG
超音波　ultrasound
エックス線　X-ray
肥満　overweight
聴診器　stethoscope
用紙　slip
受付　front desk
検尿　UA（urineanalysis / urinanalysis）
ソデをまくる　roll up one's sleeve
定期的に運動する　exercise regularly
息を吸い込む　breathe in
息を止める　hold one's breath
シャツをめくる　pull up one's shirt
深呼吸する　breathe deeply
口を大きく開ける　open wide
予約をとる　arrange an

Topic 9 ▶ 医療

appointment

T 88-188 病名リスト　　*p.249*

医療処置　　T 89-189

●薬の処方
処置　medical treatment
薬物療法　medication
診断　diagnosis
処方箋　prescription
薬局　pharmacy
薬剤師　pharmacist

●薬
薬　drug、medicine
外用薬　external medicine
内服薬　oral medicine、medicine for internal use
錠剤　pill
抗生物質　antibiotic
服用量　dosage
成分　ingredients
副作用　adverse effect、side effect
鎮痛剤　analgesic、anodyne
下剤　cathartic
消化剤　digestive (medicine)
消毒薬　disinfectant
うがい薬　gargle、mouthwash
風邪薬　cold medicine
睡眠薬　sleeping pills
抗うつ剤　antidepressant
漢方薬　Chinese medicine

●注射
注射　injection
静脈注射　intravenous injection
点滴　drip infusion
透析　dialysis
麻酔　anesthesia
予防接種　immunization
ワクチン　vaccine
ワクチンを接種する　vaccinate
インシュリン　insulin
検疫　quarantine
カイロプラクティック　chiropractic
ハリ治療　acupuncture

●手術
手術　surgery、operation
輸血　transfusion
交換輸血　exchange transfusion
絶対安静　absolute rest
電気療法　electrotherapy
化学療法　chemotherapy
治療計画　therapeutic plan
リハビリ　rehabilitation
食事療法　dietary cure
カルテ　medical chart、

medical record、health record
個人の病歴や治療　a patient's medical history and care
記録　documentation

医療器具など　T 90-190

生命の兆候　vital signs
集中治療室　ICU (intensive care unit)
緊急救命室　ER (emergency room)
血圧　BP (blood pressure)
心電図　EKG (electrocardiogram)
死亡時刻　TOD (time of death)
到着時既に死亡　DOA (deathon arrival)

T 91-191　医療器具・その他　*p.255*

生と死　T 92-192

生　life、living、existence
病死　death from disease
自然死　natural death
脳死　brain death
植物人間　person in a vegetative state
安楽死　euthanasia
尊厳死　death with dignity
延命装置　life support system
葬式　funeral
お棺　casket、coffin
霊柩車　hearse
火葬場　crematorium
埋葬　burial
お墓　grave
法事　memorial service
生老病死　birth, old age, illness and death

Topic 10
英語学習

英語は世界の人とコミュニケーションするためのツールとして国際語としての位置づけを得てきた。私たちが第二言語としての英語を習得するための観点から、言語習得、英語習得を語るために必要な表現をネットワークする。

英語学習 関連単語ネットワーク

言語

- language 言語（一般）
- a language 個別言語
- mother tongue 母語
- national language 国語
- official language 公用語
- first language 第一言語
- second language 第二言語

p.264

国際語としての英語

- global language 国際語
- varieties of English 英語の種類
- linguistic norm 言語的規範
- cultural norm 文化的規範
- world Englishes 世界英語
- tolerance 寛容さ
- adjustability 調整能力

p.266

目標としてのコミュニケーション能力

- communicative competence in English 英語のコミュニケーション能力
- language resources 言語材料
- linguistic repertoire 言語のレパートリー
- lexical competence 語彙力
- grammatical competence 文法力
- conventional expression 慣用表現
- task-handling タスクハンドリング
- nonverbal task 言語を使わないタスク
- verbal task 言語を使うタスク

p.268

言語と文化

- cross-cultural understanding 異文化理解
- cross-cultural communication 異文化間コミュニケーション
- multiculturalism 多文化状況
- perspective of an individual 個の視点
- mutual understanding 相互理解
- negotiation model 交渉モデル

p.279

Topic 10 ▶ 英語学習

英語力の評価

- proficiency level in English　英語力のレベル
- standardized test　標準テスト
- test validity　テストの妥当性
- test item　テスト項目
- measure　測定する、手段 / measurement　測定
- yardstick　目安

p.267

英語力を左右する4つの要因

1 プロセス要因

- linguistic distance　言語の距離
- preexisting knowledge　既知の知識
- interference from Japanese　日本語の干渉
- language transfer　言語転移
- first language filter　第一言語フィルター

p.270

2 年齢的要因

- critical period　臨界期
- plasticity　(脳の)可塑性
- child learner　子どもの学習者
- adult learner　大人の学習者
- unconscious learning　無意識の学習
- incidental learning　偶発的な学習
- conscious learning　意識的な学習
- exposure to English　英語に触れること
- learning style　学習スタイル

p.272

3 不安要因

- psychological factor　心理的要因
- fear　恐れ
- anxiety　不安
- affective factor　情意要因

p.274

4 動機づけ要因

- aptitude　適性
- personality　性格
- motivation　動機づけ
- introvert　内向的
- extrovert　外向的
- risk-taker　リスクを冒すことをいとわない人
- sense of achievement　達成感
- autonomous learner　自立的な学習者

p.276

英語教育の方法と原理

方法

- approach / method / technique　〜法
- communicative approach　コミュニカティブ・アプローチ
- individual difference　個人差
- panacea　万能薬
- eclecticism (method)　折衷案
- principled eclecticism　原理に基づいた折衷法

p.276

原理

- empirical research　実証研究
- finding　知見
- theory of second language learning　第二言語学習理論
- domain-specific principle　個別原理

p.278

ここでは私見も交えて、英語学習関連の英語表現について紹介したいと思います。

言語

●第二言語と第二言語習得

　まず「言語」は **language** で、「個別の言語」は **a language** といいます。「言語の習得」**language acquisition** には「母語」**mother tongue** としての習得と「外国語」**foreign language** あるいは「第二言語」**second language** としての習得があります。「母語の習得」を「第一言語習得」**first language acquisition**、「第二言語」の習得を「外国語」の習得の場合も含めて「第二言語習得」**second language acquisition** といいます。**first language** は **mother tongue**［母語］で、それ以外の言語を学ぶ際には「第二言語」**second language** となります。「母語」は、生後すぐに生活環境の中で自然に身につけていく言語で、母親とのやりとりが大きな影響を与えることが多いことから **mother tongue** といいます。

　ちなみに、**native language** も「母語」と訳されますが、これは「言語の運用力」**language performance** と関係する言葉です。完全な「バイリンガル」**bilingual** の場合には、ふたつの言語を日常自然に使うことができ、そのふたつの言語が **native language** ということになります。つまり、ふたつの言語の「ネイティブスピーカー」**native speaker** ということです。しかし、たとえば日本語と英語の完全なバイリンガルでも **first language = mother tongue** は日本語であるということが考えられます。

　日本では、「日本国民」**Japanese people** が「日本語」**Japanese** を「国語／母国語」**national language** として学ぶ

という考え方が自然です。ちなみに母語と混同しやすい「母国語」は、話し手が国籍を持つ国で国語あるいは公用語とされている言語のことをいいます。「国家＝国民＝国語」**nation-state = nation's people = national language** の関係が自然だと考えられがちですが、「移民」**immigrant** の多いアメリカでは、事情がもっと複雑です。米国では、事実上は、英語が **national language** のように使われています。しかし、公式には、**national language**「国語」でも **official language**［公用語］でもありません。**Australia** や **United Kingdom** でも英語が「大多数」**vast majority** によって使われていますが、やはり **official language** とは認められていません。

● English Only か English Plus か

米国では、英語の位置づけについて **"English only"**「英語のみを公式言語とする立場」か **"English plus"**「英語以外の言語も公式に認める立場」の立場があり、どちらの立場を支持するかは州によって異なります。たとえば **Arizona** や **California** は **English only** の立場を支持していますが、**New York** や **Michigan** ではどちらの立場も明確には支持していないという差があります。

「連邦政府」**Federal Government** は文書はすべて英語で書く（**all official documents are written in English**）ものの、立場は表明していません。実際、米国では人口の 82% が英語を母語とし、96% が英語を機能的に（日常的に機能する形で）使用しているという「統計」**statistics** があります。つまり、米国人であっても 18% はスペイン語や中国語を母語とし、そして日常的にもスペイン語や中国語を使っている人たちがいるということです。

国際語としての英語

　英語は「国際語」といわれますね。英語では **global language**、**international language**、**lingua franca** といいますが、今では **global language** が一般的な使い方です。国際語になると「英語の種類」**varieties of English** も増え、表現の正しさを決める「言語的規範」**linguistic norm** も多様化します。約15億人が英語を機能的に使うといわれます。そのうち、母語として使う人は4億人程度で、第二言語として英語を使う人口が圧倒的に多数です。すると、英語の規範も **American English** の「文化規範」**cultural norm** に求めるのではなく、**global standard** のようなものが自生するだろうと考えるデービッド・クリスタル（David Crystal）のような学者もいるほどです。

　実際、「アメリカ英語」**American English** といっても、「地域差」**regional difference** もあれば「年齢による違い」**age difference** もあります。同じ個人でも誰と話をするかによって同じ英語ではなく「文体的な違い」**stylistic difference** が見られます。地域、年令、性別などによる「方言」**dialect** や個人差による「個人方言」**idiolect** などを考えると「アメリカ英語」というものは「一枚岩」**monolith** ではなく、「混成語」**hybrid language** だということがわかります。

　それが地球規模で使われるようになると、英語の「多様性」**diversity** は飛躍的に拡大します。そこで、**world Englishes**「世

界英語」というコンセプトも生まれています。母語か第二言語か外国語かではなく、世界中の人が英語を使うという状況では、**American English** も **British English** も **Korean English** や **Indian English** などとともに **world Englishes** の構成要素だということです。**English** が複数形になっているということは、英語の「適切さ」**appropriateness** を決める規範も多様化するということを意味します。

そういう状況では、違いに対する「寛容さ」**tolerance** と「調整能力」**adjustability** が求められます。調整能力とは、ちょうど、方言を異にする者同士が会話をするとき、「意味の交渉」**negotiation of meaning** を行うように、文化背景の異なる者同士がお互いのいいたいことを調整しあう能力ということです。その際には、違いに対して寛容であることが求められます。

英語力の評価

英語を学ぶ「目標」**objective** は、英語力あるいは英語のコミュニケーション能力を身につけることです。「英語でのコミュニケーション能力」のことを **communicative competence in English** と呼びます。

●英語力のレベルと判定テスト

能力判定において「英語力のレベル」**proficiency level in English** を決めますが、その判定に **TOEFL** テストや **TOEIC** テストなどの「標準テスト」**standardized test** がよく使われます。もちろん、それは標準テストであって、英語力の何を「測定している」**measure** のかははっきりしません。「テストの妥当性」**test validity** が問題になるのですね。たとえば「単語力」**lexical**

competence の測定のための「テスト項目」**test item** があります。しかし、単語力とは何なのかについての「理論」**theory** がなければ、理論に裏打ちされたテストも作成できないはずです。

そこで、たとえば **TOEIC** の単語テストは「何を測定しようとしているのか」**what the test intends to measure** といった問題がでてくるのです。

「測定」**measurement** の専門分野では、このテストの妥当性は「テストの信頼性」**test reliability** とともに「最大の研究課題」**biggest issue** となります。しかし「英語学習者」**English learner** の立場からは、テストはあくまで「目安」**yardstick** でしかなく、それは目標ではなく「手段」**measure** として使いたいですね。

コミュニケーション能力

●コミュニケーション能力とは何か

「コミュニケーション能力」とは何でしょうか。この言葉の「操作定義」**operational definition** についてはいろいろな考え方がありますが、これはテスト妥当性にも関係する「問い」**research question** です。ここでは「持っているランゲージ・リソーシーズを使って、どういうタスクをどれだけ機能的にハンドリングできるか」**What tasks do you functionally handle with your language resources?** であると定義しておきます。

●言語を使うタスクのいろいろ

まず、タスクですが、言語を使わない **nonverbal task** もあれば言語を使う **verbal task** もあります。もちろん、英語を学ぶ際には **verbal task** に関心があるわけですが、「挨拶」**greetings**、「自己紹

介」self-introduction、から「二国間交渉」bilateral negotiation といった具合に、さまざまなタスクがあります。「結婚を申し込む」making a marriage proposal、「結婚のプロポーズを巧みにかわす」dodging a proposal、「商品の注文をする」placing an order for goods、「環境問題について議論する」discussing environmental issues、「論文を書く」writing an academic paper などいくらでも英語を使うタスクが考えられますね。

● language resources とは何か

　言語のおもしろいところは、「言語材料」language resources を使って、無数のことを行うことができるということです。それによって、歴史が作られ、文学作品が生まれ、学問の営みが行われ、「日常言語活動」daily language activities が可能となるのです。

　では language resources とは何か。一言でいえば言語の「コマ」a set of pieces とその「ルール」a set of rules です。「言語のレパートリー」linguistic repertoire と呼んでもいいですね。ここでいうコマには「単語」vocabulary、「フレーズ」phrase、「慣用表現」conventional expression などが含まれます。

　「語彙力」lexical competence と「慣用表現力」ability to use conventional expressions に分類することもできます。語彙力は、「基本語力」basic lexical competence と「拡張語力」extended lexical competence から構成されます。基本語力は「基本語を使い分け、使い切る力」ability to use basic words differentially and fully であり、拡張語力は「語彙の大きさ」lexical size と「話題の幅」thematic range によって定義することができます。

　慣用表現力は「慣用表現」conventional expression を「文脈」context の中で「適切に」appropriately 使う力のことをいいま

す。それには「決まり文句」**set phrase** や「熟語」**idiom** や「諺」**proverb** などが含まれます。

そして、コマを並べる規則が **a set of rules** です。つまり、「文法力」**grammatical competence** です。文法力とは、「場面的に適切な表現を自在に創りだす力」**ability to produce a set of contextually appropriate expressions freely** のことです。「文法」**grammar** とは「有限の規則の集合」**a finite set of rules** ですが、それによって「無限の文法文」**an infinite set of grammatical sentences** を「生成する」**generate** するものだ、と言語学者のチョムスキー（Noam Chomsky）は述べています。的確な定義だと思います。

さて、英語力をこのように「タスク・ハンドリングとランゲージ・リソーシーズの関係」として定義すれば、英語学習とは何を学ぶことなのかが見えてきます。つまり、英語学習とは、**language resources** を豊かにしつつ、**task-handling** の力を身につけていくことです。**language resources** だけではだめですね。**task-handling** も必要で、学んだら使う、使うなかで学ぶという、**learning by doing** あるいは **learn and use** の実践が必要です。

英語力を左右する4つの要因

①プロセス要因

●英語と日本語の距離
さて、私たちは「第二言語」**second language** として英語

を学習するわけですが、日本語と英語とでは「言語の距離」**linguistic distance** が大きいので、学習が困難だといわれます。「前置詞」**preposition** や「冠詞」**article** は日本語にない項目であり、日本人にとっても「苦手なもの」**trouble spot** といわれます。「語順」**word order** の違いや、「音声体系」**sound system** の違いなど、違いが多いですね。

●母語の影響

人はどうしても「既知の知識」**preexisting knowledge** を利用しながら新しいことを学ぶので、第一言語である日本語の「干渉」**interference** は避けられません。この母語の影響のことを「言語転移」**language transfer** あるいは「言語間転移」**cross-linguistic transfer** と呼ぶことがあります。

たとえば「彼は駅のほうに歩いて行った」を英語で **He walked to the direction of the station.** と表現してしまえば **to** が誤用でそれは日本語(「駅のほうに」)の転移の例です。英語では **in the direction of the station** といいます。また、**You speak English very well.** とほめられて、**I don't think so. I'm embarassed.**「そうは思いません。いやお恥ずかしい」と応じるのも日本語的な発想(「謙遜の気持ち」)の転移の例です。

つまり、「第一言語フィルター」(**L1 filter : first language filter**)を通して英語を学び、英語を使うという傾向があるということです。

そこで「言語学習」**language learning** と「言語使用」**language use** における「言語転移の影響」**influence of language transfer** を「最小限に抑える」**minimize** ための「教育的工夫」**pedagogical device** が英語教育では必要となるのです。

②年齢的要因

●第二言語の学習スタートは早いほうがよいのか

よく、第二言語の学習は年齢的に早いほどよいという考え方があります。**The sooner, the better.** という考え方です。小学校で英語を外国語活動として「必修化」**make it obligatory** した背景にも、そういう考えがあります。「子どもの学習者」は **child learner** で、「大人の学習者」は **adult learner** といい、「思春期」**adolescence** を境に child learner と adult learner を分けるのが「英語教育分野」**the field of English education** での「慣例」**common practice** です。

●臨界期について

子どもが有利という立場を支持する人は、「臨界期」**critical period** というものに言及することがよくあります。簡単にいえば、それは自然な言語習得が可能な時期のことです。臨界期は生まれてから思春期ぐらいまでの時期を指し、この時期を過ぎると言語習得ができなくなるという仮説です。これは脳の「可塑性」**plasticity** や機能が分化するという「一側化」**lateralization** とも関係があり、第一言語習得の場合には「妥当な仮説」**valid hypothesis** のようです。つまり、思春期までに母語に触れる機会がなければ、それ以降母語を習得しようとしても機能的な能力は獲得できないということです。

●何歳になっても十分に機能的なレベルまで第二言語の習得は可能

しかし、第二言語習得の場合はどうでしょうか。「発音」**pronunciation** については、「臨界期仮説」**critical period**

hypothesis が支持されるようです。極端な例に、ジョセフ・コンラッド（Joseph Conrad）という作家の場合があります。コンラッドは「ポーランド語」**Polish** を母語として、思春期を過ぎて英語を学び、作家としての英語は母語話者の賞賛の対象になるほどすごい英文を書きます。ところが、英語を話す力は、発音の上では **Polish accent** が極めて強く、それから抜け出ることはなかったということです。どうも、成人になると「筋肉調整」**muscle adjustment** がむずかしくなり、母語の発音の影響を克服するのがむずかしくなるようですね。

しかし、だれでも必要があれば、何歳になっても十分に機能的なレベルまで第二言語を習得することは可能です。「国際協力機構」**JICA** のボランティア活動では **junior volunteer** や **senior volunteer** が活躍しています。シニアボランティアの場合は60歳前後の人もおり、多くの人が「シンハラ語」**Sinhala** や「スペイン語」**Spanish** を初めて学んで現地に赴任し、その言語で仕事をしているのです。これは年齢に関係なく外国語を学ぶことが可能であるという「証拠」**evidence** だといえるでしょう。

●子どもの「無意識学習」と大人の「意識的な学習」

子どもが第二言語の習得に有利という考え方の背後に、子どもは「無意識学習」**unconscious learning** が可能だが、大人になると「意識的な学習」**conscious learning** が中心になる、という「学習スタイル」**learning style** の違いがあります。

母語の場合は知らず知らずのうちに言語を覚えてしまいます。しかし、小学校の中学年になると意識的な学習は避けられないと

いうのが実情です。「英語に触れる」exposure to English だけで英語を自然に身につけることができるというのが「無意識学習」あるいは「偶発的学習」incidental learning ですが、なかなかそうはいきません。また、「学習環境」learning environment によって、その考え方の有効性が違ってきます。英語が日常的に使われる「自然な文脈」naturalistic context では、たくさんの英語に触れ、実際に使う機会がたくさんあるため、「小学校に通う前の幼い子ども」pre-school children であれば母語を身につけるように英語を身につけるかもしれません。この場合、language exposure「英語に触れること」の「質と量」quality and quantity が英語力獲得のカギとなります。

③不安要因

日本人は「英語が苦手」poor at English だといわれます。そして、その理由として「日英語の違い」difference between Japanese and English だけでなく、「心理的な要因」psychological factor があげられます。英語を使うのが怖いという「恐怖心」fear だとか、「間違ったら恥ずかしい」It's shameful to make a mistake. という思いからくる「不安」anxiety が心理的要因です。fear や anxiety のことを「情意要因」affective factor ともいいます。

英語を「コミュニケーションの手段」means of communication としてではなく、「教科のひとつ」school subject として学ぶ結果、英語は本の中にあり、「英語のテストの点数」score on an English test が英語の得手不得手を決める、ということが起こります。そして、「間違いに対して敏感」oversensitive to mistakes になり、「間違うと恥ずかしい」という「恥」shame の心理が働き、英語を使

うことに対して「臆病に」coward なってしまうということです。しかし、英語力を身につけるには、**Make mistakes and make progress.**「間違いながら、力をつけていく」という「実践態度」**practical attitude** を持つことが必要なのです。

英語教育学者アール・スティービック（Earl Stevick）は、「どうしてある人は外国語学習に成功し、ある人はしないのか」**Why is it some language learners succeed in learning a foreign language, while others do not?** という問いに対して「教育的試行錯誤」**pedagogical trial and error** を繰り返した結果、それは「教授法」**method** の問題ではなく、**What goes on inside and between people?**「人々の内面に、そして人々の間に何が起こっているか」が問題なのであると主張しました。**inside people** は「学習者の心の中」**in the learner's mind** に言及した表現で、外国語学習に対してどう感じているかが重要だということです。一方、**between people** は「対人関係」**interpersonal relationship** を表現したものですが、「教師と学習者」**teacher-learner relationship**、「学習者同士」**learner-learner relationship**、「学習者と母語話者」**learner-native speaker relationship** といった関係において、相手が自分の英語そして自分自身をどう思っているかという「評価」**evaluation** を気にするところに外国語学習の「成否を決める鍵」**key to success** があるということです。

④動機づけ要因

　第二言語習得は、いろいろな「要因」**factor** や「変数」**variable** に影響を受けると考えられています。「適性」**aptitude**、「性格」**personality**、「動機づけ」**motivation**、「年齢」**age**、「指導方法」**instruction** などがそうです。

　性格的には、「内向的」**introvert** というより「外向的」**extrovert** で、間違いをするリスクを冒すことをいとわない **risk-taker** が第二言語習得に有利であるという考え方もあります。「性格要因」**personality factor** に関係なく、「強いやる気」**strong motivation** をもち、「達成感」**sense of achievement** を感じながら、「継続的学習」**sustainable learning** を実行することができる人なら第二言語をある程度まで身につけることができるという考え方もあります。これは「経験的事実」**empirical fact** ですね。つまり、自分からどんどん学ぶ「自律的な学習者」**autonomous learner** は、「強制された学習者」**forced learner** より、長続きするし、学習の「成果」**achievement** も上がるということです。

英語教育の方法と原理

方法

● approach と method と technique

　英語教授法の「〜法」は英語では **approach** だとか **method** だとか **technique** などといわれます。

　approach は「教育理念」**educational principle** のような

「高次」higher level の考え方で、それに基づいて、「教育の方法」としての method があります。communicative approach は理念で、それに基づく体系的な方法が communicative method です。「個別具体的な指導」specific instruction の仕方は technique と呼ばれ、いくつかの technique をある「原理」principle で束ね、「指導手順」the order of instruction などを示しているのが method です。approach > method > technique といった感じですね。

「反復」repetition や「置き換え」substitution などの「機械的なドリル」mechanical drill や「音読」reading aloud や「訳読」reading by translation や「シャドーイング」shadowing などの「エクササイズ」exercise は technique の例です。chants や game などもそうですね。

何をどう教え、どう評価するかという WHAT と HOW と ASSESSMENT の3つが教育には関係してきますが、それぞれについて approach としての原理に基づいた「手続き」procedure が示されているのが method です。「文法訳読方式」は grammar-translation method と呼ばれますが、厳密には method というより technique に近いですね。

学習には「個人差」individual differences があり、教授法に「万能薬」panacea は存在しません。そこで、状況に合わせて「折衷法」eclecticism / eclectic method を採用することが求められます。しかし、「思いつきの折衷法」random eclecticism ではなく、「原理に基づいた折衷法」principled eclecticism の実践が必要なのです。

● **教授法の原理をどこに求めるか**

ではその原理をどこに求めるか。従来は「言語学」linguistics や「心理学」psychology や「教育学」education にその原理を求めてきました。しかし、現在では、言語学や心理学や教育学から「一般原理」general principle を引き出すのではなく、第二言語習得はどのように行われるのかについての「実証研究」empirical research の「知見」findings に基づいた「第二言語学習理論」theory of second language learning を構築し、そこから第二言語学習の「個別原理」domain-specific principle を引き出すことが求められています。

教授法の原理

● **authentic / meaningful / personal**

では、どういう原理が英語教育には必要なのでしょうか。「不安の調整」anxiety-level control、「気づき」awareness-raising、「自動化」automatization などがありますが、ここでは個人的に重要と思われる原理についてふれます。

英語教育の効果は、「言語教材」language materials と「言語活動」language activity が、
 (1) authentic
 (2) meaningful
 (3) personal
であるかどうかによって決まります。

© iStockphoto.com/samxmeg

authentic は「本物である」という意味で、たとえば「しらける」**artificial** ことの対極にあります。言語教材が **authentic** であり、言語活動が **authentic** であることが成功の鍵です。

しかし、**authentic** であることだけではだめです。教材や活動が **meaningful** であること、つまり、「有意味であること」が大切です。ここで **meaningful** とは、内容が「理解できる」**understandable** ということと、内容が「有用でおもしろい」**useful and interesting** ということを含みます。どんなに **authentic** な教材でも、それが **meaningful** でなければ、学習教材にはなりません。

そして、**personal** であること、つまり、「学習者が自分のこととして受け止めることができること」、これが肝心です。

つまり、ぼくが重要と考える原理は、教材と活動において「**authenticity**、**meaningfulness**、**personalization** の条件を満たすこと」というものです。

言語と文化

●言語と文化は不可分の関係

最後に、「言語」**language** と「文化」**culture** は不可分の関係にあります。言語に **language** と **a language** があるように、文化にも **culture**（あるいは **Culture**）「文化一般」と **a culture**「個別文化」があります。

言語学習に関係があるのは、**a language** であり、**a culture** ですね。「外国語」は **foreign language** であるように、「外国文化」は **foreign culture** です。「異文化理解」という言葉をよく耳にします。「異文化の」は **cross-cultural** だとか **intercultural** という言い方をし、「異文化理解」は **cross-cultural understanding** だとか **understanding of other cultures** といいます。「異文化間コミュニケーション」は **cross-cultural communication** です。

外国語として考えれば、言語の文化がセットとして出てきます。たとえば、英語を理解することは「アメリカ文化」**American culture** を理解することだ、といった考え方で、「アメリカ社会」**American society** で認められる「語法」**usage** が正しい語法であるという考え方につながります。

●多文化状況で他者とやりとりをする

　でも、英語は国際語です。すると、「いろんな文化背景」**different cultural backgrounds** をもった人たちが英語という言語で「やりとり」**interaction** を行うという状況がでてきます。

　この状況では、外国文化を理解するだとか、異文化理解というより、多文化状況で「他者」**the other** とやりとりをするという視点が大切ですね。「多文化状況」は **multiculturalism** です（「2言語を併用する状況」を **bilingualism** といいますが、この **-ism** は「主義」ではなく「状況」といった意味合いです）。

　多文化状況では、「文化の視点」**perspective of a culture** というより、「個の視点」**perspective of an individual** が重要になってきます。アメリカ文化に適応させるという「適応モデル」**adaptation model** ではなく、個人間で意味の交渉を行い「相互理解」**mutual understanding** を得るという「交渉モデル」**negotiation model** を、態度として一人ひとりが身につける必要があると思います。そして、自分で考え、判断し、行動する「たくましさ」**toughness** と、他者と意味を調整しながら対話を成立させる「しなやかさ」**flexibility** が求められ、資質としては、**presentation**、**discussion**、**research** を行う技能が必要である、というのが私見です。

© iStockphoto.com/skynesher

英語学習 関連語彙リスト

*本リストは、リストの項目の流れを優先させたため、一部、本文とリストの項目の順番が異なります。

言語　　T 93-193

●第二言語と第二言語習得
言語　language
個別の言語　a language
言語の習得　language acquisition
母語　mother tongue、native language
外国語　foreign language
第二言語　second language
第一言語習得　first language acquisition
第二言語習得　second language acquisition
言語の運用力　language performance
バイリンガル　bilingual
ネイティブスピーカー　native speaker
国語　national language
国家　nation-state
国民　nation's people
移民　immigrant
公用語　official language
大多数　vast majority

● English Only か English Plus か
英語のみを公式言語とする立場　English only
英語以外の言語も公式に認める立場　English plus
連邦政府　Federal Government

国際語としての英語　　T 94-194

国際語　global language、international language、lingua franca
言語的規範　linguistic norm
文化規範　cultural norm
グローバルスタンダート、世界標準　global standard
アメリカ英語　American English
地域差　regional difference
年齢による違い　age difference
文体的な違い　stylistic difference
方言　dialect
個人方言　idiolect
一枚岩　monolith
混成語　hybrid language
多様性　diversity
世界英語　world Englishes
適切さ　appropriateness
寛容さ　tolerance
調整能力　adjustability
意味の交渉　negotiation of meaning

英語力の評価　　T 95-195

英語でのコミュニケーション能力　communicative competence in English

●英語力のレベルと判定テスト
英語力のレベル　proficiency level in English
標準テスト　standardized test
測定する　measure
テストの妥当性　test validity
単語力　lexical competence
テスト項目　test item
理論　theory
測定　measurement

テストの信頼性　test reliability
最大の研究課題　biggest issue
英語学習者　English learner
目安　yardstick
手段　measure

コミュニケーション能力　T 96-196

操作定義　operational definition
言語を使わないタスク　nonverbal task
言語を使うタスク　verbal task

●言語材料とは何か
言語材料　language resources
日常言語活動
　daily language activities
言語のコマ　a set of pieces
言語のルール　a set of rules
言語のレパートリー
　linguistic repertoire
単語　vocabulary
フレーズ　phrase
慣用表現　conventional expression
語彙力　lexical competence
慣用表現力　ability to use
　conventional expressions
基本語力
　basic lexical competence
拡張語力　extended lexical
　competence
語彙の大きさ　lexical size
話題の幅　thematic range
文脈　context
決まり文句　set phrase
熟語　idiom
ことわざ　proverb
文法力　grammatical competence
有限の規則の集合
　a finite set of rules
無限の文法文　an infinite set of
　grammatical sentences

生成する　generate
タスクハンドリング　task-handling

英語力を左右する4つの要因　T 97-197

①プロセス要因

●英語と日本語の距離
言語の距離　linguistic distance
前置詞　preposition
冠詞　article
苦手なもの　trouble spot
語順　word order
音声体系　sound system

●母語の影響
既知の知識　preexisting knowledge
干渉　interference
言語転移　language transfer
言語間転移
　cross-linguistic transfer
第一言語フィルター　L1 filter : first
　language filter
言語学習　language learning
言語使用　language use
言語転移の影響　influence of
　language transfer
教育的工夫　pedagogical device

②年齢的要因

●第二言語の学習スタートは早いほうがよいのか
子どもの学習者　child learner
大人の学習者　adult learner
思春期　adolescence
英語教育分野
　the field of English education
慣例　common practice

●臨界期について
臨界期　critical period
可塑性　plasticity

一側化　lateralization
妥当な仮説　valid hypothesis
発音　pronunciation
臨界期仮説
　critical period hypothesis
筋肉調整　muscle adjustment

●子どもの「無意識学習」と大人の「意識的な学習」

無意識学習　unconscious learning
意識的な学習　conscious learning
学習スタイル　learning style
英語に触れる　exposure to English
質と量　quality and quantity
偶発的学習　incidental learning
学習環境　learning environment
自然な文脈　naturalistic context
小学校に通う前の幼い子ども
　pre-school children

③不安要因

英語が苦手　poor at English
日英語の違い　difference between Japanese and English
心理的な要因　psychological factor
恐怖心　fear
不安　anxiety
情意要因　affective factor
コミュニケーションの手段
　means of communication
教科　school subject
英語のテストの点数
　score on an English test
間違いに対して敏感
　oversensitive to mistakes
恥　shame
臆病に　coward
実践態度　practical attitude
教育的試行錯誤
　pedagogical trial and error
教授法　method

学習者の心の中
　in the learner's mind
対人関係
　interpersonal relationship
教師と学習者の関係
　teacher-learner relationship
学習者同士の関係
　learner-learner relationship
学習者と母語話者の関係　learner-native speaker relationship
評価　evaluation
成否を決める鍵　key to success

④動機づけ要因

要因　factor
変数　variable
適性　aptitude
性格　personality
動機づけ　motivation
年齢　age
指導方法　instruction
内向的　introvert
外向的　extrovert
リスクを負う人　risk-taker
性格要因　personality factor
強いやる気　strong motivation
達成感　sense of achievement
継続的学習　sustainable learning
経験的事実　empirical fact
自律的な学習者
　autonomous learner
強制された学習者　forced learner
成果　achievement

英語教育の方法と原理　T 98-198

①方法

教育理念　educational principle
高次　higher level
（教育の）方法　method

コミュニカティブ・アプローチ
communicative approach
個別具体的な指導
specific instruction
個別具体的な指導方法　technique
原理　principle
指導手順　the order of instruction
反復　repetition
置き換え　substitution
機械的なドリル　mechanical drill
音読　reading aloud
訳読　reading by translation
シャドーイング　shadowing
エクササイズ　exercise
チャンツ　chants
ゲーム　game
手続き　procedure
文法訳読方式
grammar-translation method
個人差　individual differences
万能薬　panacea
折衷法　eclecticism、
eclectic method
思いつきの折衷法
random eclecticism
原理に基づいた折衷法
principled eclecticism
言語学　linguistics
心理学　psychology
教育学　education
一般原理　general principle
実証研究　empirical reasearch
知見　findings
第二言語学習理論　theory of second language learning
個別原理
domain-specific principle

②教授法の原理

不安の調整　anxiety-level control
気づき　awareness-raising
自動化　automatization
言語教材　language materials
言語活動　language activity
本物である　authentic
本物であること　authenticity
人工的な、にせものの　artificial
意味がある　meaningful
意味があること　meaningfulness
個人的な　personal
個人的であること　personalization
理解できる　understandable
有用でおもしろい
useful and interesting

言語と文化　T 99-199

異文化の　cross-cultural、intercultural
異文化理解　cross-cultural understanding、understanding of other cultures
異文化間コミュニケーション　cross-cultural communication
語法　usage
いろいろな文化背景
different cultural backgrounds
やりとり　interaction
他者　the other
多文化状況　multiculturalism
２言語を併用する状況　bilingualism
文化の視点
perspective of a culture
個の視点
perspective of an individual
適応モデル　adaptation model
相互理解　mutual understanding
交渉モデル　negotiation model
たくましさ　toughness
しなやかさ　flexibility

終章
語彙的な創造

模倣から創造へ ── 英語を学ぶ学習者の枠から脱皮して
自立した表現者の立場で楽しみながら英語を使えるようになりたい。
そのためのヒントをここからつかもう！

その場で表現を作り出す --- 語彙的創造性

さて、終わりに lexical creativity ということについてお話しします。日本語でいえば「語彙的創造性」ということです。「その場で創造的に表現を作り出す」ことを lexical creativity といいます。これは、子どもの言語習得の研究においても注目されている現象です。

たとえば、She coffeed my shirt. では coffee を動詞として使っています。「コーヒーをかけられた」といった意味合いですね。以前、He 747ed to Los Angeles. という表現を聞いたことがあります。「747（ジャンボ機）でロスに飛んだ」ということですね。

ハイフンを用いて多様な表現を生み出す

このような lexical creativity は日々、言語活動の中で行われます。なかでも、形容詞は自由に作られます。たとえば、「彼はそのうちに有名になる写真家だ」と表現したいとします。これを英語で He is a soon-to-be-famous photographer. といえば、確実に通じます。「予算はいくら使ってもいいぞ」という状況で the-sky-is-the-limit budget のようにいうことができます。

つまり、ハイフンでつないで合成するというやり方です。*Time* 誌ではこの手の表現のオンパレードが見られます。

「手頃な値段の商品」だと affordably-priced goods、「自己負担の経費」だと out-of-pocket expenses、「現場中継」は、on-the-spot report と表現します。こうした表現の中で、on-the-spot report のように表現として定着し、辞書などに載るものも多数存在します。

ただ、多くの lexically creative phrases というものの多くは

その場限りで使われなくなることもあります。たとえば「フリーター」をどう表現すればいいでしょうか？もちろん、a freeter では通じません。その場合、a job-hopping part-timer のような造語も可能です。job hopper とは次々と仕事を変える人のことです。先日、英語のラジオを聞いていて、a what-happened book という表現に出くわしました。さしずめ、「何が起こったかについていろいろ書いてある本」といった感じでしょうか。また、アメリカ人同士の会話に次のようなものがありました。

Mike: So, Mary, how was your spur-of-the-moment date with Mr. X?
Mary: Oh, Mike. I don't know what to do. I have a crush on him.

　マイクの言葉は、「もののはずみだったX氏とのデートはどうだったの？」という意味合いですが、それが、your spur-of-the-moment date で表現されています。メアリの返事は、「どうしよう！ 彼に夢中になっちゃった」といった感じでしょうか。

　このように lexical creativity はカラフルな表現を可能にする方法だともいえます。とても簡単な仕組みですよね。ハイフンでフレーズをつなげば、形容詞になるのだから。「隠れん坊横町」というのをある人が the hide-and-seek alley と英訳していました。これも先ほどの原理の利用ですね。

　英語が国際語であるということは、それだけ多様な表現が日々生まれるということです。linguistic diversity とでもいえるかと思いますが、linguistic diversity は英語という言語をさらに豊かなものにしていきます。みなさんも、ぜひ、独自の表現を作り出していってください。

マーケティングの中の創造的語彙使用

「不動産広告」は realty ads といいます。ここで紹介するのは友人の高橋朋子さん（在米 30 年の応用言語学者）に教えてもらった不動産用語です。表現は実にカラフルです。

「築 2 年」をどう表現するか？　ふつうだと two years old です。不動産広告では、2 years new と書くことがあります。two years new と、わざと文法上の常識をひねることで、「たった 2 年で新品同様」といった意味合いを出しているんですね。

不動産広告では誇張気味ともいえる「賛嘆の形容詞」がよく使われます。同じ「すばらしい」でも次のような言い方があります。elegant Mediterranean home だと「優雅な地中海風の住宅」ということです。stunning architecture といえば「第一級の建築」、もちろん、gorgeous house で「華麗な住宅」、dramatic living room で「ドラマチックな居間」、exquisite master suite で「洗練されたマスター・スイート」、さらには、absolute-must-see townhouse というものまであります。これは「絶対見逃せないタウンハウス」ということです。不動産広告には、月並みな表現を避けるための努力が感じられますね。

家から見える景色の描写についても magnificent view「壮大な景色」、breathtaking mountain view「息をのむような山の眺め」、the best unblockable ocean view「さえぎるもののない最高の海の全景」、panoramic city lights view「全景を見渡せる街の夜景」、impeccable ocean view「申し分ない海の眺め」などで、

すごい表現のオンパレードです。

ただ「大きさ」についてはそれほど選択肢がないようです。large「広い」、spacious「広々とした」、big「大きい」、huge「大規模な」、giant「巨大な」、gigantic「非常に大きい」といった感じでしょうか。

ただし「狭い部屋」とは絶対にいいません。どう表現するかといえば cute and cozy house です！「かわいらしくて、居心地のよい家」ということですね。small house というよりずっと魅力的な響きがします。

「価格」についての不動産英語は、the best on the market「市場で最高」、amazing value「驚きの価格」、huge reduction「大幅な値引き」、great buy「大変お買い得」、attractive price「魅力的な価格」などが使われ、priced to sell now といえば「処分価格」ということです。

このように、広告の英語には概して、しゃれたものや驚くような誇張した表現などがあります。ぼくも以前、広告英語に興味があり、いろいろ調べました。今は、インターネットを利用すれば、同時に車の広告比較などが可能になりますね。本物の英語を分析するというのは結構楽しいものです。みなさんも、ぜひ、化粧品の広告、ファッションの広告など、自分の関心のある商品について、ぜひ、調べて特徴を明らかにしていってください。きっと創造的な語彙の使い方を楽しめると思います。

ぼくがざっと見たところ、マーケティングでよく使われる形容詞には次ページのようなのものがあります。

「驚き」「魅力」「絶対的な優位性」「保証済み」「品質のよさ」「希少性」などを強調する形容詞表現が多いですね。

形容詞

absolutely	絶対に	lowest	最安の
amazing	驚きの	miracle	奇跡の
approved	みんなに認められた	noted	著名な
attractive	魅力的な	outstanding	ずばぬけた
authentic	本物の	powerful	力強い
beautiful	美しい	professional	プロの
better	よりよい	proven	実績のある
big	大きい	quality	(高級)品質
complete	完璧な	rare	希有の
endorsed	支持された	real	本物の
excellent	卓越した	remarkable	並外れた
exciting	心躍る	reliable	信頼性のある
exclusive	他の追従を許さないほど高級な	revolutionary	画期的な
famous	名の知れた	selected	厳選された
fascinating	魅惑的な	sharp	くっきりした
genuine	本場の	strong	頑丈な
good	よい	tested	検査済みの
greatest	最高の	ultimate	究極の
guaranteed	保証された	unique	ユニークな
highest	最高の	unlimited	無限の
largest	最大の	valuable	価値ある
latest	最新の	wonderful	素晴らしい
limited	数限定の		

企業のスローガン

「企業スローガン」corporate slogan は、会社の「モットー」motto であり、その会社の「哲学」company philosophy あるいは「理念」corporate identity が反映されたものです。スローガンは人々のライフスタイルともつながり、大きな社会的影響を持つことがあります。そこで、企業スローガンでは、ただ形容詞で印象的に品質の高さを描写するというよりも、会社が伝えたいメッセージが含まれことがよくあります。会社全体としてのスローガンのことを company advertising campaign と呼び、さらに商品の広告のためのものを product advertising slogan ということがあります。

以下は、世界的な有名企業が以前使った、あるいは現在使っている企業スローガンの例です。

Reach out and touch someone. –AT&T
「手を伸ばして誰かを触る[誰かに届く]」とは通信分野の大手ならではのキャッチコピーです。

Please don't squeeze the Charmin. – Charmin
the Charmin トイレットペーパーの名前です。「チャーミンを絞らないで」で「柔らかさ」に注目した表現。

Hey, it could be worse. – Microsoft
「こんなに良くていいのかね」という意味合いを含む表現で、質の高さを表現。It could be worse. は「もっと質が悪くたってありなのに」といった感じ。

Life's good. – LG Electronics
世界に拠点を持つLGエレクトロニクスのLGはまさにLife's Good. のLGです。

Just do it! – Nike
「やるっきゃない」といった意味で、ナイキの靴を履いて行動しようという感じが出ています。

Snap, crackle, pop. – Rice Krispies [Kellogg]

ケロッグのライスクリスピーは有名なシリアルですが、ボールに入ったシリアルに牛乳を入れ、そこで出てくる音が Snap, crackle, pop. ということのようです。小気味よさがあります。

Where's the beef? – Wendy's

"Home of the big bun." をスローガンに掲げる仮想の競合会社が出す大きなバンを見て、「肉が見えないけど」と茶化す場面で Where's the beef? が使われた。1980年代から使われたスローガンですが 2011 から "Here's the beef." に変更しています。

Sharp minds, sharp products. – Sharp

シャープのスローガン。「シャープな心がシャープな製品を生み出す」という意味合い。

I'm lovin' it – McDonald's

マクドナルドの現在有名なスローガン。「これ、気に入ってきちゃった」といった茶目っ気一杯の表現。

Shift the future by Nissan. – Nissan

「未来にギアを入れよ」という未来志向型のわかりやすいスローガン。

Drive your dreams. – Toyota

drive には「駆り動かす」「運転する」の意があるが、「一人ひとりの夢を突き動かして実現しよう」と「夢が作った車、あるいは夢を運ぶ車に乗ろう」といった解釈が可能。

Finger lickin' good. – KFC(Kentucky Fried Chicken)

手でフライドチキンを食べ、その指をなめたとき「ああ、おいしい」という情景を表現したもの。

Connecting people. – Nokia

ノキアはフィンランドの世界的な電気通信メーカー。「人々をつなぐ」というわかりやすいスローガン

Do you... Yahoo!? – Yahoo!

ここでは Yahoo! が動詞として機能していて、「Yahoo! している？」という問いかけのスローガンになっています。検索するときに使われる I Googled it. に対して、I Yahooed it. も可能。

Wikipedia, the free encyclopedia – Wikipedia

「ウィキペディア、自由で無料の百科事典」ということで、実にわかりやすいキャッチコピー。

Sense and simplicity – Philips
「センスのよさとシンプルさ」という意味。フィリップスが求める製品の価値を表現した現在のスローガン。

It's everywhere you want to be – VISA
「あってほしいと思うところに、どこにでもある」という意味合いの表現。世界中どこでも通用するVISAということに力点を置いた言い方。

Think different. – Apple
アップルのコンピュータとともにあったスローガン。「人とは違った発想を持とう」というSteve Jobsの哲学がそのままスローガンに。

The ultimate driving machine. – BMW
BMWといえばこのスローガン。「運転する究極のマシン」で最高級の車を表しています。このスローガンは30年以上続いたものです。

When it absolutely, positively has to be there overnight. – Fedex
宅配便大手のFederal Expressらしく「ひと晩で絶対に、そして確かにそこに届けられていなければならない時」という意味のスローガン。副詞節をスローガンにしているのはほかに知らない。

どれも表現が絶妙ですね。平易な言葉で会社らしさを表現している。こうした表現は社会状況に応じて新しい表現にしていくため、上記のものも現在は使用されていない可能性があります。

たとえばBMWでは32年間続けた会社のスローガンである"The ultimate driving machine."を A company of ideas."に変更し、Philipsも"Make things better."という有名なキャッチコピーから Sense and simplicity.に変更しています。Appleの"Think different."は有名ですが、1997-2002年の間に使われたものです。その後、"Switch."さらには"Get a Mac."が続きました。

製品スローガンは製品に特化した広告をすることがねらいであるため、企業スローガンとは趣が異なります。たとえばiMacの広告スローガンは2011年の5月発売の時は、"The ultimate all-in-one goes all out."でした。iphone 4の時は"Finally."で、iPhone 4Sの場合は、"It's the most amazing iPhone yet."でした。

注目したいのは、企業スローガンは時代とともに変化するという事実です。ある企業の企業スローガンの変化をたどってみることも、英語の感性を磨くうえで、そして創造的な語彙の使い方のコツをつかむ上でも有効だと思います。

製品スローガン：コカ・コーラのスローガンの変遷

　Coca-Cola は北米では現在 "Life begins here." がスローガンになっていますが、Wikipedia によれば、2, 3年に1回の改訂を繰り返し、右ページのような変遷をたどっています（ここでのリストは完全なリストではなく、大幅に削除しています）。
　中でも有名なのが "It's the real thing." ですが、この real という形容詞を "Look for the real things."、"America's real choice."、"Real.、"Make it real." の形で使っています。アメリカ文化が生んだ「本物」だという意図が含まれています。

　広告英語やスローガンの英語については、これぐらいにしますが、語彙を創造的に使うことで新しいコンセプトが生まれます。そして、コンセプトが人々の思考を変え、生き方を変えるのです。人は、言葉を操りつつ、縛られる存在です。自分が慣れ親しんだ思考を言語で表現するのはある意味で、常識に縛られているということです。しかし、同時に、人は、言語を操る存在です。言語を操ることにより、常識的な発想を打破 breakthrough し、創造的なアイデアを生み出すことができるのです。

　さて、ここでぼくがいいたいことは、英語を使う際に、模倣から創造にシフトしていくことが重要であるということです。創造的な語彙の使用を心がければ、英語を学ぶという学習者の枠から脱皮して、自立した表現者として英語を使うことを楽しむことができるようになると思います。

1886	Drink Coca-Cola.
1904	Delicious and refreshing.
1922	Thirst knows no season.
1923	Enjoy life.
1924	Refresh yourself.
1928	Coca-Cola... pure drink of natural flavors.
1929	The pause that refreshes.
1938	Thirst asks nothing more.
1939	Coca-Cola goes along.
1939	Coca-Cola has the taste thirst goes for.
1947	Coke knows no season.
1949	Coca-Cola... along the highway to anywhere.
1959	Be really refreshed.
1963	Things go better with Coke.
1966	Coke... after Coke... after Coke.
1969	It's the real thing.
1971	I'd like to buy the world a Coke.
1974	Look for the real things.
1976	Coke adds life.
1982	Coke is it!
1985	America's real choice
1991	Can't beat the real thing.
1993	Always Coca-Cola.
2003	Real.
2005	Make it real.
2006	The Coke side of life.
2007	Live on the Coke Side of life.
2009	Open happiness.
2010	Twist the cap to refreshment.
2011	Life begins here.

おわりに

　これまで語彙力の伸ばし方のようなことについては折に触れて書いてきましたが、ある話題についての語彙を増やす「英単語ネットワーク」という発想で実践的な解説を行ったのは、ぼくにとってもはじめての試みでした。

　単語力をつけるにはどうすればよいか、という質問はこれまで何度も受けました。そして、単語力といっても、「量的な問題だけでなく質的な単語力が重要で、そのためには基本語力をきちんとつけるのがよい」という話をしたり、あるいは、量的には、「有意味な形でネットワークを作っていくのがいい」というアドバイスをしてきました。

　今回は、本書を執筆するにあたり、実際に話題を決め、それに関連した語をリストし、英単語ネットワークを作成しました。この体験を通して、予想以上に効果があるということをぼく自身実感しています。たとえば、天候に関する英単語ネットワークを作ることで、ぼく自身の語彙力が伸びたことを実感できるし、ストーリーの中に語彙を埋め込んだため、天気について話したり書いたりするのにも、すでに内容とい

うか材料がそろっているという感じです。

　もちろん、拡張語力は読者のみなさんが必要に応じて身につけていくものです。英単語ネットワークを作成し、それを関連テキストを読む際に利用する、あるいはテキストからネットワーク自体をさらに充実させるということを実践すると、リストとしてではなく、内容のあるもの（コンテンツ）として語彙力を高めていくことができるはずです。

　英単語ネットワークを作る作業は手間がかかります。でもその価値はあると思います。作り方に正解はありません。自分流のネットワークでいいのです。そして、ネットワーク作成の手間を厭わなければ、そのネットワークの主題となる話題についての英語力（task-handling の力と language resources の豊かさ）に自信をもつことができるようになるはずです。ネットワークの数が増えれば、その分だけ、総合的な英語力も高まっていくはずです。

慶應義塾大学環境情報学部教授。コロンビア大学大学院博士課程修了。NHK教育テレビで新感覚☆キーワードで英会話」(2006年)、「新感覚☆わかる使える英文法」(2007年)の講師を務める。また、ベネッセの小学生向け英語学習教材のBE-GOの監修、『Eゲイト英和辞典』(ベネッセ)代表編者。JICAで海外派遣される専門家に対しての英語研修も長年担当。著書に『コトバの「意味づけ論」―日常言語の生の営み』(共著/紀伊國屋書店)、『チャンク英文法』、『英語の発想と基本語力をイメージで身につける本』(いずれも、共著/コスモピア)、『そうだったのか★英文法』『英語のパワー基本語[基本動詞編]』、『英語のパワー基本語[前置詞/句動詞編]』『パワー基本語トレーニング1000』(コスモピア)などがある。英語学習サイト・ココネ http://www.cocone.jp/ の全般にわたる監修もしている。

田中茂範
(たなか・しげのり)

田中茂範先生のなるほど講義録⑤
トピック別

語彙を増やす★英単語ネットワーク

2012年2月20日　第1版第1刷発行

著者：田中茂範

AD：B.C.（見留　裕）

校閲：王身代晴樹
英文校正：イアン・マーティン、ソニア・マーシャル

表紙イラスト：あべゆきこ
表紙・本文写真提供：iStockphoto.com

発行人：坂本由子
発行所：コスモピア株式会社
　　　〒151-0053　東京都渋谷区代々木4-36-4　MCビル2F
営業部：TEL: 03-5302-8378　email: mas@cosmopier.com
編集部：TEL: 03-5302-8379　email: editorial@cosmopier.com

http://www.cosmopier.com/
http://www.kikuyomu.com/
http://www.e-ehonclub.com/

CD-ROM編集：安西一明
CD-ROM製作：中録サービス株式会社

印刷：シナノ印刷株式会社

©2012　Shigenori Tanaka

田中茂範先生のなるほど講義録①
そうだったのか★英文法
こんなふうに中学、高校で習っていたら……

ネイティブにとって文法とは、知らないうちに獲得した直観。「決まり事だから覚えなさい」ではなく、「もっとわかりやすくシンプルに説明できるはず」という先生の思いを形にした1冊。日本人がいだくさまざまな疑問に、授業スタイルの話し言葉で合理的に回答します。

【内容例】
- Going, going, gone! ってなに
- That's it!とThis is it!の違いは
- ビートルズのLet It Beの意味は

著者：田中 茂範
B6判書籍262ページ

定価1,575円
（本体1,500円+税）

田中茂範先生のなるほど講義録②
英語のパワー基本語 [基本動詞編]
なかなか使いこなせない基本動詞49に着目！

やさしい基本動詞を、ネイティブはいろいろな意味に使いこなします。先生はイラストで基本動詞のコアイメージを明らかにし、たくさんの例文を挙げて本質を鮮明に浮かび上がらせます。「いろいろ」ではなく、実は1本の筋が通っていることが見えてきます。

【内容例】
- 何かを自分のところへ取り込むtake
- 動いているものをパッとつかまえるcatch
- sayとtell、lookとseeの使い分けもクッキリ

著者：田中 茂範
B6判書籍208ページ

定価1,575円
（本体1,500円+税）

田中茂範先生のなるほど講義録③
英語のパワー基本語 [前置詞・句動詞編]
やっかいな前置詞とややこしい句動詞

日本人の苦手な項目トップ3に入る「前置詞」と、どれも似たように見えてややこしい「句動詞」を徹底攻略。先生は句動詞を「基本動詞」と「空間詞」のコアイメージを合体させて説明。ひとつずつ覚えるしかないと思っていた句動詞も、読めばなるほどと納得です。

【内容例】
- toは方向ではなく、向き合う関係
- put offが「延期する」なのはなぜ?
- bring upが「育てる」なのは?

著者：田中 茂範
B6判書籍264ページ+
CD-ROM1枚（MP3音声410分）

定価1,785円
（本体1,700円+税）

田中茂範先生のなるほど講義録④
パワー基本語トレーニング1000
「わかった」と「使える」のギャップを埋める！

講義録②と③のトレーニング本。といってもひたすら問題数をこなすのではなく、「気づき」「関連化」「理解」「産出」「自動化」の5つの目的に沿って、視覚効果を使ったクイズや3秒返しエクササイズなど多彩なメニューを用意。自由自在に使いこなすためのルートを提供します。

【内容例】
- 似たもの動詞の使い分け
- イメージをつかむイラスト・トレーニング
- 『ローマの休日』のワンシーンも学習素材

著者：田中 茂範
B6判書籍204ページ+
CD-ROM（MP3音声220分）

定価1,680円
（本体1,600円+税）

発行 コスモピア　　www.cosmopier.com

チャンク英文法
自由に英語を使うための文法

チャンクとは数語から成る意味のかたまり。単語をつなげるのではなく、最初から完璧な文を作ろうとするのでもなく、チャンクを作る力がつけば、英語の運用力は飛躍的に向上します。本書は文法の本質をイラスト付きでピタリ説明しつつ、チャンクを自在に作り、つなげる文法力を養成します。

著者：田中 茂範／佐藤 芳明／河原 清志
A5判書籍256ページ+CD1枚（38分）

定価1,680円
（本体1,600円+税）

VOAが選んだニュース英単語 Basic 1500
中学英語からスタートできる！

VOAスペシャルで使われている1,500語をマスターすると、英語ニュースの聞き取りや理解度がグンと上がります。本書は①中学レベル、②ニュース全般の基本語、③政治・経済・軍事・医療などのジャンル別専門語の3段階に分けて攻略。見出し語、例文、VOAニュース音声のMP3データをCD-ROMに収録。

監修：戸谷 比呂美
B6判書籍232ページ+CD-ROM1枚（186分）

定価1,680円
（本体1,600円+税）

英語の発想と基本語力をイメージで身につける本
英語学習サイト「ココネ」とのコラボ！

英語↔日本語の翻訳ではなく、英語で理解し表現する力が「英語の発想」。基本語を使いこなす「基本語力」は、上級者にとっても課題。オールカラーの誌面に、「ココネ」のダイナミックな動画イメージを再現し、書籍ならではの詳細な解説を加えた本書で、ふたつの力を同時に体得しましょう。

著者：田中 茂範＆ cocone
A5判書籍154ページ

定価1,575円
（本体1,500円+税）

英単語 語源ネットワーク
上級者なら誰でも使う王道！

英語上級者に「どうやって単語を覚えたのか」と聞くと、異口同音に出てくる回答が語源。ギリシャ語、ラテン語等にさかのぼる英語の語源にはドラマがあります。丸暗記は不要。興味津々のドラマを知り、語根と接頭辞のマトリックスとネットワークで整理すれば、英単語はどんどん自然増殖します。

著者：クリストファー・ベルトン／長沼 君主
A5判書籍228ページ

定価1,890円
（本体1,800円+税）

めざせ！100万語 英語多読入門
やさしい本からどんどん読もう！

「辞書は引かない」「わからないところはとばす」「つまらなければやめる」の多読三原則に従って、ごくやさしい本からたくさん読むことが英語力アップの秘訣。本書を読めば、多読の大きな効果とその根拠、100万語達成までの道のりのすべてがわかります。洋書6冊を本誌に収め、CDには朗読を収録。

監修・著：古川 昭夫
著者：上田 敦子
A5判書籍236ページ+CD1枚（50分）

定価1,890円
（本体1,800円+税）

完全保存版 オバマ大統領演説
キング牧師、ケネディ大統領も収録

オバマ大統領の就任演説、勝利宣言、いまや伝説の民主党大会基調演説など5本の演説を全文収録。キング牧師「私には夢がある」演説、ケネディ大統領就任演説も肉声で全文収録。さらにリンカーンとルーズベルトも加えた決定版。英文・対訳・語注と背景解説を付けています。

コスモピア編集部 編
A5判書籍192ページ+CD2枚（70分・62分）

定価1,554円
（本体1,480円+税）

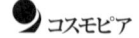

コスモピア
www.cosmopier.com

決定版 英語シャドーイング〈超入門〉
発音できる音は聞き取れる!

シャドーイングは今の英語力より、何段階か下のレベルからスタートするのが決め手。そこでゆっくりしたスピードの短い会話をたくさん準備し、すぐに実践できるようにしました。自分で発音できる音は聞き取れます。シャドーイングの練習を始めれば、すぐにその効果を実感できます。

編著:玉井 健
A5判書籍210ページ+
CD1枚(73分)

定価1,764円
(本体1,680円+税)

英会話1000本ノック〈ビジネス編〉
マナーからプレゼンテクニックまで!

あいさつ、自己紹介から始まり、状況で使い分けるお礼とお詫びの表現、電話応対を特訓。さらにスケジューリング、大きな数字の攻略からプレゼンまで、1000本ノック形式で練習します。回答例入りと質問のみの、両パターンの音声をMP3形式で用意。

著者:スティーブ・ソレイシィ
A5判書籍218ページ+
CD-ROM1枚(430分)

定価2,100円
(本体2,000円+税)

決定版 英語シャドーイング〈入門編〉
聞く力がグングン伸びる!

シャドーイングは初めて、やってみたいが、そもそも英語が聞き取れないし口も回らないという方に、ゆっくりしたスピードの練習素材を提供します。スピードは遅くても、内容は充実。イチオシはロバート・F・ケネディの、キング牧師暗殺を悼むスピーチです。

編著:玉井 健
A5判書籍194ページ+
CD1枚(71分)

定価1,680円
(本体1,600円+税)

英会話1000本ノック〈入門編〉
初心者にやさしいノックがたくさん!

『英会話1000本ノック』のCDに収録されているのが質問のみであるのに対し、『入門編』は質問→ポーズ→模範回答の順で録音されているので、ポーズの間に自力で答えられない質問があっても大丈夫。5級から1級まで進級するステップアップ・レッスンです。

著者:スティーブ・ソレイシィ
A5判書籍184ページ+
CD2枚(各72分、71分)

定価1,764円
(本体1,680円+税)

決定版 英語シャドーイング
最強の学習法を科学する!

音声を聞きながら、即座にそのまま口に出し、影のようにそっとついていくシャドーイング。「最強のトレーニング」と評される理論的根拠を明快に示し、ニュースやフリートーク、トム・クルーズ、アンジェリーナ・ジョリーへのインタビューも使って、実践トレーニングを積みます。

著者:門田 修平/玉井 健
A5判書籍248ページ+
CD1枚(73分)

定価1,890円
(本体1,800円+税)

英会話1000本ノック
まるでマンツーマンのレッスン!

ひとりでできる英会話レッスンが誕生しました。ソレイシィコーチがCDから次々に繰り出す1000本の質問に、CDのポーズの間にドンドン答えていくことで、沈黙せずにパッと答える瞬発力と、3ステップで会話をはずませる本物の力を養成します。ソレイシィコーチの親身なアドバイスも満載。

著者:スティーブ・ソレイシィ
A5判書籍237ページ+
CD2枚(各74分)

定価1,890円
(本体1,800円+税)

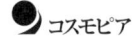

コスモピア　　www.cosmopier.com

仕事で使う英会話
シャドーイングで耳から鍛える!

多くの企業が海外に活路を求めるいま、英語力のニーズはかつてないほど高まっています。本書は会議、商談、電話、出張など、57場面の会話をシャドーイングで身につけようというもの。国際ビジネスの背景知識もアドバイスします。速効性のあるシャドーイングはTOEICテスト対策にもオススメ。

著者:アレックス M.林／
八木 達也
A5判書籍154ページ+
CD1枚(54分)

定価1,680円
(本体1,600円+税)

現地なま録音 アメリカ英語を聞く
手加減なしの街の人の声で大特訓!

しっかり予習してアメリカに行ったのに、「全然聞き取れなかった」とショックを受けて帰国することが多いのは、スタジオ録音と生の英語のギャップが原因。現地英語は、周囲の騒音やなまり、さまざまな音変化のオンパレード。3段階トレーニングで、本物の音を徹底攻略します。

著者:西村友美／中村昌弘
A5判書籍167ページ+
CD1枚(52分)

定価1,890円
(本体1,800円+税)

ダボス会議で聞く 世界がわかる英語
世界18カ国の英語をリスニング!

ビル・ゲイツ、グーグルのエリック・シュミットをはじめ、各国首脳、グローバル企業や国際機関のトップなど、世界18カ国、28名の英語スピーチを収録。金融危機後の世界経済、中国やインドの進む道、気候変動や食糧危機などをテーマとする、生きた時事英語をマスターすることができます。

著者:柴田 真一
A5判書籍208ページ+
CD1枚(69分)

定価2,205円
(本体2,100円+税)

ダボス会議で聞く世界の英語
ノンネイティブの英語をリスニング!

緒方貞子、マハティール、アナン、ラーニア王妃など、ノンネイティブを中心に20カ国、26名の政財界のリーダーのスピーチを集めました。地球温暖化、テロ、エネルギー資源といった、世界共有のテーマの多種多様な英語のリスニングに挑戦し、自分らしい英語を堂々と話す姿勢を学び取りましょう。

著者:鶴田 知佳子／
柴田 真一
A5判書籍224ページ+
CD1枚(64分)

定価2,205円
(本体2,100円+税)

ゴア×ボノ「気候危機」「超貧困」
ダボス会議スペシャルセッション

ダボス会議からアル・ゴアとロックバンドU2のボノの歴史的対談を収録したCDブック。ゴアの見事なスピーチ、ボノのユーモアを交えて聞き手を巻き込む話術から、地球が直面するテーマの時事英語が学べます。司会は『フラット化する世界』のトーマス・フリードマン。

コスモピア編集部 編
CD1枚(63分)+
小冊子96ページ

定価1,575円
(本体1,500円+税)

リーダーの英語
英米トップのスピーチを比較する

スピーチやプレゼンのみならず、交渉や会議においても、自分の考えを明確に相手に伝えるスキルは必須です。どうすれば人を説得し、動かすことができるのか。ケネディ、サッチャー、レーガン、ブレア、ヒラリーをはじめとする英米トップのスピーチには、スピーキングのエッセンスが凝縮されています。

著者:鶴田 知佳子／
柴田 真一
A5判書籍204ページ+
CD1枚(70分)

定価2,100円
(本体2,000円+税)

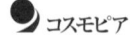

コスモピア　　www.cosmopier.com

TOEIC®テスト
超リアル模試600問
カリスマ講師による究極の模試3回分！

600問の問題作成、解説執筆、音声講義のすべてを著者自らが手掛け、細部まで本物そっくりに作り込んだリアル過ぎる模試。各問の正答率、各選択肢の誤答率、難易度を表示し、予想スコアも算出。解説は持ち運びに便利な3分冊。リスニング問題と切れ味鋭い音声解説のMP3データをCD-ROMに収録。

著者：花田 徹也
A5判書籍530ページ+
CD-ROM1枚（202分）

定価1,890円
（本体1,800円+税）

TOEIC®テスト
出まくりキーフレーズ
直前にフレーズ単位で急速チャージ！

TOEICテストの最頻出フレーズ500を、わずか1時間で耳と目から急速チャージします。フレーズを盛り込んだ例文は、試験対策のプロ集団がじっくり練り上げたもので、例文中のキーフレーズ以外の単語も必須単語ばかり。ひとつの例文が何倍にも威力を発揮する、まさに短期決戦の特効薬です。

著者：英語工房
B6判書籍188ページ+
CD1枚（57分）

定価1,575円
（本体1,500円+税）

新・最強の
TOEIC®テスト入門
「見れば」ポイントがわかる！

時間のない人にとって、読み込まないで理解できない対策本ではこなし切れません。本書はページ見開きで解答のフローを示し、見ればわかるように構成。「動作だけ聞いても正解が選べる」「見たことのない選択肢は無視」など、61のポイントをズバリ提示します。

著者：塚田 幸光／
横山 仁視 他
A5判書籍260ページ+
CD1枚（59分）

定価1,890円
（本体1,800円+税）

TOEIC®テスト
出まくりリスニング
PART2・3・4対応の音の回路をつくる！

リスニング問題によく出る「決まった言い回し」を繰り返し聞き込むと、音声が流れてきた瞬間に情景が思い浮かぶようになります。会話の基本でもあるPART2のA→B形式の応答を300セット用意。さらにPART3は40、PART4を20収録し、頭の中に「音の回路」を構築することでスコアアップに直結させます。

著者：神崎 正哉
B6判書籍187ページ+
CD1枚（64分）

定価1,575円
（本体1,500円+税）

新TOEIC®テスト
出る語句1800
ショートストーリーの中で覚える！

1冊まるごとビジネスのストーリー仕立て。PART3形式の短い会話、PART4形式のスピーチやアナウンスの中に、頻出語句が4つずつ入っています。ストーリーの流れに沿って関連語が次々と登場するので、記憶への定着度は抜群。ストーリーを楽しみながら、単語の使い方ごと身につきます。

著者：早川 幸治
B6判書籍284ページ+
CD2枚（47分、52分）

定価1,680円
（本体1,600円+税）

新TOEIC®テスト
出まくり英文法
英文法も例文ごと耳から覚える！

TOEICテストを実際に受験し、最新の出題傾向を分析し続けている「英語工房（早川幸治、高橋基治、武藤克彦）」の第2弾。PART5とPART6に頻出する文法項目64について、TOEICテスト必須語彙や頻出フレーズを盛り込んだ例文を作成し、CDを聞きながら例文ごと脳に定着させます。

著者：英語工房
B6判書籍200ページ+
CD1枚（58分）

定価1,575円
（本体1,500円+税）

コスモピア　　　www.cosmopier.com

通信講座　　　　　　　　　　　　　　　　　　　　　　　　　　CosmoPier

新TOEIC®テスト対策、
「何を」「どれだけ」「どう」学べばいいのか……
通信講座ならその答えが用意されています！

● 研修採用企業700社の目標スコア別3コース

新TOEIC®テスト スーパー入門コース

まずはリスニングからスタート。「聞くこと」を通して、英語の基礎固めとTOEICテスト対策の2つを両立させます。

開始レベル	スコア300点前後または初受験
目標スコア	400点台
学習時間	1日20分×週4日
受講期間	3カ月
受講料	14,700円（税込）

新TOEIC®テスト GET500コース

英語を、聞いた順・読んだ順に英語のまま理解する訓練を積み、日本語の介在を徐々に減らすことでスコアアップを実現します。

開始レベル	スコア400点前後
目標スコア	500点台
学習時間	1日20分×週4日
受講期間	3カ月
受講料	20,790円（税込）

新TOEIC®テスト GET600コース

600点を超えるには時間との闘いがカギ。ビジネスの現場でも必須となるスピード対策を強化し、さらに頻出語彙を攻略します。

開始レベル	スコア500点前後
目標スコア	600点台
学習時間	1日30分×週4日
受講期間	4カ月
受講料	29,400円（税込）

監修　田中宏昌　明星大学教授
NHK「ビジネス英会話」「英語ビジネスワールド」の講師を4年にわたって担当。ビジネスの現場に精通している。

● 大手企業でも、続々と採用中！
【採用企業例】
NEC／NTTグループ／富士通エフ・アイ・ピー／松下電工／本田技研工業／INAX／アサヒ飲料／シチズン電子／京セラ／エイチ・アイ・エス　他

まずはパンフレット（無料）をご請求ください

＊本書はさみ込みのハガキが便利です。

教材の一部の音声をネットで試聴もできます。

www.cosmopier.com

〒151-0053　東京都渋谷区代々木4-36-4　TEL 03-5302-8378　FAX 03-5302-8399
主催　コスモピア

TOEIC is a registered trademark of Educational Testing Service(ETS). This product is not endorsed or approved by ETS.